フィールドワークの実践

建築デザインの変革をめざして

●編集
和田浩一
佐藤将之

●編集幹事
勝又英明
山﨑俊裕
伊藤泰彦
連　健夫
柳澤　要
大崎淳史

朝倉書店

● 執筆者

☆	和田　浩一	職業能力開発総合大学校基盤ものづくり系　1.4, 2.1.1, 2.1.2, 2.1.4, 2.2, 6
*4	連　　健夫	連健夫建築研究室　1.1, 1.3, 3.3.5, 4.1, 4.3
☆1	佐藤　将之	早稲田大学人間科学学術院　1.2, 3.3.1, 3.3.2, 5.3
	石垣　　文	広島大学大学院工学研究院　2.1.3
	飯塚　裕介	東京工業大学大学院理工学研究科　2.1.5
	倉斗　綾子	千葉工業大学工学部デザイン科学科　2.3.1, 5.4
*2	勝又　英明	東京都市大学工学部建築学科　2.3.2〜2.3.4, 5.12, 6
	木下　芳郎	株式会社ベクトル総研　2.3.5, 2.3.6, 3.3.3, 6
*3	伊藤　泰彦	武蔵野大学環境学部環境学科　3.1, 3.4, 6
*3	山崎　俊裕	東海大学工学部建築学科　3.2, 4.5, 5.6, 5.11
	松田　雄二	お茶の水女子大学大学院人間文化創成科学研究科　3.3.4, 5.7, 6
	笹尾　　徹	笹尾徹建築デザイン事務所　4.2
*6	大崎　淳史	東京電機大学情報環境学部情報環境学科　4.2, 6
*5	柳澤　　要	千葉大学大学院工学研究科　4.4, 5.5
	大橋寿美子	湘北短期大学生活プロデュース学科　5.1
	櫻井　典子	新潟大学工学部建設学科　5.2
	橘　　弘志	実践女子大学生活科学部生活環境学科　5.8
	石井　　敏	東北工業大学工学部建築学科　5.9
	山下　哲郎	工学院大学建築学部建築学科　5.10
	髙橋　大輔	共立女子大学家政学部建築・デザイン学科　5.13
	溝上　裕二	ジョンソンコントロールズ株式会社　5.14
	武田　　至	一般社団法人火葬研　5.15
	谷口久美子	文化学園大学造形学部建築・インテリア学科　6
	亀井　靖子	日本大学生産工学部建築工学科　6

（執筆順．☆は編集者，＊は編集幹事．☆，＊の横の数字は編集担当章を表す）

〇 協力者

前田明継　2.3
伊藤美幸　2.3
中野真吾　2.3
林　翔吾　カバーデザイン

はじめに

　本書を手に取った皆さんは，設計実務やコンペ，大学・大学院での卒業設計や修士設計，授業で出された建築の設計課題などのために，フィールドワークをする機会が多くなっているのではないだろうか．また昨今は，設計者だけではなく，発注者や建物の利用者も，建築企画のためにフィールドワークを行う必要性が増えている．設計にリンクしたフィールドワークの機会がこれほど増えたのにもかかわらず，建築設計のためのフィールドワークをやさしく書いた本は見当たらない．本書は，大学で建築教育に携わる教師や設計実務に携わる建築家が，これまでに培ってきたノウハウを設計者，大学生，大学院生，発注者，利用者に伝えるために，フィールドワークをわかりやすく解説するものである．

　建築計画と設計に携わると，よく「フィールドワーク」を耳にする．フィールドワークは，建築分野だけを見ても広い内容を網羅している．例えば，利用者や住む人と一緒に調査をするような参与型のフィールドワークから，計画敷地とその周辺の調査，アイデアの抽出や合意形成のためのワークショップなど様々である．共通しているのは，机上で考えるだけではなく野外や現場に行って調査を行い，何らかの情報を得て建築計画や設計に役立たせていることである．

　近年，インターネットの利用により，容易に情報を閲覧できるようになったため，現地に足を運ばなくても現地に行った気になる状況が多く見られるようになった．しかし，現地にはそれ以上の豊かな情報が満ち溢れている．そこから見える風景，風，匂い，人々の暮らしや活動，時間のコンテクストは，現地に行かなければ得ることができない貴重な情報である．建築設計を実施する人が，この現地の情報を肌で感じ取ることが重要で，多くのテーマやコンセプトが，そこから生まれてくる．フィールドワークは，そのような魅力を持っている．

　人々の生活の多様化に伴い，建築設計それぞれのプロジェクトにおいて固有解が求められ，さらにプロセスに関しても評価される時代となっている．そのためにも，フィールドワークそのものをデザインし，目的と期待を持ってフィールドワークを行ってほしい．そして，フィールドワークのプロセスと楽しさを身につけた読者が，魅力溢れる作品を創出することを願っている．

　2011 年 6 月

著者を代表して　和田浩一

本書の構成と読み方

　建築設計のために，フィールドワークに出かけることになった皆さんは，いくつかのタイプに分けられるのではないだろうか．仕事で何度かフィールドワークへ出かけたものの，本当にこれで正しいのかなという疑問を持っている人，卒業設計を経て建築設計コンペなどを何度かこなしてきたものの，入選まで至らずに新しい視点での設計を模索している大学院の学生や設計事務所に勤めたばかりの若手設計者の人，あるいは大学へ入学して初めて設計課題を出され，どのように進めてよいかわからず右往左往している学生など，皆さんの経験や目的に大きな差があるのではないだろうか．本書は，建築設計に必要なフィールドワークの意義，手法，読み解き方を，実務での事例を挙げて解説することで，初学者から経験者までフィールドワークの進め方を習得できるように構成している．これからフィールドワークを始めようという読者は，本書を最初から順次読み進めてほしい．また経験者にも，第1章を読んで，もう一度これまでの経験を確認してほしい．

■各章の内容

　第1章では，フィールドワークの目的と意義を説明する．初めてフィールドワークに出かけようという人は，期待や不安を持っているのではないだろうか．あるいは，これまでにフィールドワークをした経験はあるが，何をしたらよいかわからず，とりあえず写真だけを撮ってくる人もいるかもしれない．
　従来は，敷地や建物種別，要求建物，建築基準法などの与条件を整理してまとめ，いかに設計に反映させるかという専門家の評価軸で設計が進められてきた．しかし近年は，フィールドワークを活用して，デザインを追究した多様な評価軸や個別性や地域性，利用者や市民の意見を活かすというボトムアップ的なプロセスが重要視されるようになってきた．一方，学術研究においても，長年にわたって建築計画・設計に役立つ多くの情報とノウハウがストックされ，それらを上手く設計に活用することが望まれている．また，フィールドワークは設計プロセス全般にわたっており，設計の目的や進行段階，立場により調査する内容が異なる．第1章は，建築設計におけるフィールドワークの根幹を解説しており，すべての読者はここから読んでほしい．

第2章では，準備として現場に行く前にできることや現場で調査するために知っておくべきことを述べる．一般的にフィールドワークの手法は，設計事務所や大学の先輩にフィールドワークの現場に連れて行ってもらい，OJT（on the job training）でそのノウハウを習得するケースが多い．ここでは，フィールドワークに必要な持ち物やはかる道具の特徴，はかり方，調査依頼の仕方などを網羅的に初学者でもわかるように説明している．

　設計する建物種別が決まった後に必ず行うフィールドワークは，設計の参考とするために行う類似施設の調査と設計対象敷地の調査である．フィールドワークの経験者には，現地に行く前に調べておけばよかったこと，あるいは現地に持ってきておけばよかった道具，現地で調査をしておけばよかったことなど，反省した人もいるはずだ．本書では，現地に行く前にやっておくべきこと，あるいは現地でやるべき内容を「学部の設計課題，卒業設計に取り組む際に最低限調べること」，「修士の課題設計，実務におけるプロポーザル，基本計画におけるデータ収集の際に最低限調べること」，「実務における基本設計を行う際に調べること」にレベル分けをしながら体系的に詳しく説明している．持ち物や調査内容のチェックリストも付いているので出かける前に活用してほしい．

　第3章では，実践として風土や都市，敷地とその周辺環境，建築の機能やスケール，人間の行動や意識のフィールドワークの方法とその読み解き方を説明する．これまで，現地へ行って写真を撮ったり建物の大きさをはかったりするものの，帰ってからその活用の仕方がわからず，設計へ展開できなかった人は，必読である．計測や観察，利用者へのアンケート，ワークショップなどのフィールドワークから得られた情報の読み解き方を具体的な事例を交えながら解説している．また，フィールドワークを設計プロセスに組み込む工夫についても述べている．フィールドワークに定型はなく，フィールドワークを行う者の姿勢により課題解決型あるいは課題発見型，フィールドワークの内容とその範囲などが大きく変化する．フィールドワークそのものをいかにデザインするかということが重要で，そこにフィールドワークを行う者の個性が出てくる．すなわち，フィールドワークの内容により得られる情報の質と量，そしてその解釈の仕方が建築デザインに大きく影響を与えることになる．

　第4章では，実際の設計現場におけるフィールドワークの様相を説明する．作品として出来上がった建物を見る機会は多いが，フィールドワークで得られた情報を設計に変換した建築家の実際の事例は，あまり見ることができなかった．住

宅に始まり，福祉施設，教育施設，庁舎を例に挙げて述べる．実務で設計を行っている人には，直接役に立つ内容となっている．また，学生にとっては，現在取り組んでいる設計課題や研究のフィールドワークが，将来の実務につながっていくイメージがつかめる．

　第5章では，建築家や研究者の多様な調査方法や展開事例を建築用途別に事例を挙げて説明する．建築設計のためのフィールドワークのエッセンスが溢れており，異なる設計対象の分野でもアイデアとして活用することができる．これまでプロポーザルやコンペで勝てなかった人は，ここから何かを探してほしい．

　第6章では，本書の著者が，自らのフィールドワークのために参考としてきた文献を紹介する．興味を持った人は，参考にしてほしい．これまでのフィールドワークの視点や，設計プロセスも変わってくるはずである．　　　（和田浩一）

目　　次

第1章　建築設計とフィールドワーク ……………………………………… 1
　1.1　なぜ，いまフィールドワークなのか　*1*
　1.2　建築設計における「フィールドワーク」とは何か　*3*
　1.3　建築設計のフィールドワーク　*6*
　1.4　設計のプロセスとフィールドワーク　*8*

第2章　フィールドワークの準備と実行 ……………………………………… 12
　2.1　持ち物とはかり方　*12*
　　2.1.1　フィールドワークの七つ道具　*12* ／ 2.1.2　はかるための道具　*14* ／ 2.1.3　長さ・行動・快適さをはかる　*17* ／ 2.1.4　知識と経験から読み取る長さ　*22* ／ 2.1.5　フィールドワークでのデジタルカメラ活用術　*28*
　2.2　調査のルール　*31*
　2.3　敷地・類似施設の調査　*34*
　　2.3.1　調査目的と手順　*34* ／ 2.3.2　事前準備　*37* ／ 2.3.3　事前調査——類似施設に行く前に調べること　*42* ／ 2.3.4　現地調査——類似施設で調べること　*45* ／ 2.3.5　事前調査——敷地に行く前に調べること　*50* ／ 2.3.6　現地調査——敷地で調べること　*58*

第3章　フィールドワークで読み解く ……………………………………… 68
　3.1　場所と敷地を読み解く　*68*
　　3.1.1　風土・歴史・産業構造を捉える　*68* ／ 3.1.2　都市の形を捉える　*70* ／ 3.1.3　敷地の制約を捉える　*74* ／ 3.1.4　敷地の発展性を捉える　*77*
　3.2　建築を読み解く　*80*
　　3.2.1　機能を捉える　*80* ／ 3.2.2　スケールを捉える　*86* ／ 3.2.3　形を捉える　*93*
　3.3　人間の行動・意識を読み解く　*96*
　　3.3.1　場面を捉える　*96* ／ 3.3.2　人とものの位置を捉える　*100* ／

3.3.3　人とものの流れを捉える　*106*／　3.3.4　人の意識を捉える　*108*
　　　／　3.3.5　ワークショップで読み解き共有する　*116*
　3.4　フィールドワークを「かたち」にする　*119*

第4章　設計実務でのフィールドワークとプロセス………………*123*
　4.1　設計実務のプロセスとフィールドワークの意味　*123*
　4.2　住宅設計プロセスにおけるフィールドワーク　*124*
　　　4.2.1　基本計画・プレゼン　*125*／　4.2.2　基本設計・実施設計　*128*／
　　　4.2.3　見積り，コストコントロール　*130*／　4.2.4　工事　*131*
　4.3　福祉施設の建設における参加のワークショップ　*132*
　　　4.3.1　児童養護施設「ゆりかご園」心理療法棟　*132*
　4.4　教育施設における設計実務でのフィールドワークとプロセス　*137*
　4.5　庁舎の計画・設計プロセスとフィールドワーク　*147*

第5章　フィールドワークから設計へ展開した事例………………*156*
　5.1　住宅　*156*／　5.2　集合住宅　*160*／　5.3　幼稚園・保育所・子ども
　園　*164*／　5.4　小学校　*167*／　5.5　中学校・高等学校　*171*／　5.6
　大学　*174*／　5.7　福祉施設　*179*／　5.8　高齢者居住施設　*182*／　5.9
　認知症高齢者のための施設　*186*／　5.10　病院　*189*／　5.11　図書館
　192／　5.12　劇場・ホール　*196*／　5.13　展示施設　*199*／　5.14　事務
　所　*202*／　5.15　葬祭施設　*205*

第6章　文献紹介………………………………………………………*209*

おわりに　*225*
編集委員略歴　*226*
索　引　*228*

1 建築設計とフィールドワーク

1.1 なぜ,いまフィールドワークなのか

a. 建築設計環境のパラダイムシフト

　建築設計界を取り巻く環境は近年,大きく変化しており,それを捉える必要がある.1960年代以降におけるポストモダニズムの価値観の変化や1990年以降におけるインターネットを代表とする情報化におけるパラダイムシフトなど,変化の波を見逃してはならない.
　現代の建築環境に基づくパラダイムシフトは大きく5つ挙げられる.
　1つめは,建築思潮的視点である.合理主義,機能主義をベースとした近代建築から,ポストモダニズムにおける建築思潮において,建築の意味の多様化が生じている.つまり建築がハードな建物という捉え方のみならず,概念,文脈,物語,プログラムなどを含む全体環境であり,それを扱うのが建築であるという広義の捉え方である.
　2つめは,量から質への変化という時代的要請である.戦後の荒廃した都市には住宅,教育施設,医療施設,文化施設などが一定の質を確保しつつ量を充足することが求められたが,量が充足した現在は,個々の質そのものが問われるようになってきた.一定の質を満足する標準化から,個性化や個別性に留意した多様性に価値が置かれるようになってきた.
　3つめは,地域文化など固有性の視点である.国際化,近代化の中で,どこに行っても同じような街並,建築が生じ,国や地域のアイデンティティ(固有性)が見えにくくなってきている.このような問題意識から,地域文化や歴史性などを現代建築の中に取り入れる視点が求められるようになってきた.
　4つめは,トップダウンからボトムアップへの価値変化である.専門家による設計だけではなく,個々の実態や利用者の価値観を取り入れた設計が求められるようになってきた.これは1992年の都市計画法改正における市民参加の推奨など,都市計画や街づくりにおいて顕著な動向であるが,公共建築などの個々の建築においても,デザインプロセスへの利用者参加,市民参加のワークショップを

含む参加のデザインが求められるようになってきた．

5つめは，インターネットなど情報社会の進展により，与条件としての情報入手の間口が驚異的に広がったことである．以前は得るのが困難であった個別的情報であっても，情報化により容易かつ手軽に入手可能となり，設計の与条件に取り入れられるようになった．広範囲な与条件が得られるという半面，個々の実態をしっかり捉えるフィールドワークの必要性が浮き彫りとなった．

b．評価軸（クライテリア）の変化

これらのパラダイムシフトの中で，評価軸の変化がある．従来，設計の与条件は，法的規制や形状，周辺状況など敷地が持つ条件と，建物種別，規模，内容，予算など要求建物が持つ条件など限定的であり，その中で，設計者は専門知識と経験をベースにデザインしていた．この場合における建物（成果物）の評価軸は，いかに与条件を整理しているか，それをいかに巧みにデザインに反映させているか否かであった．つまり限定的与条件の中で専門家が持つ専門知識や経験をベースにデザインしているが故に，一義的評価軸であったといえる．

このパラダイムシフトの中で，与条件が個別的，地域的，ボトムアップ的でかつ広範囲になるとともに，専門家のみならず利用者や市民などの一般の価値観を設計に取り入れることが求められるようになってきた．その中で評価軸自体が，出来上がったハードな建物だけを手掛かりにするのではなく，プロセスを含めて，何を大切にしてデザインがなされたのか，それに対して応えているか否かという視点が求められ，多様な価値観による多様な建築が生まれる背景となっている．

c．フィールドワークの重要性

このパラダイムシフトと評価軸の変化の中で，設計においてフィールドワークの担う役割が大きくなってきている．フィールドワークは体験を伴う実態調査であり，資料から得られる一義的なものではなく，多様な分析材料，すなわち設計の手がかりを収集できる特徴を持っている．街歩きや敷地調査における観察，人との出会い，様々な体験を通して，固有性を見つけることが可能となる．つまりフィールドワークという行為は，現場調査から得られる示唆，発見した手掛かりをもとに設計するプロセスといえるボトムアップ的アプローチなのである．

またフィールドワークにおいて利用者の声を聞くと，現状の問題点を理解できたり，設計の個別的課題が見えたりもする．あるいは，設計のプロセスにおけるワークショップなどを企画して，利用者の意見が反映できる場を用意するなど，参加のデザインにもつながってくる．フィールドワークには，目的を明確にした

調査の姿勢（○○を求めるために□□を行う）とともに，そこで偶然に設計の手掛かりを発見する，あるいは興味深いものと出会う機会を無視することのない開かれた目と姿勢が求められる．このことにより，設計の与条件のみならず，設計のコンセプトになりうる材料を得ることもできる．

　建築の設計には様々な段階と手法がある．単に条件解釈や条件解決といった設計のみならず，コンセプトを得る，さらにはコンセプトを深めるという探求のプロセスを含む設計においてもフィールドワークが重要になってくる．フィールドワークは設計の材料や与条件を得るという意味でプロセスの初期段階を扱うが，それをどのように設計に反映させるか，設計を進める中で新たに生まれた課題をどう解決するか，コンセプトをより深めるためにフィールドワークを行う，さらにはワークショップにおいて利用者のアイデアを盛り込むなど，設計全般を扱うといっても過言ではない．設計の与条件，設計の手掛かりをどのように得るのか，それをどのように分析し，どのような示唆を得たのか，というプロセスが，建物の質を判断する評価軸となる．換言すればフィールドワークが建築の質を決定し，その評価の判断軸もフィールドワークのプロセスといえる．　　　（連　健夫）

1.2　建築設計における「フィールドワーク」とは何か

a．学問領域とフィールドワーク

　「フィールドワーク」を辞書で引くと「文化人類学・社会学・地質学・生物学などで，研究室外で行う調査・研究．実地研究．野外調査．フィールド－スタディ（大辞林，三省堂）」とされている．「○○学」と呼ばれるこれらの学問領域にわたるフィールドワークは，文化人類学などの人文社会科学系であれば人的環境を中心とした環境の様相を，地質学などの自然科学系であれば物的環境を中心とした環境の様相を捉えようとすることに特徴がある．特に人文社会科学系のフィールドワークでは，現地の社会生活に対する関与における深まりを通して，社会や文化について学ぶことに焦点を当てている（図1.1）．

b．建築分野のフィールドワーク

　建築のフィールドワークでは，地質学・地理学の視点を含めた，ある土地における建築の在り方を求めるものもあれば，文化人類学のような建築と人間活動との関係を明らかにしようとするものもあり，様々な方法を用いて環境特性や人間と環境との関係を追究している．特に本書では，建築設計に焦点を当てたフィー

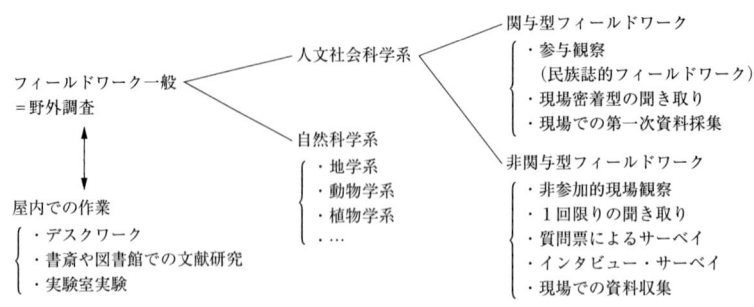

図 1.1　様々なタイプのフィールドワーク（文献 1）をもとに作成）

ルドワークを取り扱う．建築設計では，建物を建てることが命題となり，そのための視点や概念を見つけ出す活動が伴う．言い換えれば建築設計におけるフィールドワークは「環境の手がかり」を得る活動となる．建てる土地が含みうる様々なポテンシャルを見つけ出し，それらに対する様々な意味や価値をそろえることが必要となる．

c. 本書におけるフィールドワーク

本書で扱うのは「環境の手がかり」を得る活動であり，それには屋内外の活動がある（図 1.2）．屋内であっても，昨今のインターネット環境を利用すれば，屋外での活動準備，カメラ設置による観察調査などが可能であり，屋外の活動と併せることで重要な役割を担っている．

建築設計図面を描くことは，敷地の情報を用いて机上だけでできる作業ではある．しかしながら前項で述べているように近年の要求は，量から質へ，一般解から固有解へと移行してきた．ある建物種別の理想論やある地域における建物の存在論を出そうとするのではなく，1 つ 1 つの建築を見つめることが必要である．設計という行為では，個々の建築がその周辺環境や人的環境など様々な環境との関係性をもつことが求められるようになってきた．このパラダイムシフトに対応するための設計プロセスの 1 つがフィールドワークである．質や固有解を追求するには，机に向かうだけではなく現場に行かなければならない．まずは現場に足を運ぶことが重要で，そこで何かを感じ取らなければならない．現場に行けば，空気，気温，もの，人々や彼らの活動，雰囲気など，種々を感じ取ることができる．そして，感じたことを客観的なかたち，目に見えるものにするために，調査，分析，考察がある．

これら一連の作業は，設計者の読み解きに着目すると大きく 3 つに分類できる．

1.2 建築設計における「フィールドワーク」とは何か

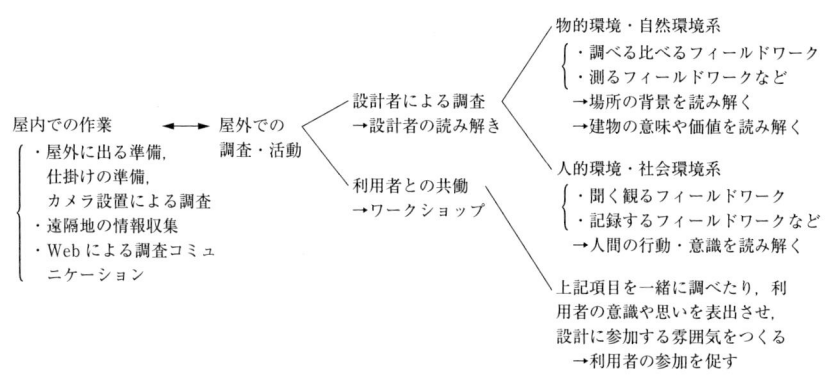

図1.2 建築設計における様々なタイプのフィールドワーク

1つめは，敷地写真を見るだけではわからない風土や歴史から導かれる「場所の背景を読み解くこと」である．設計する敷地や周辺環境の変遷，気温や風など目には見えない様々な特徴を理解することができる．

2つめは，かたち・大きさ・性能などの実測から導かれる「建物の意味や価値を読み解くこと」である．測ることによって既存のものや種々類似するものを把握し，目の前に広がる物理的環境のポテンシャルを理解することができる．

3つめは，行動記録など目に見える記述やそのモデル，ヒアリングやアンケートによって，潜在している意識から導かれる「人間の行動・意識を読み解くこと」である．フィールドの参与観察対象者となる建物利用者の内面的な理解も望みたいところである．

併せて，上記を一緒に進める過程がワークショップである．利用者に対する催し（ワークショップ）として上記の3つを読み解くと同時に，設計者と利用者とが意識を共有し「利用者の設計参加を促すこと」が必要である．1つの建築を一緒に作り上げる雰囲気が作られる．

現場に行くだけではフィールドワークとはいえない．現場において上記したような環境との関わりを持つことがフィールドワークなのである．建築設計のフィールドワークには，固有性を捉えるために新規性や萌芽性のある視点を持つ姿勢が必要となる．

（佐藤将之）

参考文献
1) 佐藤郁哉 (1992)：フィールドワーク，新曜社．

1.3 建築設計のフィールドワーク

a. 建築設計と研究のフィールドワークの違い

建築の設計と研究のフィールドワークは，行為は同じでも，その捉え方や態度が異なる点に留意する必要がある．

設計のフィールドワークは，あくまでも設計のための示唆や手がかりを見つけるためのものである．設計行為は，与条件の収集や分析などにおいては客観的な姿勢が求められるが，形にするデザインにおいては個別的な感覚や創造性が求められるなど主観的作業と考えてよい．したがって，○○を得たいために□□の調査を行うという場合には客観性が大切になるが，それを分析して示唆を得た後に，どれに比重を置くべきか，どれを残し，どれを深めるべきかなどの取捨選択は主観的判断となる．建築設計においては単体の設計のケースが多く，個別対応という意味においては，施主や利用者の信頼があれば，主観的判断は問題とはならない．これは，むしろ設計者・建築家の個性や付加価値と捉えることもできる．

一方，研究のフィールドワークは研究が目的であり，結果としての示唆は他への応用という普遍性が期待されるために，客観的態度が求められる．

実際の設計行為の中でのフィールドワークには施主が同席するケースもあり，時間や周囲の状況によっては，予定しているすべての調査ができないこともある．客観性にこだわるばかりに施主に迷惑をかけ，気分を害してプロジェクトの遂行自体に支障をきたすことがないよう留意する必要がある．その場の状況に応じて調査内容を簡素化するなど，柔軟な姿勢を持って対応するのも設計のフィールドワークの留意点であり特徴であろう．メジャーを持参して敷地の大きさを測る予定が，時間が無くなり，歩数やブロックの数で大きさを把握するなどは，その例である．厳密な対応が求められる研究のフィールドワークとはこの点で異なる．

設計のフィールドワークにおいては，目的を明確にした調査のみならず，調査を進める中で興味深いものを発見し，それが設計のテーマやコンセプトになることもありうる．

例えば，「おもちゃライブラリー」の建替

図1.3 おもちゃライブラリー
（既存施設調査）

えプロジェクトにおいて，既存施設の使われ方観察調査を行ったとき，たまたま指導員から「おもちゃで遊んでみませんか」との誘いがあり，やってみると面白く，「子どもと一緒に大人も遊ぶことができる図書館にしよう！」といったテーマを得るきっかけになることがあった（図1.3）．このように調査前は予想できず，実際に調査したときに，何かのきっかけで新たに発見したものが重要になるケースがある．フィールドワークには目的を持って臨むが，「その目的を達すれば十分」といった閉じた態度ではなく，「何か新たな発見があるのではないか」という開かれた態度が大切である．それにより，目的以外の収穫を得ることが可能となる．コンペでは敷地に何度も行くことができないケースもあり，与えられた資料・情報以外の情報を得るためにフィールドワークをする．設計案には独創性が求められるため，デザインの手がかりを得るべく，個別性の採集という鋭い感覚が求められる．

b．フィールドワークは設計にどのように影響するか

「フィールドワーク無くして設計は無い」と言っても過言ではない．フィールドワークとは実態を知る調査であり，それが甘いと実態を把握していない設計となってしまう．逆にしっかりとしたフィールドワークができれば，正確に実態を把握でき，実態に即した設計となる．つまり，フィールドワークの質が設計内容の質に直接的に影響するのである．

フィールドワークは，設計プロセスの序盤を扱い，最初に入手した与条件以外の，必要情報を得るための調査である．観察調査，実測調査，ヒアリング調査，体験調査，スケッチや写真撮影，利用者を含めたワークショップなど，方法は多肢にわたる．限られた時間の中ですべての調査を行うことは無意味である．既存情報や資料，設計対象によって，適切な方法を選べばよい．例えば学校校舎の建替えプロジェクトにおいて，既存建物の図面があるにもかかわらず建物の実測調査をする意味は無く，むしろ家具の配置調査や児童の観察調査をするほうが意味がある，といった具合である．つまり，適切なフィールドワークの方法を選ばないと，そこで得られた情報は意味が薄く，設計時に利用できないということになりかねない．

c．フィールドワークの目的を明確にして手法を選ぶ

フィールドワークは，換言すれば，設計の手掛かりを得る行為である．そこでフィールドワークの方法を選ぶにあたっては，何を必要とするか（目的）を明確にしておく必要がある．目的（ターゲット）がはっきりしていれば，それに対し

て適切な方法を選び，分析する軸も見えてくる．つまり全体のストーリーを作るのである．設計の与条件として，建物の種類，使われ方のイメージ，規模などは明確であるが，地域の特徴がわからない場合，それを知るためのフィールドワークが必要となる．地域の特徴がわからない限りは，実態とかけ離れた設計になる恐れがあり，地域特性や文化などが反映されない建物になってしまう．目的が地域特性を把握することであれば，まずは地元の観光ガイドや市勢概要などの資料を入手して全体概要を把握した後に，街歩きや，地元の人へのインタビューなどのフィールドワークを実施することが思いつく．さらには地元の歴史博物館を訪問したり，特産品を購入したり，試食したりするなどの体験調査も考えられる．さらに深く知りたいときには，地元の人を加えたワークショップなども有効であろう．これらフィールドワークがうまくいけば目的であった地域特性を把握でき，設計に反映させることができる．

d. フィールドワークを通して設計のテーマに出会う

フィールドワークは，前述したように，設計に必要な情報を得るための行為であるとともに，設計のテーマやコンセプトを得ることも可能である．例えば，学校の建替えの設計において，児童の観察調査をしていたときに山から射す日差しの気持ち良さを感じ，それをテーマに建物の配置計画をしようとするなどの発想である．朝から夕方まで児童の1日の生活を観察するという滞在時間があったからこそ発見できた特徴である．これは資料を手がかりにした机上の設計では得られなかった情報であり，固有性に関わる設計の手がかりを得たことになる．

敷地があり，建てる建物の用途があり，法的な条件，設備的な条件，構造的な条件をもとに設計すれば建物は建つ．つまり設計の技術（スキル）があれば，建物は建つ．しかし，それだけであれば，単に雨風を防ぐ箱を作るに等しく，利用者が不便を感じる，必要でないものがある，画一的なデザインであるなど，良質なものができているとは言えない．そうならないためにも，しっかりとしたフィールドワークが求められる．

〈連　健夫〉

1.4　設計のプロセスとフィールドワーク

フィールドワークには様々な段階がある．本書では，設計時に行われるフィールドワークと竣工後に行われるフィールドワークに焦点を当てて説明している．フィールドワークと「計画・設計」との関係を示すのが図1.4である．図からわ

かるように，フィールドワークと「計画・設計」が一方向に流れるのではなく，設計の進み方とリンクしてフィールドワークが繰り返し行われる．そして，その都度フィールドワークで得られた情報を設計に変換する作業が行われる．詳細は，第3章で説明する．図1.5は，それぞれのフィールドワークで行われる調査の一例を示す．「リノベーション・コンバージョンの設計」と「歴史的建造物の調査」に関しては，フィールドワークの対象となる建物がすでに建っている状態から記述している．また，「歴史的建造物の調査」は，建物を在るがままに記述することを示しているため，歴史的建造物の修繕は，「リノベーションの設計」を参照してほしい．

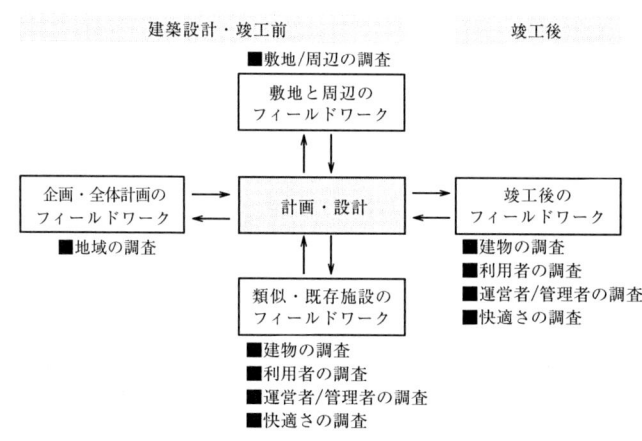

図1.4 フィールドワークと設計の関係

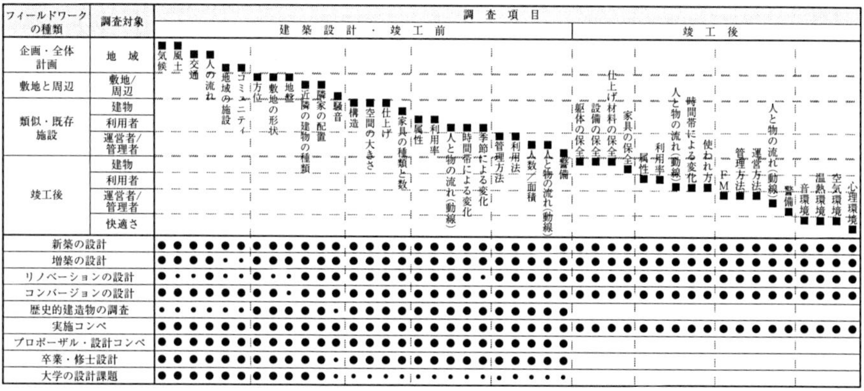

図1.5 設計の目的と調査内容
図中の●の大きさは利用頻度を示す．

フィールドワークには，図1.5にまとめたように多くの調査項目がある．これは，スムーズに設計が進んだ場合の一般的な調査の流れを示しているが，実際の設計実務では，設計途中に発注者やユーザーの要望が出てきたり，設計者の視点が変わったりして，もう一度フィールドワークをやり直すことがしばしばある．このように設計は，何度も「計画・設計」と各フィールドワークの間を行ったり来たりしながら，高い完成度を目指して進んでいく．

a. どの段階でフィールドワークを行うのか

更地における新規の設計を考えると，まず設計に入る前に行う「企画・全体計画のためのフィールドワーク」がある．建築の目的が商業施設やオフィスビル，学校，福祉施設，住宅などと決まっていても，「どのような」が決まっていない場合，「どのような」を決めるフィールドワークが必要となる．特にこの調査は，設計の根幹をなすためにとても重要である．

次に，「敷地と周辺のフィールドワーク」へと進む．建物を設計して作る以上，必ず行わなければならないベースの調査である．設計全体のスタートがこの「敷地と周辺のフィールドワーク」になることも少なくない．もともと土地を所有している，あるいは土地から買い求めて建物を建てようとする施主からの設計依頼の場合は，敷地を見に行くことから始まる．一方，「建物を建てるので敷地から一緒に探してほしい」というケースや，「敷地が用意されているが敷地調査をした結果，提案により横の土地も購入して計画する」ケースもある．

そして次に行うのが，「類似・既存施設のフィールドワーク」である．類似した既存建物について規模や配置，機能などを調査する「建物の調査」と，その施設の利用のされ方や動線などの「利用者の調査」，さらに施設を運営する側から見た「運営者/管理者の調査」がある．このフィールドワークは企画・全体計画の段階で「敷地と周辺調査」の前に行われることも少なくない．

最後に，建設後に行うのが「竣工後のフィールドワーク」である．これは施主やユーザーの建物に対するクレームを未然に防ぎ，満足度をさらにアップできるため，アフターケアとしてとても大事である．設計者にとっては，設計した建築空間に対する施主やユーザーの満足度と使われ方が確認できるため，次の設計へ生かすための知識の蓄えとなる．

各種施設の建築計画研究では，「類似・既存施設のフィールドワーク」や「竣工後のフィールドワーク」が中心となってフィールドワークが行われる．長年の建築計画研究においても設計にフィードバックするための多くの知識がストックさ

れているため，建築計画研究成果を確認することにより，さらに設計の引き出しと厚みを増すことができる．

前述したように，「企画・全体計画のフィールドワーク」から「敷地と周辺のフィールドワーク」，「類似・既存施設のフィールドワーク」，「竣工後のフィールドワーク」へと線形に進むわけではなく，建物の目的やプロセスによっては図の途中からスタートするケースも多い．また，設計が行き詰まったときなどは，もう一度現場に足を運びフィールドワークをしてほしい．打開するための情報が現場で見つかるはずである．

b．何を調査するのか

調査内容は，フィールドワークの目的によって項目と実施方法が大きく異なる．大別すると，「建築設計」，「歴史的建造物など現存する建物の記述」，「研究」に分けられる．さらに，設計でも新築，増築，コンバージョン，コンペ，大学の設計課題，修士・卒業設計などがあり，設計内容によっても調査項目は変化する．フィールドワークに持って行く持ち物や行く前に準備すること，フィールド先で行うべきことは，第2章で詳細に説明する．チェックシート（表2.10～2.20）も活用してほしい．

建築設計のためのフィールドワークでは，図1.5で挙げた項目すべてを調査することはない．特に設計実務の場合は，時間の制限がありスケジュールがタイトなことが多い．必要な項目をピックアップし，いかに効率よく情報を得るかということもフィールドワークの大きな視点となる．一方，研究の場合は，得られた成果を大勢の人が参照するために，いかに客観的で精度の高い情報を得られるかということが重要となる．フィールドワークの方法とプロセスを正確に記述しておくことも必要である．

ここで挙げたフィールドワークの方法は，普段使われている一般的な手法を中心に説明している．設計コンペなどはフィールドワークをいかにデザインするか，研究のフィールドワークは，フィールドワークの方法そのものに新規性を問われることも多い．

〔和田浩一〕

2 フィールドワークの準備と実行

2.1 持ち物とはかり方

2.1.1 フィールドワークの七つ道具

いよいよ設計に向けて何かを始めようとしたときにまずやるべきことは，類似施設の調査と，対象となる敷地および周辺の調査である．第 2 章では，準備段階としてフィールドワークに出かけるときの持ち物や，道具を使ったはかり方について述べる．次に，現地に行く前にやっておくこと，現地に行ってからやるべきことについてチェックシートを用いながら具体的に説明する．

調査で必ず行うことは，見たものや感じたものを何らかの方法で記録することと，対象となる敷地や周辺環境，建築などの有様を何らかの方法ではかり定量化することである．記述の仕方については，今昔問わず野帳に鉛筆などで書き留めたりスケッチや写真を撮ることが基本であるが，最近はこの他にデジタルカメラや持ち運びに便利なボイスレコーダー，ノートパソコンなどが急速に発達しており記録の取り方も大きく変化してきている．一方，「はかる」には長さや面積，角度，熱などを「測る」，数や時間を「計る」，重さや容積を「量る」というように，目的に応じて「はかる」対象は様々である．また「はかる」機器に関しても，方位磁石などのような古来から使われているものと，コンピュータ機器を組み込んだ GPS など，様々な計測機器が使われるようになってきている．

a．服 装

調査に出かけるときの服装は，とても重要である．市役所や学校などのパブリックな施設に行くときは，フォーマルな服装で行くことが望まれる．服装によって対応が違ってくることも多い．引き出せる情報の量と質まで異なるケースもあるほどである．一方，調査する敷地の足元が悪かったり，夏の日差しが強いなど，自然の気候が厳しいところでは，靴や帽子，動きやすい服装などが要求される．いずれの調査の場合も，サンダルやハイヒールは避けた方がよい．このように，TPO（time：時間，place：場所，occasion：場合）を十分に心がけたい（図 2.1, 表 2.1）．

b. 七つ道具

調査へ持って行く持ち物として，野帳や筆記用具の他に，色々なものがある．大きく分けると，どんなときでも必要な七つ道具のようなもの（住宅地図，三角スケールなど．図2.2）と，専門的な調査をするための機器（騒音計や風速計など）がある．この七つ道具は，調査の目的や調査の段

図2.1 調査に出かける際の服装

表2.1 七つ道具の特徴

服装	
動きやすい服装	TPOを意識する．ハイヒール・サンダルを履かない．調査場所によっては，半ズボン・スカートを避ける．フォーマルかカジュアルかと迷う場合が多い．その場合は，フォーマルな方を選べば，動き難さを感じることはあっても，恥をかくことはない
斜め掛けかばん（リュック）	調査をしている間は，バインダーなどを持って書き込みを行うために，両方の手が自由になることが必須である．斜め掛けかばんは，必要なときに体の前に回し，物の出し入れができるので便利である．リュックは，ものの出し入れのときにリュックを下ろして対処しなければならないので斜め掛けかばんより不便であるが，最も行動的である
帽子（場所によっては，ヘルメットも必要）	日差しの強いときや雨のときなどのため必要である．ただし，あまりにも派手なものや黒い帽子（印象が悪くなるときがある）は避けたい．調査する現場で，現場の人がヘルメットを被っているような場所では，必要となる．ただし，建設現場などでは来客のためにヘルメットを用意している場合が多いので，事前に必要かどうか，貸してもらえるかどうかを聞いてみるとよい
身分証・名刺	調査現場で挨拶するときや，不審者と間違えられたときのために携行する必要がある
時計	防水付きの時計は，言うまでもない．アナログでもデジタルでも構わないが，ストップウォッチ付きの時計であれば，役に立つときがある
虫除け，日焼け止め	調査現場は，必ずしも快適な条件とは限らない．蚊が気になって調査に集中できず，最悪のフィールドワークになることもある
腕章，名札	調査現場では，不審者に間違えられることもしばしばある．それを未然に防ぐのに腕章・名札は，大いに効果を発揮する．特に腕章は，遠くからでも判別ができ，係員と間違えられ，思わぬ情報を入手できることもある
筆記用具	
野帳（スケッチブック）	場合によるが，あまり大きいとかばんに入りにくいなど，使い勝手が悪い．せいぜい大きくてもA4サイズまでである．A5サイズの野帳などは，話を聞きながらメモを取るときには便利である
3色ペン（4色ペン）	調査現場では机上で作業できるとは限らないので，単色のペンを複数持ち歩くと扱いが大変である．また，複数色が一緒になっていれば，管理も楽である
バインダー	調査用紙を用意したときは，バインダーが必須である．無いと調査効率が落ちてしまう
測定用具・資料	
コンベックス	コンベックスは，フィールドワークのみならず，建築を志す者であれば常に携帯しなければならない．日常生活で気になるところがあれば，常に計ることを心がける．普段持ち歩くのは，軽量で簡単なものでよい．本格的に調査をするときは，はかる対象の大きさに応じて用意したい
カメラ	最近はデジタルカメラが普及したことで，その後のデータ処理が大きく変化して，一段と扱いやすくなった．ただ，カメラの性能は良くなったものの，手振れはなかなか解消されない．画質が大事な場面では，三脚を用意するとよい．詳細は2.1.5項を参照してほしい

三角スケール	一般的に実寸が30 cmと15 cmの2種類がある．製図作業では30 cmも使われるが，フィールドワークでは，持ち運びやすさの点で15 cmがよい．コンベックス同様，設計を志す者は常に携行しておきたいツールである
地図	用途により，縮尺の異なる地図を用意する必要がある．目的とする敷地などがはっきりしている場合などは，大きく重量のある住宅地図ではなく必要な部分のコピーを持っていく．最近は，インターネットを利用して画像データやPDFデータをネットで受け取る方法や，ネットで予約してコンビニで受け取ることができるサービス（いずれも有料）などがある
図面	学習のための調査は別として，可能な限り事前にフィールドワーク対象施設の図面を得ておきたい．事前に図面が有るのと無いのでは，調査効率がまったく異なる
方位磁石	方位磁石も常に携行しておきたいツールの1つである．北側斜線の用途などに使う場合は，磁北と真北は，地域によって異なるため注意が必要である．下げ振りを利用した測定では，南中時刻にできた影が真北である．真北測定器も販売されている．東京近辺では，磁北から西に7°ずれている
手土産	円滑にフィールドワークをするためのツールという点で，今も昔も変わらない

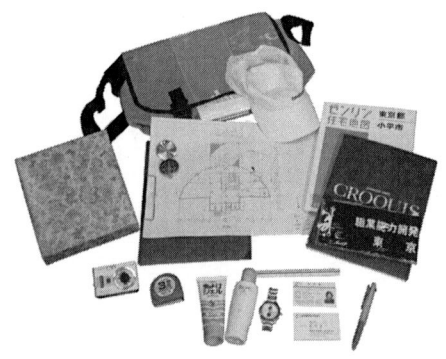

図2.2 七つ道具

階によらず，「企画・全体計画のためのフィールドワーク」から「竣工後のフィールドワーク」に至るまで，すべてのフィールドワークにおいて役に立つものである．ここでは，大きな道具ではなく，ポケットやカバンに簡単に入るものばかりを選んだ．名刺や身分証明書は挨拶のときに必要となることは言うまでもないが，調査中に不審者と間違われたときにも必要となる．腕章や名札は，不審者と間違われるのを防ぐのにも有効である．

専門調査の機器には，音や臭いを測る機器からボーリングやGPSなど，数え切れないほどの機器が使われている．本書では，「本書の構成と読み方」で表記した各調査段階で必要となる一般的な機器に絞って使い方を説明する．2.1節では，「長さ（距離，面積，高さ）」，「人の行動」，「快適さ」に分類して説明する．さらに，デジタルカメラについては，調査に欠かすことのできない機器であり専門的な知識を要するため，特別に詳細に説明する．

2.1.2 はかるための道具

ここでは，はかるための道具を紹介する（図2.3，表2.2）．

2.1 持ち物とはかり方

長さ(距離)・高さをはかる

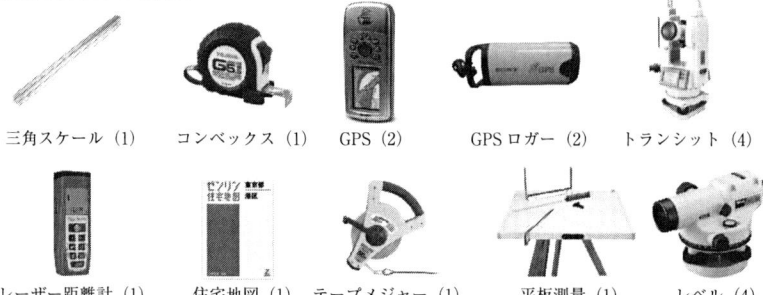

三角スケール(1)　コンベックス(1)　GPS(2)　GPSロガー(2)　トランジット(4)

レーザー距離計(1)　住宅地図(1)　テープメジャー(1)　平板測量(1)　レベル(4)

ものをはかる

直定規(1)　コンベックス(1)　コンパス(1)　ノギス(2)　下げ振り(2)

行動・流れをはかる

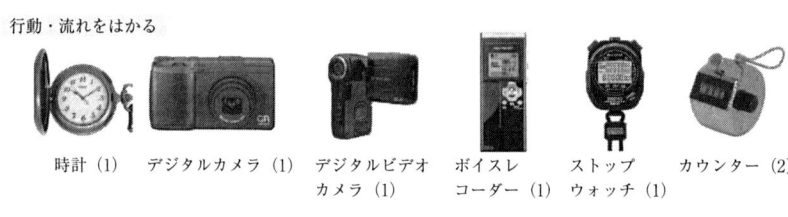

時計(1)　デジタルカメラ(1)　デジタルビデオカメラ(1)　ボイスレコーダー(1)　ストップウォッチ(1)　カウンター(2)

地盤をはかる

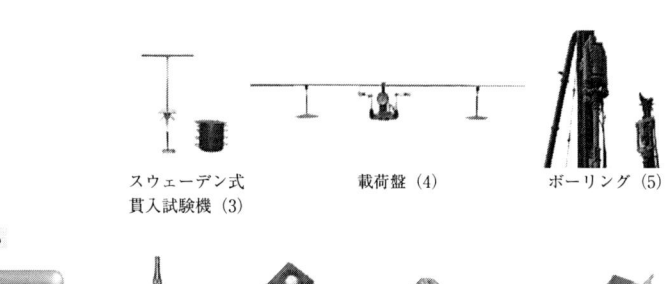

スウェーデン式貫入試験機(3)　載荷盤(4)　ボーリング(5)

快適さをはかる

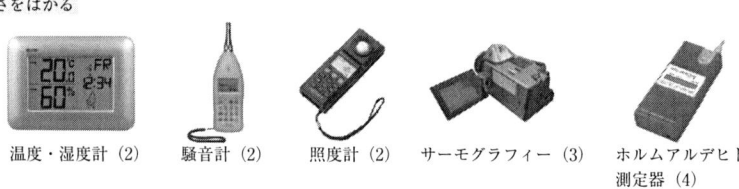

温度・湿度計(2)　騒音計(2)　照度計(2)　サーモグラフィー(3)　ホルムアルデヒド測定器(4)

図2.3　はかるための道具

左から右に使用頻度の順に並べた.( )内の数字は使用レベルを表す.使用頻度の高いレベル1は設計課題などでも使用する.使用頻度の低いレベル5は実務などでのみ使用する.

表 2.2　はかるための道具の特徴

長さ（距離）・高さをはかる機器

尺杖（バカ棒）	高さをはかるときに用いる簡単な寸法が記された棒状器具で，通称「バカ棒」．厳密な定規でなく，ただの棒でも代用が利く．建物の高さ（天井，まぐさ，窓台，床など）に関する情報を他の部分にも転用するときに使用する．レベルと一緒に用いて高さ合わせに使用する場合もある．大きな利点は，スケールを読み違えることがなく，作業能率が上がることである
テープメジャー，コンベックス	テープメジャーは，約 30 m までの距離を計測する際に使用するものである．敷地や柱のスパン，部屋の寸法などの割と大きなものをはかる際に用いる．テープの 0 cm を計測対象物の先端に合わせて，ある一定の力で引っ張るため，複数人で計測しないと誤差が出る．それに対してコンベックスは，先端にフックが付いており，1 人でも長さをはかることができる．また，使用方法を工夫すると手の届かない高さまでもはかることができる
レーザー距離計	レーザーを用いて対象までの距離を計測する機器で，限界距離は約 1〜2 km である．最近は，個人用の安価な距離計が販売されている．水平や垂直に正確に設置しないと，計測した数値に誤差が生じることに注意が必要である．機器によっては，カメラ用の三脚を取り付けられるものもある
GPS，GPS ロガー	GPS を用いて，自分が移動したルートを記録できる．撮影した時間と場所を写真と一緒に GPS ロガーに記録しておけばデータ整理の際に便利である
レベル	高さをはかったり，同じ高さに墨を出す際に用いる機器である．水平に設置された望遠鏡を覗き，基準の高さから相対的な上下の距離を見て判断，あるいは計測する
平板測量，トランシット，3 次元レーザースキャナー	平板測量は，専用の三脚に平板をセットして定点からアリダードを用いて測点の角度を目視で計測し，距離をテープメジャーではかって敷地形と大きさを測定する．トランシットはセオドライトとも呼ばれ，望遠鏡によって捕らえた 2 つの目標点の間の角度をデジタル計測できる．また昨今は，一度に 3 次元の地形や建物データを作成してくれる 3 次元レーザースキャナーも開発されている

ものをはかる機器

直定規	15 cm のものから大きいもので 2 m のものがある．定規なので，あくまで直線を引くといった作業のために用いる．カッターで材料を切る場合は，鋼製直定規を用いるとよい．また，パース描画のためにガラス棒を用いる場合は，溝付直定規を用いるとよい
ノギス	小さな物の外形や内径，深さをはかるのに適している．「主尺」「副尺」が記されており，はかり方によって 0.1 mm 単位や 0.05 mm 単位で計測できる．現在は，目盛を見なくても計測してくれるデジタルノギスと呼ばれるものもある
下げ振り	測量や建設現場等で鉛直度を計測する際に用いる円錐型の振り子．柱の建入れ・傾き，建具の垂直出しなど，建設作業では頻繁に使用される．図 2.3 のようなタイプのほかに対象物に接触させて計測する人間大の下げ振りもある

行動・流れをはかる機器

時計，ストップウォッチ	人の動きや物流などをはかる際に用いる．時計にストップウォッチ機能があれば，いざというときに便利である
デジタルカメラ，広角レンズ	カメラは，すべての調査において必需品である．GPS ロガーと一緒に使うとデータ整理に便利である．詳細は 2.1.5 項で説明している．広角レンズは，通常のレンズで入りきらない広い敷地や大規模な建物を撮影する際に用いる．交換レンズは，ボディのメーカーや機種に互換性があるわけではないので，カメラを購入する際に注意が必要である
デジタルビデオカメラ	敷地や建物内の人の動きなどをはかる調査には，時間と一緒に映像も記憶できるので必需品である．ただし，分析時には目的とする映像の再現に時間がかかるため，デジタルカメラとの併用を勧める
ボイスレコーダー	ボイスレコーダーは，ヒアリング調査をする際に用いることが多い．また，調査を行っている際に自身が気付いたことを吹き込んだり，周辺の雰囲気を記録するなどノート代わりにも使用できる．両手を別のことに使いながら情報を記録できるので便利である

2.1 持ち物とはかり方

カウンター	人やものの流れをはかるのに使われる．交通量測定などでは，このカウンターをいくつか連ねたものが用いられている

地盤をはかる機器

スウェーデン式貫入試験機	スウェーデン式貫入試験は，地質検査において地耐力をはかるために行う．先の尖った棒に荷重をかけ，棒がある一定の回転をした際の地面下に棒が沈む量を測定し，その値から地盤の硬さを換算する．簡易にできるが，岩盤質には向かない
平板載荷試験器	平板載荷試験は，粘土質地盤の地耐力をみるために行う．円盤にある一定の圧力をかけ，土の圧密沈下をはかる．砂質土や岩盤の測定には適さない
ボーリング	筒状の鋼管を回転させながら地中に挿入してサンプリングする測定である．実際の土を地下深くサンプリングするため，スウェーデン式貫入試験や平板載荷試験に比べて信頼性が高い．ただし，測定がとても大掛かりとなり，費用も高い

快適さをはかる機器

温度計，湿度計	周辺の温熱環境計測には欠かせない．温度計・湿度計が一体化した安価な温湿度計もある
騒音計	周辺の音環境を計測する際に用いる．計測値は，音圧レベルdB（デシベル）で表される．周波数帯域ごとに騒音がはかれるオクターブバンド騒音計もある．人間の耳に聞こえる音圧レベルをA特性といい，機械的な音圧レベルをFLAT特性という．低音域と高音域を補正したC特性もある
照度計，輝度計	建物内の光環境を測定する際に用いる．測定値は，lx（ルクス）で表される．室内の作業目的により照度基準が決まっている．一般的に製図作業は，1000 lx 程度である．その他，商業施設などでは，光源やディスプレイなどの光源における単位面積当りの明るさ（輝度）が測定される．単位は cd/m^2（カンデラ）で表される
サーモグラフィー	物体が放射する熱を測定する機器で，軍事用として開発され一般化された．家屋やコンクリート構造物の表面の微妙な温度差を利用することで，建物の漏水，空気漏れ，コンクリート剥離を探し出すことができる
ホルムアルデヒド測定器	近年，シックハウスが大きな話題となり，ホルムアルデヒドがその原因として着目された．図2.3の写真はデジタルだが，図2.8では手動式検知管の例を挙げて説明している．価格は検知管の方が安価だが，検知管は使い捨てのため，その都度用意しなければならない．また，検知管は色を判別する必要があるのに対して，デジタルでは明確な数字として表される

（和田浩一）

2.1.3 長さ・行動・快適さをはかる

a. 長さをはかる

土地や建物の面積や体積，ものの大きさや高さを考えるうえで基本となるのが，「長さ」をはかることである．ここでは，「長さ」をはかるときの基本的な道具と使い方を説明する（図2.4）．

■コンベックス

一般に，「先に0基点となる爪が装填されており，テープに計測時の水平保持力を保たせるためのアール（R）が付い

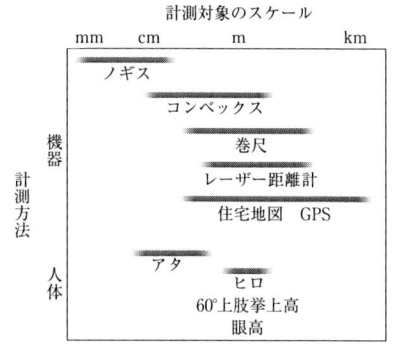

図2.4 測定機器とスケール

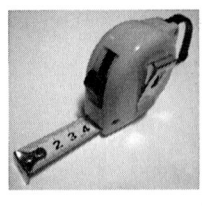

図 2.5 コンベックスの使用方法
コンベックスのテープについているアール凹により，1 人での計測が可能となっている．

ているもの，そして本体内部にテープを引き戻す機構があるもの」を指す．テープ長さは JIS 規格品として 2～10 m のものがあるが，通常は 2～3 m のスチール製のものが使いやすい．測定の基点に爪をひっかけ，テープを必要に応じ送り出して記入された数字を見て計測する．先述のアール凹によりテープは水平を維持できるため，1 人でも計測できる．計測の際は，必要に応じてテープのロック機能を活用すると便利である（図 2.5）．

巻　尺

コンベックスと同様に長さをはかる道具であるが，0 基点となる爪と，水平保持力をもたせるテープのアール凹がない．材質として布，革，鋼鉄などが用いられている．測定は 2 人以上で行う．測定する 2 地点を結ぶ直線上に巻尺を張り，巻尺の後端（巻尺の 0 目盛側）をポールなどで固定し，前端（巻尺の最終目盛側）は張力計を介してポールに結びつけ，十分な力で引っ張り（JIS では 98 N），両端における巻尺の目盛を読み取る．測定区間が巻尺より長い場合は測定を数回繰り返し，その合計値から算定する．精度を上げるために，鋼製巻尺を用いる場合には温度補正や傾斜補正，縮尺補正や投影補正などを行う．

レーザー距離計

部屋の広さ，建物の大きさから，巻尺で測定するような距離までを簡易にはかることができる．計測可能距離は測距儀や反射プリズムの性能に左右されるが，照射したことが目視できる程度である．ある地点から計測対象に向かってレーザーを照射し，掲示された数値を読む（図2.6）．ただしレーザーを水平に照射しないと誤差が生じることに注意が必要である．屋外で使用する場合は，照射点を壁面に設定するか，または協力者に紙（厚紙）を持って立ってもらい，そこに照射するのが望ましい．

レーザー距離計を使う利点は，1 人ではかる

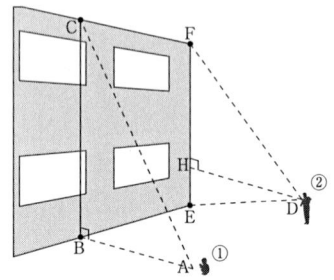

図 2.6　レーザー距離計を用いた高さの計測方法
①計測器を地面に置く場合
　$BC = \sqrt{AC^2 - AB^2}$
②計測器を手持ちする場合
　$EF = \sqrt{DE^2 - DH^2} + \sqrt{DF^2 - DH^2}$
なお，AB・AC 間の計測から，高さを算出できる機能を有するものもある．

ことのできる範囲が広いこと，直接行けない場所もはかれること，高さ方向の計測も可能なことが挙げられる．また，光波距離計などの本格的な測量機器に比べると安価でありながら，機器に搭載されている機能を活用することにより，じかに面積や体積を算出できることも利点である．

■地　図

土地や建物をはかるときには地図からも多くの情報を得ることができる．使用する地図の代表的なものに住宅地図が挙げられる．敷地や道路の形状と寸法，建物の大まかな形状や階数を知ることができ，フィールドワークに重宝されている．住宅地図は数社で作成されており，現在では東京都島嶼以外のすべての地域についての情報を得ることができ，ほとんどの地域が 1：1200〜1：6000 の縮尺で作成されている．

また国土地理院のウェブサイトからは，公共施設の境界線，行政区画の境界線および代表点，道路縁，標高点，建築物の外周線，街区の境界線などの位置情報を含む基盤地図情報を閲覧・ダウンロードできるので，こちらも活用してほしい．

■身体を用いた測定

現在，わが国の寸法単位はメートル法が用いられている．しかし寸法とはもとは人間を基調としたもの（ヒューマンスケール）であった．人々の行動や感覚との結びつきが深いものなので，ぜひ理解し，フィールドワークで活用してほしい．

まず日本で用いられてきたものとして，「一寸（指1本の幅）」，「一尺（指10本の幅）」が挙げられる．また，「咫（あた）」は人差し指と親指を開いたときの指先の距離（約18 cm）である．段差や家具の大きさなどを測るのに便利である．「指極（ひろ）」は，身長と同程度の長さとなる．

次に，高さ方向について3つの目安を挙げる（図2.7）．「60°上肢挙上高」は前上方向に手を伸ばして届く高さであり，成人で180〜190 cm程度である．「眼高」は，成人の場合は身長から11〜12 cm 減じた値となる．「肘頭高」は 95〜105 cm 程度の高さである．

距離については「歩幅」の計測により，およその値をおさえることができる．一般的に歩幅は身長の 45％程度といわれるが，実際に自分の歩幅をはかったり，また巻尺に沿って一定距離を歩くなどして，自分の歩幅を把握しておくのがよい．

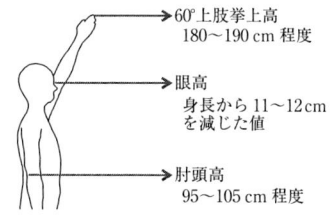

図2.7 人体による高さの計測

建物についても，把握の目安となる値がある．先ほどの「尺」を用いると，6尺で「一間」という単位になるが，これは約 1.8 m，およそふすま 2 枚分の幅（畳の長辺）の長さである．6 尺平方の土地の面積は「一坪」という単位で表されている．

ここに挙げた寸法をもとに，自分の身体にあてはめて値を記憶しておくと，フィールドワークにあたり重宝する．

b．行動をはかる

物理的な環境だけでなく，人の行動をはかることで，フィールドの理解や設計に向けた貴重な資料が手に入る．

まず，はかる目的を明確にすることが大切である．何のために，何を知りたいかを考えると，おのずとどういった人の行動をはかるかが決まってくる．例えば「適切な室の大きさを考えるために，利用者の行動をはかりたい」，「人出のピーク時にも混雑しない通路の広さや形状を提案したい」，「福祉用具を活用しやすい住宅に必要なことを理解したい」といった具体例が挙げられる．

次に，人の行動をはかるための道具である．行動そのものを画像として捉えるには，デジタルカメラによる撮影やスケッチが挙げられる．経時的な変化も併せて見たい場合には，ビデオによる撮影がよい．数ある行動のうち特に詳しく見たい行動がある場合は，カメラやビデオカメラによる撮影に加えて，観察した行動を平面図や断面図に記入していく方法がある．

ここまでは目に見える行動そのものを記録する方法を挙げたが，観察できない行動や人の意識をはかるためにヒアリングという方法もある．詳細は第 3 章で説明するが，いずれの方法を採用する場合も，「はかる」対象となる人のプライバシーに配慮する必要がある．

c．快適さをはかる

リノベーションや改築，建替えといった場合には，既存環境を快適さという側面からはかる必要も生ずる．環境を数量的に把握して問題点を捉えることが，構造設備の改善や維持管理，また設計のための基礎的なデータとなるからである．ここでは，空気，熱，光，音環境を簡易にはかることを想定する（図 2.8）．なお，機器・測定方法の詳細は JIS 規格に従うのがよい．

■気体採取器・空気質測定器

空気の質を簡易に測定する方法として気体採取器によるものが挙げられる．機器に気体を吸引し，検知管にある変色層先端の目盛を読み取ることで，気体の濃

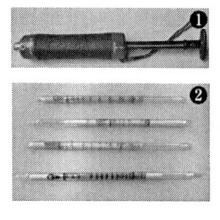
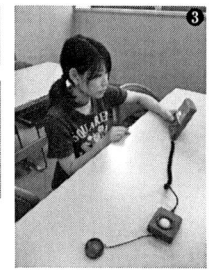

図2.8 快適さの計測例
気体吸引器は，本体①の先端に対象とする気体の検知器②を取り付けて使用する．照度計③は，延長ケーブルを使用し低い姿勢で測定すると，計測者の影などの影響が少なくなる．④は騒音計による計測例である．

度を計測できる．

また，ビル管理法で定められる「風速（気流），粉じん濃度，温度，湿度，CO濃度，CO_2濃度」の6項目を計測する場合には，温度計，湿度計，粉塵計や一酸化炭素濃度計，二酸化炭素濃度計を個別に用いるか，それらをまとめて計測できる計測器空気質測定器を用いると便利である．計測値は1日のうちで変化し続けるが，1日に3回程度の計測を行い平均値をとるのが現実的である．

気温，湿度および気流をもとにした快適指標として，ASHRAE（米国暖房冷凍空調学会）の新有効温度ET^*線図が挙げられる．着席状態で着衣量0.6 clo，静穏な気流の場合を基準として示されたものである（cloは衣服の断熱性を表す単位）．ET^*が22〜22.5℃，およその室温が22.9〜25.2℃，相対湿度が20〜60％の範囲が快適範囲とされており，こうした数値を参考に計測値を評価できる．

■照度計

室全体の光環境評価に関する項目には，「作業面照度」が挙げられる．日中，自然光がある状態で，対象空間を4×4分割した交点（9点）を基準点とし，そこから最も近い机上面中央で照度をはかるものである．計測値はJISによる機能別の照度標準（表2.3）に照らして評価する．

■騒音計

音をマイクロホンで電気信号に変換しdB値で表示するものである．測定は，屋内の場合は室（または300 m^2ごと）の中央付近の床上1.2 mで行い，音の出る機器の近くや音の反射する壁や床，身体から離して測定する．

環境基本法には，騒音に係る環境上の条件について生活環境を保全し，人の健

表 2.3　照度基準（JIS 照度標準より抜粋）

照度段階	場所（事務所，学校の場合）
2000 lx (3000〜1500)	玄関ホール
1000 lx (1500〜700)	事務室，営業室，設計室
500 lx (700〜300)	事務室，会議室，印刷室，受付，エレベータホール，教室，保健室，屋内運動場
200 lx (300〜150)	集会室，便所，洗面所，書庫，エレベータ，廊下，食堂
100 lx (150〜70)	休養室，給湯室，浴室，機械室，階段
50 lx (70〜30)	倉庫，車庫，非常階段，屋内駐車場

表 2.4　騒音関係表

地域の類型	基準値 (dB)	
	昼間	夜間
療養施設，社会福祉施設等が集合して設置される地域など特に静穏を要する地域	50 以下	40 以下
専ら住居の用に供される地域，主として住居の用に供される地域	55 以下	45 以下
相当数の住居と併せて商業，工業等の用に供される地域	60 以下	50 以下

午前 6 時から午後 10 時までを昼間とし，午後 10 時から翌日の午前 6 時までを夜間とする．

康の保護に資するうえで維持されることが望ましいとする基準（表 2.4）があり，測定値を評価できる．

（石垣　文）

参考文献

1) 長谷川昌弘・川端良和 編著（2004）：基礎測量学，電気書院．
2) 室内環境フォーラム 編（1994）：オフィスの室内環境評価法，ケイブン出版．
3) 日本建築学会 編（2003）：建築設計資料集成——人間，丸善．
4) 岡田光正（1993）：空間デザインの原点，理工学社．
5) ムラテック KDS 株式会社ホームページ：http://www.muratec-kds.jp/，Q&A（アクセス 2009.6.20）
6) 国会図書館ホームページ：http://www.ndl.go.jp/（アクセス 2009.6.20）
7) 村松 學 編（2005）：室内の環境を測る，オーム社．
8) 国土交通省国土地理院ホームページ：http://www.gsi.go.jp/index.html（アクセス 2009.9.20）
9) 環境省ホームページ「環境基準について」：http://www.env.go.jp/kijun/index.html#kijunlist（アクセス 2009.10.20）

2.1.4　知識と経験から読み取る長さ

　建物の調査にあたり，建築構造のルールを知っていれば，記入漏れやはかり間違いを防ぐことができる．建物をはかるときは，構造体に仕上げ材が付いているということを念頭に置いてはかるとはかりやすい．言い換えれば，各部の大きさの集合体としての建築ではなく，ある空間の大きさを実現するために構造体の仕組みと大きさ（柱の間隔や柱・梁の径，床の厚さなど）が先にあり，目標とする

空間の大きさにするために仕上げ材を用いながら調整していると考えることが必要である．そのために，柱のスパンと内法という建築用語が頻繁に用いられる．スパンとは柱や梁の間隔のことで，鉄筋コンクリートの場合はコンクリート強度や柱・梁の断面径で決まる．木造の場合は柱・梁の断面径がある程度決められているため，狭いピッチで柱が配置されている．内法とは壁から壁，床から天井など，実空間の大きさ（長さ）を示すときに用いる（図2.9）．室空間の調査というと内法だけを測る傾向にあるが，柱のスパン（柱の中心から中心までの長さ）も一緒にはかっておくと後に図面化するときに描きやすくなる．

建物は構造材の種類により，鉄筋コンクリート（RC）造，鉄骨（S）造，木造，それらを混合した混構造に大きく分けられる．以下にそれぞれの構造の特徴を述べる．

a. 鉄筋コンクリート造

鉄筋コンクリート造（RC造）は，架構方式（構造的な成り立ち）からラーメン構造と壁式構造に分けられる．鉄筋コンクリート造で一番多く用いられている構造が，柱と梁で

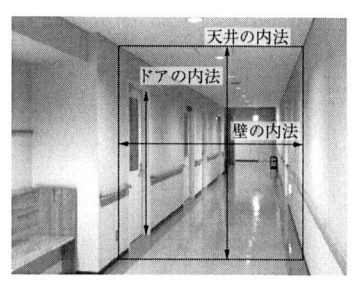

図2.9 内法寸法

構成されているラーメン構造である．図2.10に示すように両側の柱で梁を支え，それが連なることで安定し，空間をつくっている．柱間がある一定の間隔で並んでいる場合が多いので，はかるときに予想が付けられる．この鉄筋コンクリートラーメン構造（RCラーメン構造）について見ると，柱のスパンは経済的な7m前後が多い．一般的に，そのときの柱の径は70cm程度で，スパンの10分の1となる．また，梁成（梁の高さ）も同様にスパンの10分の1となる．床のスラブ厚さは，梁のスパンにもよるが20cm程度で，壁の厚さは18cm程度である．これらは，いずれもコンクリートの厚さなので，これに仕上げ材（仕上げモルタルやタイル，化粧石膏ボード，断熱材など）の厚みや隙間（野縁の空間や天上懐などの空間）が加わり所定の室空間の大きさとなっている．このRCラーメン構造は強固であるが，躯体が重いという欠点がある．

RC壁式構造はスパンが5m程度までで，大

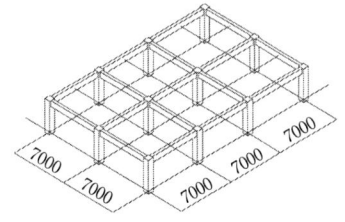

図2.10 鉄筋コンクリート造
（単位：mm）

きなスパンの空間をつくることができない．ただし，ラーメン構造のように柱がないため，住宅のような小空間ではデッドスペースができにくいなど有利な点がある．

b． 鉄骨造・鉄筋鉄骨コンクリート造

RC ラーメン構造は，高層建築のように上層階の重さが下層階に大きくのしかかってくる建物や，大空間などのようにスパンが大きいものには不向きである．そのため，高層建築や劇場などの大空間では，鉄骨造が使われている．この鉄骨造も万能ではなく，建物が振動に対して揺れやすく，火災に弱いなどの欠点もある（2001 年にテロの標的となったワールドトレードセンターも，上層部は鉄骨造であった）．これらの欠点を補ったのが鉄骨鉄筋コンクリート造（SRC 造）である．これらの構造は，いずれも途中で柱のスパンが変わることも多いので，一部のスパンをはかって建物全体が同様であると決め付けず，すべてのスパンを確認しておく必要がある．

c． 木　造

木造を大別すると，在来軸組工法と枠組壁工法がある．在来軸組工法は，図 2.11 のように柱と梁で構成されている．柱と梁で構成している点では RC ラーメン構造と似ているが，柱と梁の接合方法が異なる（構造計算の考え方が異なる）ためラーメンとは言わない．一方，枠組壁工法は，図 2.12 に示すように，先に壁や床のパネルを作製して組み立てる方法で，よくツーバイフォー住宅といわれているものである．この名称は，枠で使用する木質材料の径（2×4 インチ）に由来

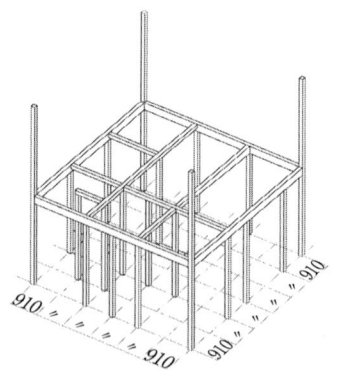

図 2.11　在来軸組工法
（単位：mm）

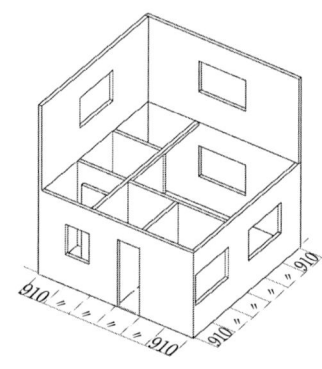

図 2.12　枠組壁工法
（単位：mm）

する．ピッチは，尺とメートルの両方が使われている（1つの建物で尺とメートルの両方が使われるケースはあまりない）．尺とメートルを比較すると，最近の在来軸組工法であれば，尺の910 mm ピッチを使っている場合が多い．同じ尺でも古い木造建築であれば尺（303 mm）の倍数なので909 mm となる．1ピッチ当り1 mm の違いだけであるが，大きな建物になるとその誤差が大きくなるので注意が必要である．日本の大工作業は，この単位を1/2, 1/3, 1/4 に分割して行っているため，メートルで測ると切りの悪い数字になっていることが多い．木材断面の大きさについては，寸を使っているので90 mm, 105 mm, 120 mm, 135 mm というように15 mm 刻みになっている．窓などの開口部は，まぐさ（窓枠の上端）の高さを1800 mm にして，それよりも下方につくっているケースが多い．開口部の高さに関しては，人体系のモジュールと関係しているので天井が高くなっても変わらないことが多い．

d．建物の高さ

建物の高さについて見ると（図 2.13），RC 造では，商業施設などが入っている場合は1層分が4 m 程度となり，マンションなどの住宅の場合は3.5 m 程度である．RC 造などの場合，下階から上階まで一度にコンクリートを流し込むことができないため，各階ごとにコンクリートを流し込んでいる．そのため，コンクリートの打継部分が外壁に目地の線となって現れる．外壁の目地の線を頼りに高さを算定するのも1つの方法である．

木造の場合は，1階が3 m 弱で，2階がそれよりも低い場合が多い．これらの知識を利用すると，通りから窓の数を見て階数を数え，それに前述した数字を乗じることにより，ある程度の高さを推定することができる．

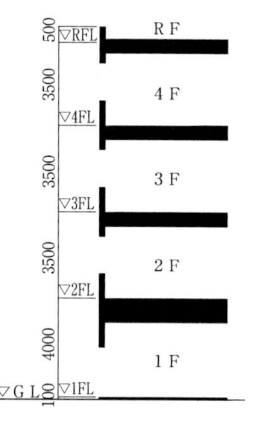

図 2.13　建物の高さ
（単位：mm）

室内の高さについては，建築基準法で天井高さの平均が2100 mm 以上と決められているが，在来木造住宅であれば2400 mm が多い．用途にもよるが，部屋の面積が大きくなれば天井も高くなる傾向にある．近年のRC 造や鉄骨造建築では，2400 mm 以上の高さでつくられるようになってきている．2005 年までは，教室などの天井の高さは3 m 以上と建築基準法で定められていたが，その後，より良好

な教室環境を持った学校づくりを促進するために改正され，3m 以上という基準が廃止された．近年の学校の教室の天井高さには，低いものもある．

e. 建築材料の大きさ

建物の各部を見ると，ある一定の長さで納められていることが多い．建物の外構や建物本体で使われている仕上げ材が，JIS や JAS 規格によりルール化されていることと，和室などのように日本の伝統工法には作法があるためである．伝統工法による大きさは，自然材料そのものの大きさであったり，それを使用したときの美しさからきている．これら１つ１つの材料を数え作法を読み取ることで，室空間の大きさや距離が読み取れる．例えば，材料でいえば P タイル（約 303 mm 角），タイルカーペット（500 mm 角），フローリング１枚の幅（100 mm），天井に使われる化粧石膏ボード（455×910 mm）などがある（表 2.5，図 2.14）．伝統工法では，畳の大きさ（地域により異なる），まぐさの高さ，竿縁の間隔（455 mm）などがある．建物の見学の際に測りたくなったときやコンベックスを忘れたとき，商業空間など著作に関する警戒が厳しいところなどでは，これらの枚数を数えることである程度の空間の大きさを知ることができる．また，これらの大きさに関する知識は，「建築基準法による長さ」同様，実務の設計を行ううえでは必要不可欠である．ぜひ覚えておいてほしい．

f. 建築基準法による長さ

これまでに述べた JIS や JAS で規定されている建築材料や部材の他に，出来上がった建物の各部の長さ（大きさ，高さを含む）を制限するものに建築基準法がある．この法律は，国が人々の生命や健康および財産の保護を図るために制定したものである．

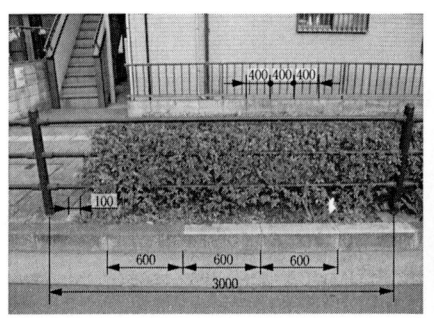 

図 2.14 建築材料の大きさ（単位：mm）

表 2.5 建築材料の大きさ

分類	項目		大きさ (mm)
外構	ガードレール		3000・5000
	側溝		2500・1500・1000
	縁石		600
	横断歩道のライン		白と地ともに 450
	ブロック		390×190×100・120・150 （目地を含めた長さは 400）
	レンガ		210×100×60
構造材	柱の径		105・120・135・150
	2×4 材（ツーバイフォー）		39×89
	合板・石膏ボード（尺モジュール）		910×1820・2100・2400・2700
	合板・石膏ボード（m モジュール）		1000×1820・2100・2400・2700
仕上げ材	タイル	50 二丁	45×95（目地を含めた長さは, 50×100）
		45 三丁	45×145
		45 四丁	45×195
		二丁掛	60×227
		小口平タイル	60×108
	P タイル		約 303 角
	タイルカーペット		500 角
	フローリング 1 枚の幅		100
	天井の化粧石膏ボード		455×910
和室	畳	京間・関西間	1910×955
		中京間	1820×910
		関東間	1758×879
	開口部のまぐさ（上枠）		1800 程度
	竿縁の間隔		455
建築法規	居室の高さ		※平均 2100 以上
	手摺		※1100 以上
	傾斜路の勾配		※屋内 1/12 以下, 屋外 1/15 以下
	階段蹴上げ		200 程度（※230 以下）
	踏み面		230 程度（※150 以上）
	階段手摺の高さ		※700〜900
	廊下	小学校, 中学校, 高等学校等	※両側居室 2300 以上, 片側居室 1800 以上
		病院（患者用）, 共同住宅等	※両側居室 1600 以上, 片側居室 1200 以上

※建築基準法

　生命を保護（安全）する目的で制定されているものに，屋上や吹き抜け空間などの墜落防止用として手摺の高さ（1100 mm 以上）や格子の間隔（110 mm 以下），スロープの勾配，建築用途別による廊下の幅などがある．健康の保護に関し

ては，床の高さ（ある一定以上にすることにより床下の換気を促進させる）や，前述した居室の天井の高さなどがある．財産の保護に関しては，建物の高さ制限などのように都市的な立場に立って，つくる建物が他人に迷惑をかけないように規制しているものなどがある．表2.5には，特に建物の内部を調査しようとしたときに知っておいたほうがよい長さを，建築材料の大きさと一緒に示す．

このように建築基準法の知識から長さや大きさが分かるケースが非常に多い．

g．家具の大きさ

家具は，一般に人体系と建築系に分かれる．建築系の家具は大きさがまちまちで，その都度よくはかる必要があるが，人体系の家具は人間の体型に合わせて製作されているため，ある程度決められた大きさとなっている（図2.15）．例えば，成人が使用する事務用椅子の座面の高さは40 cmである．それに使用する机は，座面+30 cmの70 cm（JISでは事務用机の高さは67 cmと70 cmの2種類）である．同様に，立って仕事をするためのテーブル（キッチンのワークトップなども同様）は90 cm程度となっている．これらの家具はJISやISOで規格が決まっているため，それほど大きなスケールの差がない．

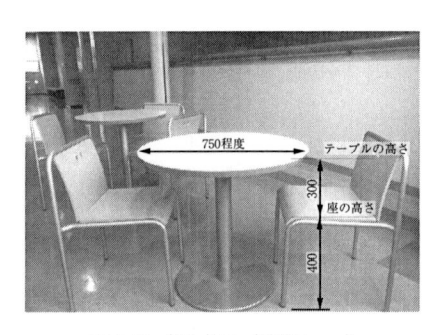

図2.15 机と椅子（単位：mm）

このようなトレーニングを続けると，見ただけで大きさの見当が付くようになる．ここまでくると，フィールドワークもプロ並みである．　　　　　（和田浩一）

2.1.5　フィールドワークでのデジタルカメラ活用術

ここではデジタルカメラによる撮影テクニックと撮影した画像の保存方法，活用方法について紹介する．

a．撮影テクニック

▎失敗を恐れずに撮影しよう

デジタルカメラがフィルムカメラと大きく異なるのは，失敗しても何度でも撮り直しができるという点である．失敗が怖いときはシャッターを切るたびに撮影結果を確認して，うまく写っていなければ何度でも撮り直そう．うまく写っていなかった写真も後で必要になることがあるので，ひどいミスショット以外は現場

では削除しないほうがよい．撮影に集中できるように十分な容量の記録メディアを用意したい．

■用途や印刷サイズに適した撮影画素数を選択しよう

撮影時の一辺の画素数と印刷時のサイズ・解像度の間には，次の関係式が成り立つ．

$$撮影画素数 = 印刷解像度(dpi) \div 2.54 \times 印刷サイズ(cm)$$

この式に印刷解像度と印刷サイズを代入すれば必要な撮影画素数を得られるので，それよりも大きな撮影画素数で撮影しよう．例えば2L判（19 cm×13 cm）の用紙に300 dpiで印刷するときに必要な撮影画素数をこの式で計算すると2240画素×1535画素（＝約344万画素）となるので，これよりも大きな撮影画素数で撮影すればよい．代表的な印刷サイズについて必要な撮影画素数を計算したものを表2.6に示す．

表2.6 印刷サイズと撮影画素数の関係

印刷サイズ（mm）	300 dpi印刷時の撮影画素数
A3（297×420）	3507×4960（約1740万）
A4（210×297）	2480×3507（約870万）
2L（127×178）	1500×2102（約320万）
L（89×127）	1051×1500（約160万）

■十分な容量の記録メディアを用意しよう

フィールドワークに出かけるときは，残量を気にせずに撮影できるように1回の調査に必要な記録容量の2倍以上の空き容量がある記録メディアを用意したい．1枚1枚の写真データのファイルサイズは画質モードや圧縮率，被写体により変わってくるが，例えば800万画素（1枚のファイルサイズは低圧縮率で約4 MB）の画像を1回に約250枚撮影する調査なら，撮り直し分の余裕をとって2 GB程度は空き容量のある記録メディアを用意したい．表2.7にJPEG形式（低圧縮率）で保存した場合のファイルサイズの目安を画素数別に示す．

表2.7 画像データのファイルサイズの目安

画像サイズ（画素）	ファイルサイズ（MB）
1000万	約6.8
800万	約5.4
500万	約3.6
200万	約1.3

JPEG形式（低圧縮率）の場合．

■カメラ任せでうまく撮影できないときは…

最近のデジタルカメラは被写体の条件に応じて各種の調整や設定変更を行う賢い撮影モード（オートモード）を備えている．大半のシチュエーションではカメラ任せでうまく撮影できるので，基本的にはオートモードでの撮影がお勧めである．万一うまく撮影できない場合は，表2.8を参考にマニュアルで設定を変えた

り撮影の仕方を変えてみよう．

■周辺住民や利用者の迷惑にならないように

　くれぐれも周辺住民や利用者の迷惑にならないように注意が必要である．特に人の写真を撮るときは一声かけて了解を得てから撮影しよう．

表2.8　シチュエーション別の設定・撮影方法のポイント

薄暗いところで撮影する場合	三脚を使用する．ISO感度の値を大きくする．シャッタースピードを遅くする．フラッシュを焚く
広い範囲を撮影したい場合	ワイドコンバージョンレンズを用い広角に撮影する．何枚かに分けて撮影した画像をパソコンに取り込み貼り合わせる．動画モードで撮影する

b．データ管理のコツ

■その日のうちにパソコンに保存してバックアップ

　フィールドワークで撮影した写真は一度失うと二度と手に入らないものが少なくない．デジタルカメラで撮影した画像データは操作を誤ると簡単に削除されてしまい二度と戻ってこない．特にオリジナルの画像データは確実に保管する必要があるので，撮影したデータはその日のうちにパソコンのハードディスクに保存し，できればDVD-Rなどにもバックアップをとろう．

　パソコンでレタッチなどの修正作業を行う際は，操作を誤ってオリジナルの画像データを消してしまったり，上書きしてしまう事態を避けるため，必ずあらかじめコピーしたファイルに対して作業すること．

■フォルダ名の付け方

　大量の画像データを撮り貯めていくと，何を保存したのかわからなくなってしまいがちである．何をどこに保存したかがわかるように，画像データをパソコンなどに保存するときには撮影日・撮影内容ごとに別々のフォルダに納め，撮影内容（○□△調査）の後に日付をつなげたフォルダ名で保存しよう（例：○□△調査_2011年01月01日）．

　このように名付けておくと，同じ対象を何度も撮影する場合にもフォルダ名が重複せず混乱が生じにくい．またフォルダ名を名前順にソートするとデータを撮影対象別に時系列に並べ替えることができて便利である．

■どこで何を撮った写真か忘れないうちに記録しておく

　一度に多くの調査対象を調査・撮影していくと，それぞれの写真がどの調査対象を撮影した物かわからなくなりがちである．こうした事態を防ぐために，撮影対象が変わるたびに時刻と撮影対象をメモしておこう．メモした時刻と画像データの撮影日時を照合することで，それぞれの写真が何を撮影したものかわかるよ

c. データの活用法

▇写真から建物などの寸法を推定する

写真を撮影する際に雨傘や人間など寸法の目安となるものを一緒に撮影しておくと，写真から被写体の寸法をある程度推定することができる（図 2.16）．

▇GPS ロガーを使って，写真を撮影した位置を割り出す

広範囲を移動しながら調査・撮影するような場合には，GPS ロガーを使用して時刻ごとの緯度・経度を記録しておくと画像データの撮影日時と照合して写真を撮影した緯度・経度を割り出すことができて便利である．またこのデータをパソコンの専用ソフトウェアに読み込ませれば撮影した位置を地図上で確認しながら画像データを管理することができる．

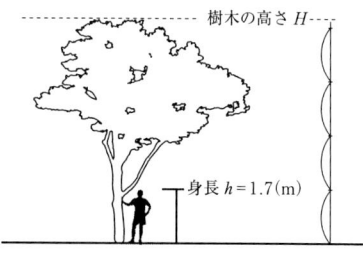

図 2.16 写真から建物などの寸法を推定する
樹木の高さ $H ≒$ 身長 h の約 4 倍
$= 1.7 \mathrm{(m)} \times 4 = 6.8 \mathrm{(m)}$

（飯塚 裕介）

2.2 調査のルール

a. 調査のマナー

調査をするといっても，企画や全体計画を練るための調査から，施設の管理体制を調べたり，保管庫の状況に関する調査やユーザーに対するアンケート調査のような運営に関わる調査まで様々である．企画や全体計画などのように，設計対象がはっきりとしない段階の一般の訪問者のレベルで見学する場合は，特に文書などを提出する必要のないことが多い．学生の特権を生かして飛び込みで訪問した場合に，普段見られない部分の見学をさせてもらえることも稀にある．このようなときにも名刺や学生証が役に立つ．

b. 事前申込み

調査を詳しくやろうとすればするほど事前の申込みが必要となる．一般施設は，利用者の部分と運営・管理の部分に分かれており，運営・管理の部分を調べようとすると警備上の影響が出てくる．特に貴重なものや高価なものを保管している場合は厳しく，調査ができなかったり，審査に長い時間がかかることもある．利

用者の部分であれば，どこでも簡単に許可がおりるかというと必ずしもそうではない．

c．撮影のマナー

美術館では著作権があるので美術品の写真を撮影できない．ただし美術館によっては空間の写真を撮る目的であれば内部の撮影が可能な場合もあるので問い合わせてみるとよい．ショッピングセンターや複合施設などでは，客に混じりながらカメラで店舗の撮影などをしていると，店から管理事務所に即座に連絡が行き，管理事務員が飛んできて叱られることになる．このようなショッピングセンターでは，店舗デザインが売上げに大きく影響するため，店がとても神経質になっているケースが多い．

d．調査施設内でのマナー

病院でも，病室などでは様々な医療行為があったり，患者が病に対して神経質になっていたり，患者と家族のプライベートの空間であったりと，調査のために第三者が病院内を動き回るのは好まれない．学校でも，小学校や中学校では見知らぬ人が校内をうろうろしていると，生徒の注意力が散漫になり授業が成り立たなくなって先生からクレームを受けるケースもある．また施設のユーザーや働く人にアンケートを採ると，不満が噴出したり，願いが叶えてもらえると錯覚してしまい後のクレームになることも多い．調査する側にとってはまったく悪気がないのだが，調査される側から見れば百害あって一利なしと見られていることも多い．そのために，手続きを間違えると調査そのものが実施できなかったりトラブルになることもある．したがって，手続きは誠意を込めて慎重に進めたいものである．また近年，個人情報保護法が制定され調査対象となる施設や個人の属性や写真については第三者に漏洩しないように情報の管理と取扱いには十分に気をつけなければならない．調査をする前には，十分に調査内容を説明し，情報をもらうために書面で承諾を取っておく必要がある．写真撮影に関しても同様で，幼稚園の園児や学校の生徒の写真を安易に撮ることは許されなくなっている．

e．もしものときに

調査をしていると不審者に間違えられ，呼び止められたり通報されたりするケースがある．その際に一番大事なのは，その場から離れないことである．その場を離れると，さらに問題が拡大することになる．まずは自分の身分と目的を明らかにする必要があり，そのときに役立つのが名刺や学生証，提出している調査依頼書である．

これまでにも述べたように，現場で調査する際のルールで特に大事なのは，次の4点である．①許可なしで敷地に入らない，②許可なしで人の顔や施設内の写真を撮らない，③呼び止められたときは現場から逃げない，④現場では静かに調査する．

f. 依頼文書

手続きについては，次のような進め方がある．

▒学生や設計者が自ら調査依頼文書を出すケース

調査対象施設が特別なものではない場合（個人住宅や私立幼稚園など）が多い．書く際は，5W1Hを意識し起承転結に配慮して書くのがよい．5W1Hとは，Who（誰が），What（何を），When（いつ），Where（どこで），Why（どうして），How（どのように）の内容をすべて含めて文章を書くことである．

▒調査対象施設に大学の先生や事務所所長の名前で依頼文書を出すケース

学生，あるいは設計事務所の若手の所員が調査をする場合に多い．私立の学校施設に依頼を出す場合などはこのケースにあたる（図2.17）．特に公的な機関の場合，大学の卒業設計やゼミの担当の先生からの依頼がないと，必ずと言ってよいほど受け付けてくれない．残念ながら，若い人が調査をする場合には社会的な責任のある人の文書が要求されるのである．まずは，すべてのケースにおいて担当の先生に相談することが必要である．

平成・・年・月・日

○○設計事務所
所長　○○　○○

○○市立○○中学校
校長　・・・・　殿

「・・・・中学校の・・・・に関する調査」ご協力のお願い

拝啓

時下ますますご清祥の段，お喜び申し上げます。

私どもの設計事務所は，○○市の○○小学校の建替工事に伴い，○○市より委託を受けて，授業運営と子供の行動に関する調査を行っております。このたび，「・・・・・・・」の○○○○様より紹介を受け，初めてお便り差し上げます。

現在，日本の学校教育では，授業の運営の仕方においてオープンクラスや教科教室型など様々な試行をしており，各方面からその評価基準について模索されております。・・・・学や・・学の分野では・・・方法等の研究が重ねられてきましたが，建築空間の視点から・・・・・の生活について扱われることはごく僅かでした。そこで，私どもは「生活空間のあり方」また「施設の・・・化」といった視点から・・・・の環境について考えてまいりました。現在は，○○大学の・・・教授と一緒に研究を行い，日本の○○の状況等を調査しております。そこで，さらに貴校の○○についても調査をさせていただきたく，ご連絡を差し上げました。お忙しいところ恐縮ではございますが，一度私どもの調査内容の詳細をご説明すべく，お伺いしたいと考えております。ご都合をお聞かせいただければ幸いです。よろしくお願い申し上げます。

少しずつ涼しくなってまいりますが，体調を崩されませんようどうぞご自愛下さい。

敬具

追伸：研究グループの成果の一部を同封させていただきました。

氏名
所属
〒　住所
e-mail:・・・・
tel & fax:・・・・

図2.17　調査依頼文書の例

■調査対象施設を管理する上部組織に大学の先生や事務所所長の名前で依頼文書を出すケース

　調査対象施設が公立の幼稚園や小中学校などの公的機関の場合，調査対象施設に依頼文書を出すのではなく，市の教育委員会など，管轄している上部組織に依頼文書を出すことが多い．支店や工場などの場合も同様で，調査のような場合は現場の判断だけでは許可を出すことができないため，本社などに調査依頼を出すことになる．ただし，だからといって調査対象施設に挨拶に行かずに，直接上部組織に行くのは避けたい．あくまで先に，調査したい施設に挨拶するべきである．

　最後に，調査が終わり次第，間を取り持ってくれた人にお礼を申し上げるのを忘れてはならない．再度，調査で訪問することもあるし，研究室や後輩がお世話になることもある．後のことも考えて調査を終える必要がある．　　（和田浩一）

2.3　敷地・類似施設の調査

2.3.1　調査目的と手順

　ここでは，建築設計や計画に必要な情報収集のための敷地・類似施設の調査についてまとめる．これらの調査に必要な準備，現地へ赴く前に行う事前調査，現地で行う実測や観察，取材について，その内容や手順を確認してほしい．

■調査の目的

　敷地・類似施設の調査は何のために行うのか．調査目的に応じて，事前の準備，現地での調査方法，確認事項などは大きく異なる．したがって，事前に整理した目的に応じて調査計画を立てることが重要である．

1）建替えのための当該施設調査

　既存施設の建物状況，施設の使われ方，管理者・利用者の意見などを情報として収集し，整理する．施設の特徴，問題点を明らかにし，建替えにあたり継承・解決すべき点を具体的に考えるための材料とする．

2）計画する建築物の敷地・類似施設の調査

　特に施設建築の設計に類似施設の調査は不可欠といえる．設計しようとする建築用途に類似する建物を調査し，特徴や課題を整理することで，設計対象へのフィードバックを目的とする．また，敷地調査は設計行為のうえで欠かせない．敷地の形状，環境条件のほか，周辺地域の状況など，現地でなくては把握できない要素を計画施設の背景として整理することを目的とする．

これらの調査は実務だけでなく，設計課題に取り組む際にも重要であり，計画しようとする建築をイメージするための材料となる．こうした調査を確実に行うことで，より現実的・具体的な想定が可能となる．

■調査レベルと調査計画

敷地・施設調査において「見られるものは何でも見たい」，「聞けることは何でも聞きたい」という姿勢は大切だが，調査対象者の負担を最小限にし，把握すべき情報を確実に整理して収集することが重要である．そのためにも調査計画時点でどの程度の情報が必要であるかを明らかにすることが求められる．

ここでは敷地・類似施設の調査を簡易なものから本格的な利用実態調査まで，以下の3段階の調査レベルに分け，それぞれの調査レベルに応じた調査計画の立て方および準備の仕方について解説する（表2.9）．

レベルA　学部の設計課題，卒業設計に取り組む際に最低限調べること： 話題性のある建築物などを何かの機会に見ておく，利用者として行ってみるなど，比較的容易に実施できる調査．

レベルB　修士の課題設計，実務におけるプロポーザル，基本計画におけるデータ収集の際に最低限調べること： 事前アポイントをとって利用者や管理者に話を聞く，バックヤードを見せてもらうなど，より具体的に設計を進めるための調査．敷地調査では土地の特徴や歴史的背景などまで押さえる場合も多い．

レベルC　実務における基本設計を行う際に調べること： 敷地や建物の環境実測調査などを含む，比較的長期にわたる計画的な調査．新たな施設形態の提案

表2.9 設計活動の種類と必要な調査レベル

設計活動の種類	調査レベル					
	A		B		C	
	類似施設	敷地	類似施設	敷地	類似施設	敷地
課題設計（学部）	○	○				
学部卒業設計	○	○	△	△		
課題設計（修士）	○	○	○	○		
修士設計	○	○	○	○	△	△
アイデアコンペティション	○		△	△		
プロポーザルコンペティション	○	○	○	○	△	△
実施設計コンペティション	○	○	○	○	○	○
PFI事業における設計	○	○	○	○	○	○
実務設計業務	○	○	○	○	○	○
改修設計業務	○	○	○	○	○	○

に向けて課題を抽出するための調査や，季節・時間による利用実態調査など長期にわたるものもある．

以上の調査レベルに応じて，対象となる敷地・類似施設での調査項目も異なる．表2.10では各レベルで必要となる調査手順と項目，その準備・調査道具について概要をまとめている．実際に調査を企画する際には，このチェックシートを参考に，どんな手順で進めるべきかをそれぞれの調査に応じて組み立ててほしい．

（倉斗綾子）

表2.10 ［チェックシート］調査レベルに応じた敷地・類似施設調査の項目と手順

項 目	調査レベル A	B	C	チェック	準備・想定される道具（例）	説 明
調査対象への依頼 (2.3.2項)	○	○	○		電話，手紙，FAX，E-mail，Web申込み等．当該施設の設計事務所などを通して調査を依頼する場合もある	日時，参加人数などの確認．レベルB，Cの場合には，調査担当者が（可能であれば）事前に訪問，もしくは電話をして説明を行う．先方の窓口となってくれる人も確認する
調査企画書・趣旨説明書 (2.3.2項)		○	○			調査内容・目的を調査先にわかりやすく伝えるための文書を作成する
同行者の役割分担 (2.3.2項)		△	○			調査企画を綿密に立て，調査員の配置，役割，記録の仕方などを検討する
対象建物および敷地の図面・資料の収集 (2.3.3，2.3.5項)	○	○	○		筆記用具・カラーペン	入手困難な場合には，先方へ依頼し事前もしくは当日までに資料を用意してもらう．建築図面がない場合には施設概要（パンフレット）などで代用する
記録撮影 (2.3.4，2.3.6項)	○	○	○		デジタルカメラ，ビデオカメラ	調査先に対し必ず事前に，撮影許可を求める．人物が写る撮影は特に注意
寸法実測調査 (2.3.4，2.3.6項)	△	○			コンベックス	対象に応じて適切な測定機材を持参する．レベルAの場合にもコンベックスは持参するとよい
		△	○		レーザー距離計，メジャー	
ヒアリング調査 (2.3.4，2.3.6項)	△	○	○		質問票	レベルAでも，利用者や管理者からの意見が聞ける場合には積極的に聞く．レベルB，Cでは，想定したヒアリングの項目を事前に対象施設へ連絡しておくと，より詳細なデータを入手できる可能性が高くなる
		△	○		記録用紙	
	△	△	△		筆記用具	
			○		ボイスレコーダ	
アンケート調査 (2.3.4，2.3.6項)		△	○		筆記用具，調査依頼状	質問票の質問は厳選し，できる限りシンプルに項目を少なく作るよう心がける．得られた回答をどのように利用するか具体的に想定して質問を作る
			△		質問用紙，回収箱	

調査項目			機材	内容
環境調査 (2.3.4, 2.3.6項)	△	○	温湿度計, サーモカメラ, 照度計, 輝度計	対象施設の管理者などに対し, 測定内容を説明する. 測定機器を設置する場合には, それらの設置方法・場所についても施設側と十分に打合せを行う. 機器を設置する際は正確なデータの採取とともに, 利用者の安全性等への配慮も必要
		○	騒音計	
タイムスタディ調査 (2.3.4, 2.3.6項)		○	記録用紙, 時計, デジタルカメラ, 筆記用具 (ビデオカメラ)	施設の利用実態を時系列に沿って記録する方法. 時々刻々と変化していく活動や施設プログラムを理解するために用いる
行動追跡調査 (2.3.4, 2.3.6項)		○	記録用紙, 時計, デジタルカメラ, 筆記用具 (ビデオカメラ)	施設利用者(スタッフ, 来館者)の動線把握, 活動と動線の関係, 行動領域の把握などに用いられる
定点観察調査 (2.3.4, 2.3.6項)		○	ビデオカメラ, 記録用紙, 時計, デジタルカメラ, 筆記用具	タイムスタディ的なデータを採取する場合にも用いるが, 一定の場所で人がどう流れているか, 密度感や流動の把握などに利用されることも多い. 比較的マクロな視点での観察調査
参与観察調査 (2.3.4, 2.3.6項)		○	記録用紙, 時計, デジタルカメラ, 筆記用具	ボランティアスタッフなどとして, 施設の活動に自らが参加し, 活動を通して客観的なデータを採取する. 長期にわたる調査に用いられる場合が多い

2.3.2 事前準備

a. 事前準備のために

敷地・類似施設調査では, 事前の準備が重要である. 主な確認項目としては, ①先方施設へのアポイントメント, ②図面, 資料の準備, ③ヒアリング項目の準備, ④視察目的の先方への連絡, ⑤見たい箇所の明確化, 先方への連絡などが挙げられる.

これらを整理して効率的に視察できるように, 調査計画, 視察計画をしっかり立てる必要がある. 表2.11は敷地・類似施設調査の事前準備のためのチェックシートである. このチェックシートを活用して敷地・類似施設調査のための調査計画書を作成し, 視察の際に遺漏のないようにしたい.

■現地情報

現地で調査をスムースに行うために, 現地情報をしっかり把握しておきたい. 調査する場所の正確な位置, 交通手段, 集合場所などの基本的な情報は明確にしておきたい. 調査地の気候, 天候にも注意を払い, 雨具や防寒具などを用意したい. 水分や食料の確保など, 調査員の安全や健康に関しても十分に留意する必要がある.

■スケジュール

調査スケジュールには,「当日までの準備スケジュール」と, 実際に調査を行う

表2.11 ［チェックシート］敷地・類似施設調査の事前準備

	項目	調査レベル A	調査レベル B	調査レベル C	チェック	説明
現地情報	イベント	○	○	○		地域のイベントがあるかどうか（祭りなどでの交通規制，ホテルの予約の可否など）を確認する
	交通手段	○	○	○		移動時間，費用，バス停や駅からのアクセス，交通規制の有無（予定ルートが通行可能かどうか）を確認する．公共交通機関のないところでは，自家用車やレンタカーの手配も必要となる
	宿泊施設	○	○	○		宿泊を伴う調査であれば，予約する
	駐車場	○	○	○		施設にない場合は近くにあるか確認する
	施設・集合場所へのアクセス	○	○	○		調査計画を立てるための情報収集
	集合場所の確認	○	○	○		集合場所として利用できるかを確認する
	トイレの場所			○		朝早くや施設で利用できないときは注意する
	近隣の店・施設			○		コンビニなど（飲み物などを購入する）
	食事をする場所の把握			○		休憩場所など長くとどまれる場所を探す
	調査チェック場所の把握			○		調査後の調査漏れがないかを確認する場所を確保する
	天気予報	○	○	○		当日の天気，気温を把握する．調査施設の平年の天候は，ガイドブックなどで把握しておく必要がある．海外の場合は特に重要
	服装	○	○	○		マナーに合わせた服装（海外調査時における宗教上の理由による肌の露出禁止，小・中学校調査時の香水の自粛など）．天候によっては防寒，防暑対策など
	手袋，軍手	△	○	○		新築などの場合は，壁などを手で直接触ると汚してしまう可能性がある．対象施設に合ったものを用意する
	靴	○	○	○		新築などの場合は汚してしまう可能性がある．対象施設に合ったものを用意する
	室内履き	△	○	○		土足で入れない場所もある．スリッパ，靴カバーが必要となる場合もある
スケジュール	イベント	○	○	○		調査予定期間中にイベントが行われているのであれば，イベントが調査に与える影響を調べる．場合によっては調査が容易になる（非公開の場所を見られるなど）こともある
	開館時間など	○	○	○		開館日，開館時間などに注意する．休館日には調査できない．公共施設の場合，月曜が休館日であることが多い
	調査人員			○		調査人数により，調査できることや費用などが異なる
	役割分担			○		スムースに調査できるように調査の役割分担をする．例えば，交通機関の手配，宿泊の手配，先方との連絡，写真撮影，録音など
	日程		○	○		調査先や調査協力者などの都合のよい日を確認する
	費用	△	○	○		調査費用を計算し，あらかじめ準備しておく
	調査しおり		○	○		調査計画書．調査協力者へ配布する．人数分を用意

2.3 敷地・類似施設の調査

分類	項目				説明
調査員への対応	人員の確保		○		調査員が何人必要か把握し，募る
	内容の周知		○		調査内容を調査員に周知し理解してもらう
	人員の育成		○		調査と手法を理解してもらい，調査の練習をするなど
	モチベーション		○		調査者の調査へのモチベーションを上げる．調査を理解してもらう
調査先への確認	敷地立入りの可能性	○			敷地に立ち入り可能かどうかを確認する
	調査候補日の検討依頼		○		先方にスケジュールを検討してもらうために候補日を複数挙げる
	先方施設へのアポイントメント	○	○		調査日程を確定する．調査直前にアポイントメントの再確認を行う
	ヒアリング項目を先方に通知		○		先方が当日に回答しやすくする．ヒアリングに対する回答を用意してもらえることもある
	見たい箇所を先方に通知		○	○	見たい箇所が明確ならば先方も案内のポイントをあらかじめ整理できる．視察時間が限られている場合は，ポイントの明確化が必須となる
	視察の目的を先方に通知	△	○		先方に目的を理解してもらう
	ヒアリング録音の許可		○	○	記憶などと異なり曖昧な部分がなくなる．無断では録音しない
	写真撮影の許可	△	○	○	撮影できるかどうかで情報量が異なる．無断では撮影しない
	訪問者の通知	△	○	○	人数，所属，身分，滞在時間などを伝える．人によって対応が異なる場合もある．あまり長時間になると，調査自体を断られてしまう．先方に案内してもらうならば，2〜2.5時間が限度
	調査所要時間		○		先方の予定を空けてもらうため，必ず通知する
	待合せ場所の確認	○	○		先方との待合せ場所が適切か確認する
	面会する人の名前を確認	△	○		先方の責任者を把握しておく
	謝礼	△	○	○	場合によっては調査に協力してもらうために用意する．関連論文の冊子やお礼，菓子折りなど．受け取ってもらえないこともある
当日の調査内容	事前調査のアンケート用紙		○		事前にアンケート調査を行った場合には，調査先のアンケート原紙を用意しておく
	調査チェックシート		○		調査漏れの防止
	ヒアリングシート		○		調査漏れの防止
	先方に送った書類		○		調査趣意書など．聞かれた場合に答えられるように
	見たい箇所のチェックシート	○	○		調査漏れの防止
	調査目的		○		調査目的の再確認

「当日の調査スケジュール」の両方がある．調査には段取りが重要で，段取りがうまくいけば，調査は8割方成功したと言ってよい（段取り八分）．「当日までの準備スケジュール」をしっかり管理したい．

「当日の調査スケジュール」は，先方の都合もあり，限られた時間で調査をしなければならないので，十分に検討しておく必要がある．調査日程や調査人員・役

割，調査費用を明確にしたうえで，「調査のためのしおり」を作成し，調査スタッフへの情報伝達を周知徹底したい．

■調査員への対応

調査人員の確保，育成をする必要がある．ここで最も重要なのは，調査員の人達に，調査目的を正確に理解してもらうことと，それにより調査のモチベーションを上げることである．

■調査先への確認

現地で何を調査するのか，見たいのかを明確にしておく必要がある．効果的な視察を行うためには，事前の調査依頼が重要である．見たい箇所が簡単に見ることができる場所ならばよいが，そうでない場合は事前に先方に依頼しておいた方がよい．正式に先方に依頼する場合には，視察目的を明らかにする．先方に対して見たい箇所を正確に伝えれば，普段なら見ることができない箇所も視察させてもらえる場合もある．調査や視察を受け入れる立場からすると，調査目的がはっきりしている方が準備しやすい．また非公開箇所の見学についても，事前にわかっていた方が対応しやすい．当日，「非公開の箇所を見たい」と言われても必ずしも対応できるわけではない．また調査終了後は，礼儀としてなるべく早く，先方へのお礼状あるいはお礼のメールを送る必要がある．

撮影許可やヒアリングの録音許可も事前に申請しておく方がよい．撮影や録音の許可を得られない場合の対応も考えた方がよい．撮影は（人物を撮影しないなど）条件付きで許可される場合もある．録音も断られる場合があるので，その場合にはその場でメモをきちんととり，（記憶の確かなうちに）なるべく早くパソコンなどに記録（調査記録の作成）する必要がある．

■当日の調査内容

事前調査のアンケート用紙，ヒアリングシート，先方に事前に送った書類などを用意しておく必要がある．数日にわたる調査の場合には初日に調査内容を見直す反省会を実施して調査内容を改善したい．

b．事前準備の留意点

敷地・類似施設調査では，事前準備が大事である．さらに調査に向けての心構えも重要である．ここでは，敷地・類似施設調査のための「道具以外」での留意点について述べたい．

■五感を大事にする

調査にあたっては，何よりも五感による直感を大事にしたい．五感とは，人が

外界を感知するための感覚機能のうち，視覚，聴覚，触覚，味覚，嗅覚を指す．このうち味覚は調査には利用しないと思われるので，本書では平衡覚を五感に加えたい．この五感を活用して空間を把握してほしい．

　視覚：何が見えるのだろうか？
　聴覚：何が聞こえるのか？　声は通るか？　音は響くか？
　触覚：材料を手で触れた感触，足触りなどはどうか？
　嗅覚：部屋に入った際にどのような匂いがするのか？
　平衡覚：床の傾斜，空間のゆがみなどを感じるか？

　さらに「良い建築だな」，「良い空間だな」と感じた際の直感も大事にしたい．なぜ「良い建築」，「良い空間」と感じたかを分析してほしい．

■百聞は一見にしかず

　未知のビルディングタイプを計画・設計する場合，あるいは設計の課題として出題された場合は，実際に類似する建物を見た方がよい．文献や雑誌などの資料を見ることも大事だが，実際に現物を見た方がより多くの情報を得ることができる．とにかく多くの類似施設を見た方がよい．

■見てきたことのみを信用しない

　現実に出来上がった建物が建築計画的にすべて正しいわけではない．「あそこでああやっていたから，自分のプロジェクトでも大丈夫」と安心してしまい，自分の設計に（盲目的に，批判なく）取り入れてしまう場合がある．しかし完成している建物が，必ずしも計画的・機能的には正解でないものもある．古典的名作と言われる建築でも，現在の建築計画上の常識からいうと適切でないものもある．見たままを鵜呑みにするのではなく，利用者の意見を聞くなどして，建築計画的に問題点はないか，もし問題点があるならば，どこが計画的・機能的に問題なのかを確認しておく必要がある．

■皆で見に行く

　建物を見に行く場合，プロジェクトに参加しているメンバー同士で見に行ってほしい．現場でブレーンストーミングしながら見ればより多くの（1人では気づかない）情報に気づくことができる．また体験した空間感覚を共有できるので後々の議論がしやすくなる．

　さらに建築主と一緒に見に行くことを勧める．建築主の方が敷地や類似施設についてよく知っている場合も多いからである．

■ 図面と見比べる

　建物を見に行く際には，必ず図面，特に平面図と断面図を持参したい．そして，図面と現実空間を見比べて，自分の体感で，図面から読み取った空間と現実の空間を把握したい．

　図面と現実空間を見比べる経験を積み重ねることにより，その体感経験が蓄積され記憶されていれば，現地に行くことができない場合でも，図面のみから空間を想像することが可能になるかもしれない．空間のデザインのボキャブラリーをぜひ増やしてほしい．

■ ビデオ撮影の勧め

　現地に見に行けない人のためビデオ撮影することを勧める．ビデオを見ることにより，現場に行けなかった人にも擬似的に空間経験を伝えることができる．

■ スケッチの勧め

　調査で写真やビデオを撮影すると，撮影に夢中になり対象を十分観察できないことがある．撮影することで安心してしまうのである．自分の眼でしっかり観察して，スケッチなど自分の手で記録するようにしたい．少なくともプロジェクトチーフは，写真撮影やビデオ撮影に夢中にならずしっかり現地を観察したい．

■ 安全・健康に留意する

　高齢者施設や幼稚園・保育園などでの調査の場合，調査者からの風邪などの病原菌の感染を防止するため，発症していないことの証明を調査先から求められる場合がある．たとえ求められないとしても，感染症発症の可能性のある調査者は，調査への参加を自粛するのがマナーである．また風邪が流行っているシーズンにはマスクをするなど，先方および調査者自身の身体も守るようにしたい．

2.3.3　事前調査——類似施設に行く前に調べること

　類似施設の見学の前に，施設情報を入手しておきたい．表2.12に事前調査のチェックシートを示す．

a．事前調査内容

■ 一般事項

　一般事項とは，建物名称，用途，竣工年，面積・規模などの，それぞれの建築の属性である．他の施設と比較する際の重要な要素である．

　まず，調査する類似施設の名称を確認しておく必要がある．同じような名称の建物がある場合もあり，現地で迷ってしまう場合もある．建物名称が変更になっ

ていたり，複数の建物名称が付けられていたり，大規模施設の一部に別の名称で建物名称が付けられている場合もある．いずれにしても建物名称は人間の「名前」に相当するものであり，名称に込められた思いも感じ取りたい．

その他，所有者・管理運営者，連絡先・手段なども，現地に行ってから慌てないように事前に把握しておきたい．

参考資料やネットで発表されている写真については，入手した図面と照らし合わせて，どこから撮影したものかを把握しておくとよい．一般に，撮影されている箇所は重要な部分であることが多いので，撮影箇所を事前に把握しておくことには意味がある．

■設計・施工

設計者の把握は建築デザインを把握するためには必須である．音響，照明，ランドスケープ，劇場などの技術コンサルタントに選定されている人物を調べることにより，建物の特徴を把握できることもある．

実際の設計の場合は，特定の施工者でなければできなかった構法やデザインもあるので，施工者も把握したい．さらに，工事費と延べ面積から坪単価（m^2単価）を算出することにより，自分が設計している建築の坪単価（m^2単価）と比較し，どの程度の仕様のものが設計可能かがわかる．ただ工事費についてはインフレや特殊な事情により，単純には比較できない場合が多いので，取扱いには注意を要する．

■特　徴

類似施設のコンセプトを把握することは建物を理解するうえで最も重要である．コンセプトは表面上のデザインだけではなく，デザインの背景，利用者に対する考え方，環境に対する考え方など多岐にわたる．現地で設計者あるいは関係者に説明してもらうのはコンセプトを理解するうえで最も良い方法である．そうでない場合には，文献などで調べないとわからないものもある．

設計上の特徴，施工上の特徴，法規制上の特徴などもコンセプトの一部である．これらの特徴を把握したうえで，何のためにその施設の視察を行うのか（調査施設の見所）を整理しておく必要がある．視察建物には，視察を決断するにあたってのデザインのポイントがあるはずである．見学し終えてから，知人に「え，あれ見てこなかったの？」と言われる場合もある．そのようなことがないように見所を明確にしておく方がよい．知り合いで，その類似施設を視察した経験がある人がいたら，ぜひ見どころを聞いておいた方がよい．

表 2.12 ［チェックシート］類似施設の事前調査

項目		調査レベル			チェック	説明
		A	B	C		
一般事項	建物名称	○	○	○		
	用途	○	○	○		用途転用の有無も確認
	竣工年	○	○	○		大規模改修年など
	面積		○	○		敷地面積，建築面積，延べ面積，住戸面積など
	規模（客席数，収容人数）	○	○	○		客席数，収容人数など
	所有者		○	○		施主，設置主体など
	管理運営者		○	○		連絡先を知る
	所在地	○	○	○		正確な所在地を把握しておく
	電話／Fax／メール		○	○		
	ホームページアドレス		○	○		
	交通手段	○	○	○		
	写真		○	○		撮影場所，撮影時期など
	参考資料		○	○		参考掲載誌
設計・施工	設計者	○	○	○		建築，構造，設備設計者など
	技術コンサルタント			○		音響，照明，ランドスケープ，劇場など
	施工者			○		
	工事費			○		
特徴	コンセプト	○	○	○		設計者のコメントなど
	設計上の特徴	○	○	○		設計者のコメントなど
	施工上の特徴			○		逆打ち工法（工期が短くなる），既存のものを使用しているなど
	法規制上の特徴		○	○		集団規定，都市計画など
図面	図面	○	○	○		ゾーニング，動線，面積（敷地面積，建築面積など），ものの搬入・搬出，設備方式（図面でなければ見れないことが多い），構造（免震構造か否かなど），基本寸法，ラーメンの基本グリッド，階高，主要天井高など
履歴	歴史		○	○		年表，改修履歴など
	事故歴		○	○		
	災害歴		○	○		

■ 図　面

　図面の入手も重要である．建築雑誌，ネット，資料集成，設計事例集など，図面を入手する方法はいくつかある．しかし雑誌などに発表されていないものは，図面の入手が不可能な場合もある．また竣工から年月が経っている場合には，発表された図面と現状が相違している場合もある．どうしても図面を入手できない場合は，先方に図面の提供をお願いすることもある．設計者を通じて事前に図面

入手が可能な場合もある．次に図面を分析したい．図面を見て空間を予想し実際の空間と比較したい．次のような図面の機能分析も重要である．①表方ゾーンと裏方ゾーンの把握（一般客が入ることができるゾーンとできないゾーンを色分けする），②表方動線・裏方動線・その他の動線の把握，③ゾーニングの把握（図面を入手し，機能により色分けする）．

■履　歴

建物によっては改造や改修がなされている場合もある．必要ならばその施設の履歴（変遷，改修履歴，事故歴，災害歴など）を調べておきたい．

2.3.4　現地調査──類似施設で調べること

ここでは，計画・設計を行う際の参考とするための施設を「類似施設」とする．

a.　類似施設調査の対象選定方法

計画・設計を行うには，そのプロジェクトと関係する類似施設調査を行う場合が多い．文献・雑誌により，ある程度わかるが，実物を見に行くと文献・雑誌などではわからない発見もあるので，ぜひ見に行ってほしい．

実際にどのような類似施設を見に行くかでその後の計画・設計にも影響を与えることもある．十分な時間と費用があり，考えられる限りの類似施設調査を行うことができれば理想的である．なるべく多くの建物を見た方がよいことは明らかである．しかし，現実にはそうはいかないので，類似施設調査を行う建物をリストアップしたうえで，優先順位を決めて，絞り込む必要がある．そこでここでは，類似施設調査を行う建物を選定するための視点を整理する（表2.13）．

表2.13の左列には類似施設選定のための5分類を示す．もちろん複数に分類される場合もあるし，そのような例の方が多いと思われる．以下，各分類について説明する．

■関　連

計画・設計するための設計条件が関連するものである．最もオーソドックスなのは「設計条件が類似する事例」である．「競合する施設」や「類似周辺事例施設」も同じ考え方である．特に「類似周辺事例施設」は，「競合する施設」である場合も多いので必ず見ておきたい．施主から「類似施設調査」を依頼される場合もある．設計競技において，設計競技主催者が参考にしている施設が競技要項に記されている場合は必ず見ておかなくてはならない．

表 2.13 ［チェックシート］類似施設の選定

分類	項目	調査レベル A	調査レベル B	調査レベル C	チェック	説明
関連	設計条件が類似する	○	○	○		計画建物と設計条件が類似している
	施主からの依頼			○		施主から参考として調査を依頼されたもの
	設計する建物の競合施設	○	○	○		
	設計する建物の類似周辺		○	○		
話題	新しい	○	○	○		
	古典的	○	○	○		歴史的に転機となった事例
	教科書的	○	○	○		計画建物の文献調査をすると必ず紹介される事例
	話題性がある		○	○		雑誌などで話題になっている建物．話題の内容も多岐にわたる
	著名な建築家が設計した	○	○	○		
	受賞	○	○	○		日本建築学会賞などの受賞作品
	利用者に評判が良い			○		
	運営の評判が良い			○		
計画上の特徴	最先端の工夫がある	○	○	○		
	十分な計画の検討が行われている		○	○		
	問題点が指摘されている			○		
	よく研究の調査対象になる	○	○	○		
	施設コンサルタントが担当した			○		建築計画的に検討されている
公開	見学会がある		○	○		日本建築学会などの見学会がある．会員限定の場合がある
	イベントがある		○	○		病院祭，センター祭，学園祭，オープンキャンパスなど自由に見ることができる機会がある
	バックヤードツアーがある		○	○		新国立劇場，世田谷パブリックシアターなどでは定期的に有料でバックステージツアーが開催される
	公開している		○	○		個人の住宅などが記念館として公開されている
地縁	縁がある	○	○	○		施設所有者，設計者を知っていると視察を依頼しやすい
	自宅，職場，学校の近くにある	○	○	○		すぐに視察に行くことができる

■話　題

　文献・雑誌などで話題となっている建物である．「新しい事例」，「古典的な事例」などがある．施主との打合せで話題に出る施設は必ず見ておく必要がある．「教科書的な事例」は教科書や事例集などでよく取り上げられるものである．運営上の特徴がある事例もある．必ずしも建築デザイン的に優れていないにしても，

運営者の努力により評判の良い施設もある．
▰計画上の特徴
　建築計画上で最先端の提案がなされていたり，オーソドックスであるが十分練られたプランであると言われたりしているものである．
▰公　　開
　見学会などがあり，視察が可能な場合である．通常は視察が難しい施設，例えば福祉施設，病院，集合住宅，住宅，教育施設（小学校・中学校，幼稚園，保育園等）などが見学できる機会には積極的に参加したい．劇場などのバックステージツアーが定期的に開催される場合もある．
▰地　　縁
　施設所有者や設計者を知っている場合や自宅，職場に近い施設で比較的施設のアレンジをしやすい施設である．このような地縁は，視察の難しい施設の場合，特に活用したい．

　b．類似施設での調査項目チェックリスト
　類似施設調査の際に考えられる調査項目をチェックシート化したものが表2.14である．本チェックシートは，あくまで「例」であるので，類似施設調査項目を考える際の参考にしてほしい．
　ビルディングタイプによっても調査項目は異なる．学校，病院，劇場，美術館等では当然調査項目は異なるので，調査項目の選定・追加の必要がある．
　多くの分類にあてはまる類似施設を選定できると「効率的」である．例えば新国立劇場を例に挙げると，「話題」では古典的な事例，教科書的な事例，有名建築家が設計，受賞作，「計画上の特徴」では，最先端の工夫があるなどすべての項目にあてはまる．運営も評判が良いしバックステージツアーも開催されている．劇場設計者は必見である．
　どのビルディングタイプでも，「効率的」な施設はあるし，「絶対に見ておいた方がよい」施設もある．これらの施設を選定する際には，対象のビルディングタイプに関する建築設計者・コンサルタントや研究者に相談するのがよい．
▰人　　系
　利用者の動線やゾーニングを把握したり，施設運営の立場からの施設の長所・短所を把握したりする．一時の観察ではわからない部分もあり，管理者にヒアリングすると実態が詳しくわかる．なるべく終日の調査が望まれる．

表 2.14 ［チェックシート］類似施設での調査（例）

分類	項目	調査内容	調査レベル A	調査レベル B	調査レベル C	チェック	解説	備考	主な道具
人系	利用者・運営者の数	最大数・最少数・時間帯による変化など		○	○		大まかな人数を把握する	長時間滞在しないとわからない場合がある	ビデオカメラ
	人の動線	表方の動線	○	○	○		動線とゾーニングを把握する	実際に利用者として施設内を回る	図面
		裏方の動線		○	○			施設の方の許可が必要	図面
		両方の動線の交差		○	○			交差していると危険な場合もある	図面
		サイン・仮設サイン		○	○		仮設サインの設置状況から建物・施設のサイン計画の問題点を把握する	仮設サインは、当初のものだとわかりづらかったり、増改築をした建物に多い	図面
	人の意見	利用者	○	○	○		それぞれの立場から、施設の長所・短所を聞く	特定の人しか使用しない施設の場合もある	ボイスレコーダー
		管理者・運営者		○	○			例えば病院だと医者・看護士・掃除をする人・事務など、1つの施設の中でも多くの人が働いている	ボイスレコーダー
		関連業者			○			宅配業者、清掃業者、取引先などから話を聞ける機会は少ない	ボイスレコーダー
		周辺住民			○			周りに住んでいる人・働いている人に対象施設の印象を聞く	ボイスレコーダー
もの系	搬入・搬出	位置		○	○		搬出入の動線や方式を確認する	保管場所と使用する部屋	
		動線			○			搬入から保管場所・使用する部屋まで	
		量			○			何がどれぐらい必要か	
		管理			○			ものの管理はどのように行っているか．ヒアリングもできるとよい	
	家具・備品	種類・大きさ・数	○	○	○		空間と家具のバランスやデザインが調和しているか確認する	椅子や机、棚だけでなく、クローク・コインロッカー・傘置き場の利用状況も確認するとよい	メジャー
		レイアウト		○	○			家具のレイアウトだけで部屋の印象は変わる	図面
	ゴミ処理	位置・動線・量		○	○		ゴミ処理の動線や方式を確認する	利用者が使うゴミ箱から、ゴミ収集場所の位置や大きさなど	
	駐車台数	最大数・最少数・時間帯による変化など			○		駐車場の計画をする際の参考にする	周辺部の駐車状況、駐車場の有無、パーキングメーターの有無も調べる	
周辺との関係		景色	○	○	○		施設が周辺に対してどのように関係を持っているのか把握する	どの方角に高い建物があるか．隣家の配置と窓の位置との関係	
		人物		○	○				
		周辺建物		○	○			ビルディングタイプ、デザインなど	周辺地図
		道路付け		○	○			建物や駐車場の入口をどこに設けているか	配置図
		ランドスケープ			○			建物周辺の植栽や使われ方など	配置図
建物系	構造	一般	○	○	○		どのような構造形式であるか、また構造上の工夫を知る	スパン割など	
		免震・制震構造			○				
	寸法		○	○	○		手摺の高さ・直径、おさまり、階段の踏み面と蹴上げの関係、廊下の幅など、使いやすい寸法を設計の参考にする	図面ではわからない寸法、使いやすい寸法などをはかるとよい	コンベックス

2.3 敷地・類似施設の調査

大分類	中分類	項目				目的	内容	備考
建物系		ボリューム感	○	○	○	図面と実際のボリューム感を比較してつかむ	施主や他の人と感覚を共有する	
	設備	空調設備		○	○	施設の内容に応じた適切な設備を知る	どのような設備を採用しているか	
		給排水設備			○		トイレの配置・数・設備	
		照明設備		○	○		明るさ,色,場所など	照度計
		AV設備			○		スピーカーやプロジェクター,スクリーンなど	
	仕上げ	材料	○	○	○	部屋の用途や目的に応じた材料を知る	材料の手触り,見た目,温度	
		色・質感	○	○	○		写真と違って見える場合もある	
	安全性	日常的な事故・災害	○	○	○	計画や設計時には予期できなかった事故や災害を,計画施設で予防する	つまずきやすさ,雨天時の床のすべりやすさなど,不特定多数の人が使用する場合の安全性	
		子どもに対しての安全性	○	○	○		手摺の高さや転落の危険がないかなど	
	ユニバーサルデザイン・バリアフリー	多目的トイレ・スロープ・授乳スペースなど	○	○	○	すべての人にとって利用しやすい建物にするために必要な設備を把握する	お年寄り・車椅子使用者・ベビーカー・妊婦・障がい者・子ども・外国人に対してなど	
	増改築・変更部分	竣工時から変更した箇所	○	○	○	竣工後に必要になったことや,課題になったことを知る	必要の有無がわかる場合がある	竣工時の図面と現在の図面
	メンテナンス	雨仕舞	○	○	○	メンテナンス方法や工法を理解し,建物の美観や安全性を維持する方法を知る	工法上の問題点を知る.特に雨漏りは重要	
		清掃計画	○	○	○		例えば,床・壁・ガラスの汚れなど	
		汚損・欠損	○	○	○		特に汚れているところが問題となる	
環境系	音環境	静かさ	○	○	○	部屋の目的に合った音響の程度と,仕上げ材や吸音材,反射材,壁の形状による音響の変化を知る	手を叩いたり,声を出したりして音の響きを確認する	騒音計
		音	○	○	○		話し声,車の音,足音など	騒音計
		響き	○	○	○		大空間の場合は音が反射して聞こえにくい場合がある	
	空気環境	通風	○	○	○	風通しと窓の関係を把握する	特に住宅では日射や風通しは重要	風速計・照度計
		空調設備	○	○	○	空調設備と温度のムラを体感し,把握する	吹出し口の箇所によっても冷暖房の体感温度が変わる	温度計・風速計
	光環境	採光	○	○	○	部屋の目的に合った光の入れ方や使い方を知る	時間帯による変化については長時間滞在しないとわからない	照度計
		照明	○	○	○		直接照明・間接照明,色,設置箇所,その間隔など	照度計
	エコへの取組み	太陽光発電		○	○	地球環境への対策として採用している設備の効果を調べる	屋根面に設置されている場合が多く,見えないこともある	
		緑化		○	○		屋上緑化,壁面緑化など	
		雨水の利用,その他			○		環境については様々な取組みがあるため,管理・運営者にヒアリングしてみるとよい	
法律・防犯・消防系	法規	建築基準法等,法律違反		○	○	既存不適格や違反していると,参考にできない場合がある	既存不適格の場合もある.自治体によっても法律が異なるので要注意	
	防犯・警備	セキュリティ設備		○	○	施設のセキュリティレベルや必要な設備を知る	設備に加えて,平面上,断面上でセキュリティ計画がどうなっているかも重要	
		警備体制		○	○	警備員の配置や動線を検討する	時間帯によって異なる場合がある	
	消防・避難	消火設備と位置		○	○	施設の規模や利用者の特性に応じた設備を把握する	消火器,スプリンクラー,消火栓,火災報知機,防火戸など	
		避難設備・避難計画		○	○		2方向避難は守られているか,避難階段や非常用侵入口の場所など	

■もの系

搬出入動線など「もの」の動きや家具・備品配置を把握する．ゴミ処理の動線など人以外の動線を把握する．駐車場については，周辺の駐車状況も踏まえて調査する必要がある．なるべく終日の調査が望まれる．

■周辺との関係

施設が周辺に対してどのような関係を持っているかを知る．当該建物からの景観や，周辺部から見た当該建物の景観，周辺建物の状況，道路付け，ランドスケープ等を把握する必要がある．例えば住宅を計画している場合，隣家が住宅ならば，次のような状況を調べる必要がある．見えるものとしては，塀，庭，窓，風呂・トイレの位置，音では，部屋の窓，換気扇の向き，空調機の室外機，駐車場の位置，嗅覚としては，換気扇，トイレ，駐車場（排気ガス）の位置などがある．

■建物系

構造，寸法，設備，安全性，バリアフリー，メンテナンスなど建物に関わることを把握する．特に「寸法」についてはビルディングタイプや調査目的により調査項目は増加する．例えば劇場では客席の幅や前後間隔，舞台の寸法など，病院では病室の広さ，ベッド間隔や通路の幅などが重要な調査項目となる．

■環境系

音環境，空気環境，光環境などを把握する．温度・湿度計，風速計，照度計など専門測定器があると客観的に把握できる．省エネルギーへの取組みなど建築物を観察しただけではわからないこともあるのでヒアリングなどで明らかにしたい．

■法規・防犯・消防系

建築基準法，消防法などへの対応を把握する．さらに，法律では決まってないセキュリティに関する工夫なども含めている．観察だけではわからない場合もあり，ヒアリングなどで補完したい．

〈勝又英明〉

2.3.5 事前調査――敷地に行く前に調べること

ここでは，対象となる敷地とその周辺，さらに既存建築物に関する情報の内容と入手，活用の仕方について包括的に説明する．実務に近い視点からの実践的な内容については「3.1.3 敷地の制約を捉える」を参照されたい．調査項目を表 2.15 に，調査に用いる資料などの情報源を表 2.16 にまとめるのでチェックの際に活用してほしい．

2.3 敷地・類似施設の調査

表 2.15 ［チェックシート］敷地の事前調査

項目			調査レベル A	調査レベル B	調査レベル C	チェック	説明
敷地情報	形態規制，用途地域，防火指定地域		○	○	○		都市計画図で調べ，詳しくは自治体に問い合わせる
	地番				○		公図で調べる
	所有者				○		不動産登記簿に記載
	地目				○		不動産登記簿に記載
	赤道，青道				○		公図で調べる
	敷地境界		○	○	○		公図，道路台帳で調べる
	地下，地上の公共的施設			△	○		自治体の交通局，電力，鉄道会社に問い合わせる
	埋蔵文化財			△	○		遺跡地図によって調べる
	保存樹木			△	○		標識もしくは自治体の土木課，環境保全課などに問い合わせる
敷地周辺情報	周辺環境と地形	地形，高低差	○	○	○		地図などであらかじめ調べた方が見落としが少ない
		交通の便	○	○	○		
		商業，学校，公共，医療施設などとの位置関係	△	○	○		
	前面道路	幅員	○	○	○		正確な幅員は道路台帳で調べる
	都市計画道路		△	○	○		都市計画図に記載
	駐車場出入口に関する周辺状況			○	○		道路幅員とあわせて関係する施設を地図などで調べる
	用途規制に関する周辺施設			△	○		条例とあわせて関係する施設を地図などで調べる
	ハザードマップ			△	○		インターネットで内容を閲覧できる
	歴史，文化	造成の有無		○	○		古地図など資料として残された情報を活用する
		過去の土地利用	△	○	○		
	自然	降水量	△	○	○		理科年表，気象庁のウェブサイトなどから調べる
		気温	△	○	○		
		湿度	△	○	○		
		卓越風	△	○	○		
		方位	○	○	○		真北は地図や南中時の太陽の位置から調べる

a. 敷地情報

■形態規制など

　安全で良好な市街地の環境を形成するために，都市計画区域内では一般に容積率，建蔽率，斜線制限などの形態規制や，建築物の用途地域の指定，防火地域が指定されている．対象としている敷地についても，敷地調査を行う前に用途地域

表2.16 ［チェックシート］敷地の事前調査に用いる情報源

項目	調査レベル A	調査レベル B	調査レベル C	チェック	説明
地図（一般の市販地図），地形図（国土地理院刊行 5万分の1，2万5千分の1，1万分の1），ストリートビュー，航空写真（googleなど）	○	○	○		周辺状況（周辺の地形，交通の便，利用する周辺施設，高低差や河川など）の把握．現地の様子を把握する
道路台帳，公図		△	○		道路幅員，地番，赤道，敷地境界を把握する
都市計画図	○	○	○		都市計画道路の範囲内かどうか，形態規制，用途地域，防火指定地域を把握する
都道府県の条例		△	○		敷地周辺に対する用途規制を把握する
ハザードマップ（ウェブサイト）		△	○		自然災害の発生率を把握する
活断層図（ウェブサイト）		△	○		敷地と活断層の位置関係を把握する
古地図，郷土資料コーナー	△	○	○		敷地（周辺）における地形の成り立ち，文化的背景などを把握する
理科年表，気象庁ウェブサイト	△	△	○		自然に関する基本データ，卓越風を把握する
遺跡地図		△	○		敷地に埋蔵文化財があるかどうかを把握する
交通局，鉄道会社への問合せ		△	○		地下鉄などによる敷地の利用制限，築造制限の有無を把握する
自治体の土木課，環境保全課への問合せ		△	○		敷地内の樹木が保存樹木であるかどうかを把握する
登記簿		△	○		所有者，地目を把握する

などについてどのような指定がなされているかチェックしておく必要がある．

　用途地域指定では敷地に計画可能な建物の用途が定められるため，企画段階で必ず確認しておくべきである．防火地域の指定では構造に条件が与えられることがあるため，具体的に設計案を考える前に確認しておくべきである．また，日影規制も建物の形状に影響を与えるものである．特に比較的大きな規模の集合住宅などを計画する際には，低層部分と高層部分の構成などを日影規制によって検討することもある．

　用途地域などを調べる際には，対象とする敷地の情報だけでなく，周辺の用途地域などがどのような構成になっているかを確認しておくことも重要である．都市計画図は将来の周辺環境をある程度誘導するものであるため，敷地の周辺が今後どのように変化していくかを予測する材料として活用することもできる．

　用途地域などは都市計画図を見て確認すればよい．都市計画図の内容は自治体の都市計画課などで問い合わせると知ることができる．都市計画図は購入することもできるので，頻繁に確認する地域については購入して手元におき，調査の際に適宜確認できるようにしておきたい．最近ではインターネット上で都市計画図

を閲覧できるように自治体が整備を進めている．

▎地　番

人の戸籍に相当する，土地の一筆ごとの表示番号を地番と呼ぶ．設計には直接関係しないが申請書類を作成する際などに必要である．地番は，管轄法務局に備え付けられている公図から調べることができる．

市街地では地番とは別に住居番号が定められていることが多く，一般的に用いられている所在地は住居番号の方である．申請書類などに記載する際には住居番号と混乱しないよう注意が必要である．

▎所有者

敷地の所有者についても，実務でトラブルの原因になる場合があるため確認しておきたい．所有者は不動産登記簿から調べることができる．

▎地　目

土地の利用現況を示す分類の項目を地目と呼び，不動産の登記簿上に記載されている．特に敷地が田，畑などの農地の場合には宅地として利用することに制限を受ける場合があり，その場合は地目を変更する許可を受ける必要が生じる．地目が記載されている登記簿は管轄の法務局で閲覧できる．

地目はあくまで登記簿上での項目であり，実際とは異なっていることもあるので注意したい．

▎赤道，青道

道路法で定める「道路」として認められていない道路は里道と呼ばれ，自治体または国有の里道や農道などは赤道と呼ばれる．また，自治体または国有の水路は青道と呼ばれる．敷地内に赤道，青道がある場合には廃止や払い下げの手続きを行う必要がある．敷地内のこれら無地番地を調べるには公図を見ればよい．

赤道・青道のなかには，実際には該当する場所には道や水路がなく，公図上でのみ確認が可能なものもあり注意が必要である．

▎敷地境界

敷地境界は公図や道路台帳によって調べることができる．公図は管轄法務局で，道路台帳は道路を管理する自治体の道路局などで閲覧できる．いずれもインターネットでの閲覧を可能にしているところが増えている．

ただし，公図や道路台帳に正確な敷地境界線の位置が示されていないこともある．その場合には公道との境界であれば官民境界査定，民間どうしであれば民民境界の確定が必要になる．公図には，正確な測量に基づいた信頼度の高い「17 条

地図」と，概略のみしか示されていない旧来の公図「土地台帳付属地図」がある．後者の場合は敷地境界を確定するために現地調査や所有者どうしの協議が必要になる．官民境界査定は決定までに時間を要することが多いので，その可能性がある場合には協議を早めに行うべきである．民民境界については，基本的には当事者どうしで決めればよいのですぐに確定することも可能であるが，トラブルが生じた場合には解決に時間を要する可能性がある．ただし，所有者どうしの協議によって勝手に境界線を変更することはできない．

■地下，地上の公共的施設

敷地の地下を地下鉄が走っている場合や地下鉄の新設計画がある場合には，土地に地上権が設定され敷地の利用が制限されることがあり，原則として土地の登記簿に記されている．また，高圧線が敷地の近くを通っている場合，安全上，建造物の築造が制限されることがある．これらは自治体の交通局や電力会社，鉄道会社に問い合わせて調べる必要がある．

■埋蔵文化財，保存樹木

遺跡などが敷地の地下にあると計画が実行できない場合があるため，敷地が埋蔵文化財包蔵地に該当しているかどうかを調べる必要がある．教育委員会の文化財担当者などに問い合わせ，遺跡地図で調べればよい．

通常，建築設計で問い合わせるのは自治体の建築課や都市計画課といったところが多いが，文化財については担当部局が異なるため，事前のチェック項目から漏らさないようにしたい．

樹木が保存指定されているかどうかを調べるには，自治体の土木課や環境保全課などに問い合わせればよい．

b. 敷地周辺情報

■周辺環境と地形

周辺環境と地形を調べる際には一般的に地図が用いられる．高低差や河川などの位置関係を調べる際には地形図と呼ばれる地図が適している．地形図は国土地理院が縮尺2万5千分の1で日本全国を整備している．主要都市では縮尺1万分の1の地形図も整備されている．大きな書店で購入でき，日本地図センターではインターネットを通じて通信販売している．また，2万5千分の1の地形図についてはインターネット上で閲覧が可能である．

敷地周辺の道路網や商業，学校，医療公共施設などは，市販の道路地図や市街地図，インターネット上の地図検索機能で簡単に調べることができる．

これらの地図は定期的に更新されているものの，現状との食違いが生じるため，重要な施設については足を運んで確認する必要がある．また，地図は実際の地形や道路をただ機械的に縮小した図ではなく，わかりやすさを重視して変更を加えていることがある．敷地の詳細な形状を地図から得ることは避けるべきである．

■前面道路

安全性，利便性などの観点から建築物の敷地は道路に接している必要があり，前面道路の幅員によって建築物の規模や形態は影響を受ける．道路の幅員については道路台帳から調べることができる．

■都市計画道路

将来的に計画されている道路の予定地が敷地に含まれる場合には，予定地に建てる建築物の階数や構造などに制限を受けることがある．現地ではわからない情報であり，事前の確認を忘れないようにしたい．都市計画道路は都市計画図に記載されているが，詳細な位置を知る必要がある場合には，各自治体の都市計画課などに問い合わせる必要がある．

■駐車場出入口に関する周辺情報

敷地内に規模の大きな駐車場を計画する必要がある場合，歩行者の通行量が多い歩道や，通学路として頻繁に子どもが通行する歩道には駐車場の出入口を設けるべきでない．また，見通しの悪い道路や細い道路では事故が起こりやすく，周辺の交通が阻害される可能性もあるため避けたほうがよい．特に商業施設では駐車場への入りやすさが利用者数に大きく影響を与えることから，駐車場の出入口は設計時の重要な検討事項である．現地で実際の見通しなどを確認することも必要だが，事前に周辺の施設や道路幅員を調べておくとよい．

■用途規制に関する周辺施設情報

都道府県によっては，学校の近くには宿泊施設の計画が許可されない場合がある．他にも学校などの保護対象施設の近くではゲームセンターなどの業種の計画が認められない場合がある．このような条件を確認するためには，都道府県の条例を調べる必要がある．周辺に該当する施設があるかどうかを調べるには，一般的な市街地図やインターネット上の地図などを用いる方法が便利である．

■ハザードマップ

河川の氾濫や高潮，津波，土砂災害などについての危険性を評価して地図上に表現したハザードマップの整備が現在各地で進められている．ハザードマップは各自治体などで作成されているが，インターネット上でその整備状況が一覧にな

っており，内容の閲覧が可能である．また，都市圏の活断層図の整備も現在進められており，インターネット上で閲覧が可能である．

■歴史，文化

設計を行う際には敷地の現状だけでなく，地形的な成り立ちや文化的な背景，自然環境などを考慮する必要がある．敷地の近くにある公共図書館の郷土資料コーナーや，郷土資料館などに足を運んで古地図などの資料を調べておき，歴史や文化的な背景を頭に入れた上で敷地を見ることで，より深く敷地を理解し，設計のアイデアを思いつけるようになる．また，地形や植生，文化的背景などの特徴が地名に記録されていることもある．敷地の記憶などから感じられる敷地の雰囲気をゲニウス・ロキと呼ぶこともある．物理的な特徴や法規制だけでなく，このような観点からも敷地を捉えることで，デザインを生み出すヒントを得られる．

■自　然

自然に関する基本データとして，気温，湿度，降水量を理科年表などで調べることができる．卓越風（ある期間で最も多い風向き）は，気象庁のウェブサイトに掲載されている過去の風向データや地方の気象台などで調べることができる．これら自然に関するデータは，開口部のデザインの検討や断熱，冷暖房の方式を検討するうえで必要不可欠である．

方位磁石が指す磁北と真北には，ずれがある．これは磁気偏角と呼ばれ，日本では地域により磁北が約3～9°西にずれる．法規上の北は真北のことであり，磁北と混同しないよう注意したい．真北は地図や南中時の太陽の位置などから調べることができる．

c．**法規制に関する留意点**

用途地域指定などの内容は，汎用的なルールの体系のなかで定められているため，その場所にとって最適の指定がなされているわけではない．また，形態規制などの内容も最低限守るべきルールとして定められたものであり，認められる範囲の中であればどのような計画をしてもよいというわけではない．形態規制や用途地域指定はあくまで設計時に考慮すべき最低限の情報であり，現地で調べた敷地固有の特性を十分考慮して導き出すべきである．1つ1つ異なるはずの敷地の特性を軽視し，定められた容積率をめいっぱい使い，日影規制ぎりぎりの建物形状を設計すればよいという発想では，良い建物，街並を生み出すことはできない．

d．**既存建築物**

調査する敷地に既存建築物がある場合には，その建築物についても必要に応じ

て調べておくとよい．表2.17に，調査に用いる資料と内容を示す．

　既存建築物を取り壊す予定の場合は，建物滅失登記の手続きをするため，書類作成のために登記簿を手に入れておく必要がある．登記簿は法務局で取得できる．

　また，建築物が文化財の指定を受けている場合には無断で取り壊すことができないため，古い建築物の場合には確認しておく必要がある．文化財の指定は国，県の指定も含めて市町村で確認することができ，多くの市町村ではウェブサイトでリストを閲覧可能である．文化財指定を受けていない建築物であっても，雑誌に掲載されていたり，論文や日本建築学会でまとめられた日本近代建築総覧などで取り上げられている建築物の場合には，歴史，文化的な価値を検討し，取壊しを見直すことも必要である．

　保存や増改築を行う場合にも同様に登記簿の入手と文化財指定の確認が必要である．その他に，建築物の所有者から竣工図を手に入れておく必要がある．竣工図には寸法の他に仕上げや使用材料などが記載されているため，当時の材料が入手可能かどうかを確認し，保存方法を検討できる．

　既存建築物の建設後に容積率の変更がなされた場合など，現行法に対して不適格な部分が生じることがある．このような建物は既存不適格と呼ばれ，増改築の場合には適合させる必要があるため注意が必要である．竣工時の図面と現行の法規制とを比較して確認しておきたい．

　その他，雑誌や論文などの資料に掲載されている建築物の場合には設計者や様式，コンセプトなどを調査することで，保存や増改築を行う際の参考にできる．また，増改築がすでに行われている建築物については，竣工時の写真があれば，図面ではわからない当時の詳細な状況を把握できる．

表2.17 ［チェックシート］既存建築物の事前調査に用いる資料

項目	既存建物の扱い		調査レベル			チェック	説明
	取壊し	保存・増改築	A	B	C		
登記簿	○	○		△	○		所在，構造，登記年月日，所有者，増改築の履歴
文化財指定指定リスト	○	○	△	○	○		指定の内容など
図面（竣工図）		○	○	○	○		寸法，使用材料，容積率などの既存不適格
関連雑誌，論文，日本近代建築総覧などの資料	○	○	○	○	○		設計者，様式，コンセプト
写真		○	○	○	○		様式

2.3.6 現地調査——敷地で調べること

敷地に対して行う調査項目は広範囲にわたり，数も多い．ここでは表2.18に敷地での調査項目を列挙し，代表的な項目について，調査の際の留意点を説明する．表では調査項目を敷地系，自然系…のように分類している．各自が新たに必要な調査項目を発想し，追加する際にもこの分類を参考にしてほしい．実践的な説明が「3.1.3 敷地の制約を捉える」にもあるので参照されたい．

a. 敷地系

■敷地の基本データ

敷地形状，面積を正確に測定するには測量を行う必要がある．測量を行うほど詳細な調査を行わない場合には，重要な部分の寸法のみをメジャーではかるという方法もある．最近ではハンディ型のレーザー測距計が比較的安価に入手できるようになったので，比較的簡単に距離を計測し，面積を計算することも可能である．ただし，現地に行った場合にはメジャーなどの道具だけでなく，歩数など身体的なスケールでも敷地形状を把握しておくとよい．正確な調査結果と自分の身体で捉えたスケールの対応関係を把握しておくことで，大まかな空間のスケールを把握できるようになるからである．方位についても敷地との正確な関係を捉えるには測量が必要だが，自分で方位磁石を持参して，敷地に立った位置から風向きや日差しと地形との関係を捉えるようにしたい．真北は地形図に掲載されている磁気偏角と磁北から割り出すか，南中時の影の方向から求めることができる．敷地周辺の建築物と工作物は地図などで位置関係をある程度把握できるが，事前調査の内容を現地で再確認する必要がある．特に工作物については事前に把握できないものもあるため，現地で注意深くチェックするようにしたい．調査では建築物と工作物の位置だけでなく，その場でないとわからないことに着目して調査を行い，記録するようにしたい．建築物の色や光の反射具合，窓の位置や人の視線，音，匂いなど，設計時に参考になる情報を見落とさないようにしたい．換気扇の位置や空調機の室外機の位置，駐車場の位置などは計画時に考慮すべき点であり，見落とさないよう注意したい．

敷地内の立木は，保存する場合には設計時に重要な情報になるため正確に記録する必要がある．保存する場合には幹の位置，太さ，枝の張り方を立体的に捉えて記録するようにしたい．落葉樹と常緑樹の違いは建築物の開口部やひさしの形状などを左右するため，必ず確認を行い，樹種についても必要に応じて図鑑で把握しておくべきである．保存ができない場合も考慮し，移植の可能性についても

現地で検討しておきたい．

■周辺道路

　現地では幅員○mの道路に接しているという情報だけでなく，交通量や舗装の状況，道路との段差，ガードレールの有無，歩道との関係，通学路となっているか否か，幼稚園・保育園などの有無，敷地からの見通しについても着目して調べ，記録しておくべきである．敷地と周辺の地形や舗装状況も設計時において重要な情報であり，特に高低差は正確に把握すべきである．正確な内容は測量によって得る必要があるが，現地では敷地形状と同様に身体的なスケールで把握することも重要である．段差や傾斜であれば歩行が可能か，車椅子，自転車，自動車で通行できるかといった観点で把握し，記録するようにしたい．

■地形，その他

　地形について調べる際には，道路や周辺の敷地からの視線や採光などと関連づけて把握しておくとよい．ブロック塀がある場合には，そのブロックの大きさを活用しておおよその高低差を計測することが可能である．敷地の高低差については，重要な部分は断面形状を正確に調査しておくことも必要である．費用および環境保護の点からもなるべく敷地の高低差は変更（造成）しない方がよい．

　細かい高低差などの微地形だけにとらわれず，広い範囲における地形と敷地との関係を把握することも重要である．これは現地で地形図を広げて方位を確認しながら把握するとよい．例えば家を建てるべきでない場所を表すことわざの「尾先谷口宮の前」の尾先谷口は地形の特徴を表す．尾根の先や谷の入口は，土砂崩れや鉄砲水の危険があると言われている．

　敷地周辺の擁壁や崖の高さ，角度の調査は建築物と居住者の安全性を確保するために重要である．測量による寸法とともに，擁壁や崖の表面の状態についても確認するようにしたい．地域によっては崖の下から一定範囲内の建築物の建設が規制されることもあるので注意が必要である．

　敷地に河川が接している場合には，その高低差や境界部分の状態を寸法とともに記録しておくべきである．河川沿いの敷地は景観が良い場合が多く，親水空間を設けるといった工夫が色々と可能であるが，台風や大雨の増水時には氾濫して建築物が浸水してしまう恐れもある．現地で地域の住民にヒアリングを行ったり，ハザードマップで確認したりすることで，平常時だけでなく災害時の状況についてもイメージしておくべきである．

　河川や用水路を暗渠として地下に設けている場合には，現地で把握できない場

表 2.18 ［チェックシート］敷地での調査

項目			調査レベル			チェック	説明	主な道具
			A	B	C			
敷地系	敷地の基本データ	敷地形状	○	○	○		メジャーなどの道具だけでなく、歩数など身体的スケールでも計測できるようにしたい	レーザ測距計
		敷地面積	○	○	○			レーザ測距計
		敷地と方位の関係	○	○	○		日差しと地形の関係や風向きと関連付けて方位を確認する。真北と磁北を混同しないよう注意する	
		敷地周辺の建築物と工作物	○	○	○		位置だけでなく、出入口や窓による視線、換気扇、室外機、駐車場の位置にも注意する	
		敷地内の立木	○	○	○		位置と高さ、幹の太さ、枝の張り方に加えて樹種、移植の可能性も確認する	図鑑
		所在地			○		事前調査の結果を再確認し、相違点がないか確認する	
		地番			○			
	周辺道路	前面道路の幅員	○	○	○		事前調査の結果との相違点がないか確認する	
		前面道路の舗装状況	△	○	○		高低差がある場合には正確に把握する。歩行者、車椅子、自転車、自動車が通行可能かといった観点でも調べる	
		その他の接道条件	△	○	○			
	地形、その他	地形	○	○	○		敷地の微地形とともに周辺の地形についても把握する	
		高低差	○	○	○		敷地の造成の必要性、高低差を利用した設計を考えながら調査を行う	
		敷地の断面形状	○	○	○			
		敷地周辺の擁壁	△	△	○		崖下の建築物の建設に規制がある場合には、チェックできるように高低差、傾斜などを計測する	
		敷地に接する川	○	○	○		調査時の状況だけでなく、増水時の水位についても把握する	
		地盤		△	○		ボーリング調査のほかに地形や周辺の建築物などから特徴を把握する	
		地下水位		△	○		地下室を計画する際には特に注意する	
		凍結深度		△	○		寒冷地では忘れないよう把握しておく	
		日照	○	○	○		時間、季節を変えて複数回調査を行う。日の出と日没の位置も確認する	
景観系	敷地からの景観	敷地から眺める景観	○	○	○		富士山、花火、夜景など時間や方向を確認する。特に住宅では視点の高さも考慮して確認する	
		敷地周辺の電柱などの位置	△	○	○		視界をさえぎるものについても位置を把握する	
	敷地周辺から見た景観		○	○	○		単純な色や形だけでなく、それらが意味する歴史的な成り立ちや文化といった観点からも景観を理解できるようにしておきたい	
自然系	動植物	敷地周辺の立木	△	○	○		樹種を把握し、落ち葉の量なども把握する。保存樹木も確認する	図鑑
		植生	△	○	○		植栽計画の参考となるよう育ちやすい樹種などを確認する。季節による周辺の変化も把握する	図鑑
		周辺に生息する動物		△	○		カラス、ネコ、ハト、ネズミなどによる被害の可能性について把握する	図鑑
		周辺に生息する昆虫、シロアリ		△	○		木造建築を計画する場合には特に、周辺の建物のシロアリ対策について把握する	図鑑
	気候、その他	気候	○	○	○		なるべく季節を変えて複数回行い、事前調査とあわせて確認する	
		風向き	△	○	○		卓越風の向きと強さに着目して確認する	
		塩害			△		周囲の建築物の仕上げなどからも把握できる	
		災害危険度	△	△	○		ハザードマップのほかに自分の目で見て確認する	
		雪と雨の処理	△	△	○		特に周辺建物の雪がどこに溜まるのか確認する	
		香り・音	○	○	○		地図などの視覚情報では捉えられないことに注意する	

2.3 敷地・類似施設の調査

大分類	項目	小項目					内容	備考
環境系	音環境		○	○	○		自然の音(川のせせらぎなど)や騒音(車,学校,ペットなど)といった好ましい音と好ましくない音それぞれを記録する	騒音計
	匂い				○		計画する建築物の用途との関係といった観点からも検討する	
	光環境		○	○	○		夜景やネオンといった光害などを調べるために夜間にも調査を行う	
	空気の汚れ			△	○		排気ガス,川やグラウンドからの粉塵などを把握する.周辺の建物の外壁や洗濯物の位置などでも状況が把握できる	
	振動			△	○		短時間では評価できないこともあるため,周辺住民へのヒアリングも行う	
インフラ系	電気,ガス,水道,電話線,下水の整備状況			△	○		事前の調査とあわせて現地で再確認する	
	排水路の整備状況			△	○		現地で位置を確認する	
	街灯			△	○		夜間の利用形態と関連づけて把握する	
	交通規制		△	○	○		一方通行,通学路,スクールゾーンなどを駐車場の計画や搬入出経路を考慮しながら確認する	
	テレビ電波の方向			△	○		衛星放送の電波もあわせて調査する	
	携帯電話の電波の受信状況				○		会社によって異なる場合もある	
都市系	交通の流れ	周辺の人,車の流れ	○	○	○		必要に応じて平日と休日,時間帯,年代別,目的ごとに通行量を把握する	
	住民構成と治安	周辺住民の特徴	△	△	△		年齢構成,産業構成などを目的に応じて調べる.昼と夜の違いにも着目する	
		治安	△	△	△		周辺住民へのヒアリングなどで概要を把握する	
	周辺施設へのアクセス	駅やバス停	○	○	○		計画する建築物の内容に応じて着目すべき施設をアレンジする.地図による事前調査とあわせて,実際に移動して混雑やわかりやすさを確認する	
		市街地	○	○	○			
		公共施設	○	○	○			
		医療施設	○	○	○			
		商業施設	○	○				
		学校・幼稚園・保育園	○	○				
	その他	今後建てられる予定の建築物		△	○		地図などでは得られない最新の情報を把握する	
		ゴミ収集方法		△	○		周辺のゴミ収集場の位置,分別方法やカラスに荒らされているか否かなどを把握する	
既存建物系				△	○		詳細は表2.19を参照	
周辺への影響系				△	○		詳細は表2.20を参照	

合もある.暗渠の上は遊歩道になっている場合が多く,またその道が屈曲していることから地図で予想することができる.周辺の住民へのヒアリングや,役所への問合せによっても確認したい.

地盤については基礎や構造を検討する際に重要な情報である.ボーリング調査を行って地耐力などを調査する必要がある.周辺の状況(柱状図)は役所で調査できることもある.地盤の状況は表面的にはわかりづらいため,注意深く調査する必要がある.

地下水位については,特に地下を計画する際には重要な情報であるためボーリングなどによって計測しておく必要がある.また,寒冷地では基礎の深さを検討するために凍結深度を調べておく必要がある.

敷地への日照は周辺の建物の高さなどから事前に調べることも可能であるが,

現地でも確認するとよい．太陽が昇る位置と沈む位置は開口部の位置などを検討する際の参考になる．

b．景観系
■敷地からの景観

　何が見えるのか，眺めの良い方向はどこか，視界に入れたくないものがある場合には，それがどの方向にいつ見えるのかを記録しておくようにしたい．富士山のような象徴的な山や，花火，夜景といった地域に特徴的な景観がある場合には，これが周辺地域の建築物をかたち作り，地域の街並の特徴を構成することにもなる．特に住宅では，詳細に視点とそこからの景観を検討しておくとよい（1階で座ったとき，立ったとき，2階以上から眺めたとき）．また，敷地周辺の電柱や看板などについても記録したい．

■敷地周辺から見た景観

　これから計画する建築物が加わることで新しい景観がどのようになるのかを想像しながら調査を行うとよい．景観には，目に映るものの形態や色といった単純な構成とともに，その成り立ちや過去からの変化，過去の出来事やいわれといった文化的な意味の理解も必要である．景観は時間や天気，季節によって変化するものである．特に住宅などの施設では，条件が良いときの景観だけでなく，夜や天気の悪いときの景観も考慮したい．また，近隣住民の眺望権にも配慮したい．

c．自然系
■動植物

　敷地周辺の立木は景観や採光などに影響を与えるので，大まかな高さや樹種は図鑑を用いて調べて記録しておくとよい．桜や紅葉のきれいな木などがある場合には，開口部の検討を行うときの参考になる．また，落葉樹が近くにある場合には秋に落ち葉が敷地内に落ちることも考慮しておく必要がある．さらに，敷地周辺の植生の概要を捉えておくと，敷地内の植栽を検討する際の参考になる．植物の状況は季節によって変化するので，時期を変えて複数回調査を行うとよい．

　植物だけでなく敷地周辺に生息する動物についても図鑑と照らして調べておく必要がある．都市部であってもネズミやカラス，ハトなどの動物が生息しており，被害が予想される場合には対策を検討しておくべきである．夜行性の動物もいるため正確に把握することは難しいが，周辺の住民にヒアリングするのが有効な手段である．同様に，昆虫などについても把握しておきたい．特に，木造の建築物を計画している場合には周辺に生息しているシロアリの種類や有効とされている

2.3 敷地・類似施設の調査

対策について把握しておきたい．これらの調査は専門家の協力が必要になるので，近くにある工務店などに聞いてみるとよい．

■気候，その他

気候と風向きに関する情報は建築物の形態や通風を考慮する際に必要である．年間を通じて多い風向き（卓越風）は事前に調べて現地で確認するようにしたい．また，海に近い敷地では塩害（海水中の塩分が空気中に含まれて金属を錆びやすくする）の程度についても把握しておきたい．これは建築物の外壁仕上げなどを検討する際に重要な情報となる．これも周辺住民にヒアリングしたり，周囲の建築物の仕上げなどを調べたりすることでおおむね把握できる．

災害の危険性の評価には専門的な知識が必要であるが，現地の地形や河川との位置関係などの状況を見て，起こりうる災害を自分でイメージすることも重要である．過去の災害については地域住民のヒアリング結果が有効な情報源になる．

雪と雨については気候として積雪量や降水量を把握するだけでなく，周辺の建築物でどのような処理がされているのかについても把握しておくようにしたい．特に雪は除雪が必要になる場合があり，地域によっては建築物を壊す可能性もあるため注意が必要である．雪がどこに溜まりやすいのか，周辺の建物に積もった雪が敷地に落下する恐れがないか確認しておきたい．また，雪害などに対する伝統的な屋根や壁などの材料構法についても調べておく必要がある．

その他にも五感を働かせて敷地の特徴を捉え，気がついた点を記録するとよい．

d. 環境系

■音環境

好ましい音と好ましくない音（騒音）に分けて整理して調査し，記録をとるとよい．騒音については，まず自動車や鉄道，飛行機など（交通関係）は定常的に発生するものであるため，注意して調べておく必要がある．特に上層階では，遠方からの騒音が聞こえてしまう場合もある．商業地域からの音などは耳障りになることもあるため注意しておきたい．また，ペットや子ども，オーディオ，楽器演奏の音は人によってはうるさいと感じることもあるため，どの程度の音がするか確認しておくべきである．工場からは，はっきりと耳で感じられる音のほかに，低い周波数帯の音が定常的に発生している場合がある．これを長時間聞くことで健康に悪影響を与えるケースもあるため注意したい．短時間では把握できないため，周辺の住民などにヒアリングしたい．近年では，風力発電のプロペラの風切音が問題になる例もある．

音の影響の大きさは騒音計によって定量的に計測することが可能であるが，音の内容によって人が受ける印象は異なる．評価の個人差も考慮した総合的な観点から捉えるようにしたい．

■匂 い

匂いについては，イメージ作りなどが重要な施設では特に注意すべきである．例えば，隣接した飲食店の厨房からの匂いが商業施設の雰囲気に影響を与えてしまうといったことが考えられる．匂いはその場でなければ感じることができず，写真や録音のように後で再現することは困難である．調査のときには特に注意を払い，感じたことをメモしておきたい．

■光環境

自動車のヘッドランプや商業施設の照明といった人工的な光は，夜景という好ましい面もあるが，住宅の寝室などを計画する際には悪影響を与える場合もあるため注意する必要がある．

■空気の汚れ

空気の汚れは，特に幹線道路沿いの敷地などでは注意して把握しておくべきである．詳細を把握するには専門的な調査が必要になるが，周辺建物の外壁の汚れ具合や洗濯物がどこに干されているかなどを見ることで，おおよその状況を把握できる．

■振 動

幹線道路を走る大型車両や電車，工場などから敷地に振動が伝わる場合があり，特に住宅や宿泊，医療施設ではその影響を調べておく必要がある．通常は気にならなくても，夜間の睡眠中に気になり悪影響を与える場合があるため注意したい．振動は音と同様，感じ方にある程度の個人差があるので，複数の人にヒアリングするようにしたい．

e．インフラ系

電気，ガス，水道，電話，下水，排水路の整備状況は事前の調査も必要であるが，現地で再度確認するようにしたい．街灯の位置は出入口の位置などを検討する際に必要である．

テレビの電波については，高層の建築物が周辺に及ぼす電波障害について調査する必要がある．詳細は専門業者に調査を依頼する必要があるが，周辺の建物のアンテナの向きなどから影響をおおよそ把握することもできる．集合アンテナを共同で利用している場合もあり，敷地の電波の状況については周辺住民にヒアリ

ングをしておく方がよい．地上デジタル放送化に伴いアナログ放送とはアンテナの方向が変わる地域もあるため注意したい．必要があれば衛星放送の受信についても障害物がないか調べておくとよい．

その他，携帯電話会社ごとの電波受信状況についても確認しておきたい．

f．都市系

■交通の流れ

敷地周辺の人や車の流れは，特に商業施設では重要な情報である．その他の施設でもエントランスの位置や駐車場の出入口を検討する際に必要となるため，概要だけでも把握しておくべきである．詳細に調べるには交通量調査を終日行う必要があるが，朝と夕方や休日の昼前後など，特徴的な時間帯を選んで一定時間の車と人の通行量を計測するだけでも十分参考になる．調査の際には通行する人の年代や目的（通勤，通学，買い物，観光）を推測して把握しておくと，施設の内容などを計画する際に参考になる．

■住民構成と治安

敷地の周辺住民の特徴も，特に公共施設や商業施設を計画する際には重要な情報である．市町村別の年齢構成は国勢調査の結果として入手可能であり，統計局のウェブサイトからダウンロードできる．より細かい範囲の情報については GIS 関連の会社からデータが販売されており，商業施設を計画する際の商圏分析などでは GIS ソフトを用いて詳細な分析が行われる．

統計データで調べておくことも重要だが，実際に敷地の周辺を歩き回って具体的な地域住民の特徴を把握するようにしたい．年齢構成，主な産業などが基本的な調査項目になるが，計画する施設の内容によって観点を適宜アレンジする必要がある．住宅地や商業地域，特にオフィス街では，昼間と夜間の人口と年代構成が大きく異なる場合がある．できれば時間を変えて調査を複数回行うようにしたい．

敷地周辺の治安に関する情報をあらかじめ得られれば，施設の防犯対策などを検討する際に役立てられる．詳細を調査から得ることは難しいが，周辺住民にヒアリングすることで概要を把握できる．東京都，大阪府，神奈川県などでは犯罪発生マップがウェブサイト上で整備されており，大まかな治安状況を把握できる．

■周辺施設へのアクセス

敷地から駅やバス停へのアクセスは，商業施設や公共施設などを計画する場合に重要である．地図であらかじめ調べておくことも重要だが，実際に経路を確認して道路の混雑状況や経路のわかりやすさについて把握しておくべきである．市

街地，公共施設，医療施設，商業施設へのアクセスは住宅地の暮らしやすさを大きく左右する要素であり，地図だけでなく実際に確認しておくとよい．学校・幼稚園・保育園へのアクセスは特に低年齢の子どもを持つ世帯が重視する観点であり，集合住宅や住宅地を計画する際には必ず確認しておくべきである．

■その他

敷地周辺を調査した際には，これから建てられる建築物についてもチェックするようにしたい．地図などの情報は最新ではないため，現地で建設中の建築物がないか確認し，最新の情報に更新するようにしたい．

容積率と現状の建築物の容積の違いについても把握しておきたい．容積率に満たない建築物が多く見られる場合には，今後周辺に高層の建築物が建ち，街並が大きく変化する可能性があることを考慮しておく必要がある．

また，ゴミ収集方法についても，集合住宅などでゴミ収集所を計画する際の参考とすることができる．

g. 既存建物系

敷地内に建築物と工作物がある場合には，その位置や大きさを正確に把握しておく必要がある．取り壊す場合と保存・増改築を行う場合で調査内容が異なる．それぞれの調査項目を表 2.19 に示す．図面が残っている場合には調査の手間を省くことができるが，古い建築物の場合には増築や改修が行われている場合がある．規模が小さい場合には図面に残されていないことも多い．必ず現地で現況との比較を行うべきである．

雨漏りやシロアリの被害など，管理状況についても調べておきたい．保存や改修を行う際にどの程度手を入れる必要があるかについては図面では把握できないため，現地で正確に把握したい．

古い建築物では断熱材としてアスベストが使われている場合がある．健康被害を避けるため除去，封込め，囲込みなどの措置を行う必要がある．使用の有無を図面や現地で確認する必要がある．

耐震性についても，保存や増改築を行う際に改修の必要性を調べておきたい．

h. 周辺への影響系

環境系として挙げた項目と日照，景観などについては，対象としている敷地が受ける影響だけでなく，計画する建築物が周辺に与える影響についても検討すべきである．建築物が実際に建ったときに，周辺の住民や通行する人がどのように感じるか，周辺環境をどのように変化させるのかという観点からも検討しておき

たい．検討すべき項目は前出の調査項目とほぼ重複するが，代表的な項目について，住宅を例とした場合の内容とあわせて表 2.20 に示す． （木下芳郎）

表 2.19 ［チェックシート］既存建物系の現地での調査

項目	既存建物の扱い		調査レベル			チェック	主な道具
	取壊し	保存・増改築	A	B	C		
図面などの資料と現状の違い	○	○		△	○		図面
管理状況（雨漏り，蟻害など）		○		△	○		カメラ
アスベスト使用	○	○		△	○		
耐震性		○		△	○		

表 2.20 ［チェックシート］周辺への影響系の検討

項目		説明（住宅での例）	調査レベル			チェック	主な道具
			A	B	C		
音	騒音	換気扇の位置		△	○		
		室外機の位置		△	○		
		子ども部屋		△	○		
		ペット		△	○		
		オーディオルーム		△	○		
環境	日照	影の位置		△	○		
	風通し	壁の大きさや位置		△	○		
	照明・光害	外部の照明		△	○		
	看板			△	○		
	視線	隣家の視線		△	○		
	匂い	トイレの位置		△	○		
		テラスや庭での調理		△	○		
		換気扇		△	○		
景観	景観	景色・夜景を見る視線		△	○		
		花火を見る視線		△	○		情報誌
		看板		△	○		
		洗濯物		△	○		
自然	雨・雪の処理	積もった雪の落下位置		△	○		
	樹木	位置		△	○		
		根・枝		△	○		
		実・落ち葉		△	○		図鑑
設備	電波	テレビなど		△	○		
人の出入口		玄関の位置		△	○		
車の出入位置		駐車場の位置		△	○		

3 フィールドワークで読み解く

　第3章は，第2章を踏まえた実践編である．3.1「場所と敷地」，3.2「建築」，3.3「人間の行動と意識」に分類し，フィールドワークの手法を紹介する．また 3.4 節では，これらを横断して振り返る．

3.1　場所と敷地を読み解く

3.1.1　風土・歴史・産業構造を捉える

　広域的な場所性の切り口として，気候・風土，歴史・文化，人口・物流・産業・経済の項を立て，指標やキーワードを示し，記録の手法や事例を紹介する．

a．気候・風土

　空間の形と気候風土との関わりは，地球規模で比較すると特徴が顕著になる．近代日本では，志賀重昂や和辻哲郎が先駆的な役割を果たした．時を経て，オギュスタン・ベルクは知覚の図式を用いて風景論を発展させた．彼の日本研究は和辻哲郎研究から始まった．風土は，配置や立体的な構成として形を現し，またディテールに痕跡を宿す．例えば塊村と散居集落を比べてみると，利水や防風などに対するそれぞれの特性があり，水路や生垣や建築ディテールに特徴を生み出す．

　さて，建築設計の初期段階を想定して，話を進める．気候風土の指標には，気温・湿度・降水量・積雪量・卓越風，日照時間，地形・地質，緯度・経度・海抜・海岸線からの距離，植生・動物分布などがある．資料には，数値データやリストのほか，気象図・地形図・航空写真の図版がある．図版資料は，縮尺によって読み取る情報が異なるため，様々な縮尺のものをそろえておきたい．また，調査時の季節や天候による偏った理解を避けるため，気象データは重要となる．

　図 3.1, 3.2 は，住宅の設計のために行った長野県上伊那地方の民家の記録である．現地では，地図と気象データを手元に控え，方位を確認し，生垣や母屋・倉庫の配置を記録し，卓越風と集落の構成を比較した．ここでは，天竜川に沿った卓越風と雨に対する防御の設えを読み取った．

　図 3.3 は，この住宅の計画時に採取したフロッタージュである．建築の仕上げ

3.1 場所と敷地を読み解く

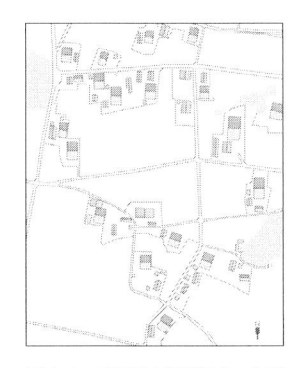

図 3.1 長野県上伊那地方の集落
母屋と倉の構成.

図 3.2 民家のスケッチ（上）と住宅「びゅーぷらっと」（下）
上：母屋，飛沫除けのある倉，下：伊藤泰彦設計，中川敦玲撮影.

材に紙をあて，鉛筆で擦り写した．地場の建材の資料として，また素材・手触りのサンプルとして手帳に残し，デザインの手掛かりとした．

b. 歴史・文化

歴史や文化は，「ハレ」の場にその特徴が強く現れる．明治大学神代研究室の一連の集落調査では，祭りに焦点をあて，コミュニティの形態を立体的な空間構成で図解した．里神楽・浄瑠璃・農村歌舞伎など地域芸能も，ハレの舞台を生む．また，寺社仏閣と繁華街など聖と俗とのトポロジカルな考察も，都市を読み取る手段となる．

一方，諸芸術にある種の型を見出し，空間造形と比較することがある．伊藤ていじらは『日本の都市空間』の中で，書・華・絵画などを例に，要素から構成にいたる形の原理を読み解き，日本的な空間造形を説明づけた．表札・鉢植え・店飾り・灯篭・道祖神，あるいはポスターや看板を一種の図像学として考えると，その土地独自の空間造形の所作を知る手立てになるかもしれない．

図 3.3 フロッタージュ
上から石，和紙，土壁，木材.

図 3.4 古地図と現代地図の重合せ

設計のための敷地調査では，時間的・時期的制約もあり，祭りのような「ハレ」の場に立ち会うことは難しい．その場合，現地で祭事・諸芸術・歴史資料を手に入れると，敷地調査の一助となる．調査の前に古地図や昔の住宅地図を入手し現代の地図を重ね，手に持って散策することを勧める（図 3.4）．江戸の切絵図など，古地図は方位・縮尺が正確ではないが，縮尺に捕われすぎずにクリップで束ねておく程度でよい．また，切絵図は町割りに沿って描かれているため，町の成立ちを知る手掛かりになる．また現地を歩く際，案内板を見かけたら，通りの名称や旧町名のメモを取るとよい．町の歴史を知る有効な手掛かりとなる．

c. 人口・物流・産業・経済

人口・物流・産業・経済は，地域活動の現状把握と将来予測のバロメーターである．人口の密度・分布・増加率・世代別比率・昼夜間の変動・産業別比率，交通機関・地域施設の利用者数，物流の量と手段，生産物の分類と量，地価などが指標となる．各自治体の統計データや将来構想も情報源となる．土地利用の将来構想・都市計画道路・防災計画は，現地で読み切れないので，事前に把握したい．現地では，交通計画上の問題・騒音・防災・防犯などにも留意する．

図 3.5 は，「防災施設図」に幹線道路・散歩道の整備方針を重ね合わせた図である．資料をスキャナーで読み取り，フォトレタッチソフトで加工した．交通網整備・環境整備・地域防災を横断的に読み取る資料として，これを手に実際の街路を歩く．

藤森照信は，地価をコンターラインに見立てた地価等高線地図により，明治期の日本橋の沈滞と銀座界隈の隆盛という，一種の地殻変動を示した．図 3.6 は，公示価格（1999 年）を参考に作成した地価等高線のイメージである．

3.1.2　都市の形を捉える

目に見える形，心象として浮かび上がる形，すなわち形をテーマにする．俯瞰・アイレベル・心象空間の 3 つの視界で項を立てる．

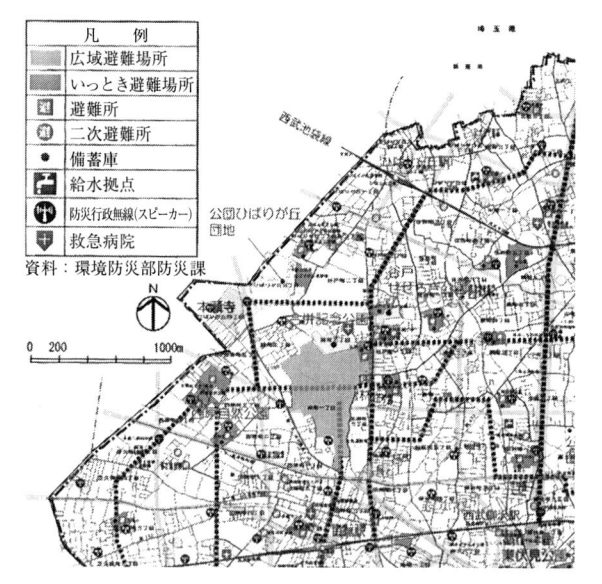

図3.5 幹線道路・散歩道の整備方針と防災施設図
西東京市都市計画マスタープランH16.7をもとに作成.

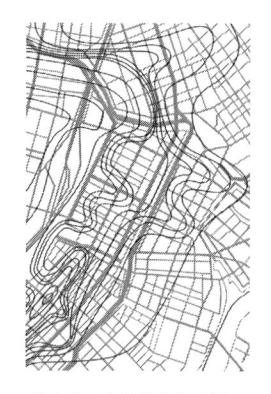

図3.6 地価等高線地図のイメージ
武蔵野大学伊藤研究室堀江彰太作図.

a. 俯瞰的分析／マスタープラン・微地形

　俯瞰的な視界は，計画者・創造者のものである．行政が作成する資料の多くは，俯瞰的に説明される．また地図も同様に俯瞰で描かれる．見知らぬ街を歩くとき，その資料が役立つ．前項で触れたように，敷地・街区・住区・地区・都市・地域圏・国・地球規模，スケールを変えた資料をそろえたい．それぞれ異なる形（情報）が見えてくる．地形・交通インフラ・土地利用・地域施設の配置・地区計画・緑地と水系・地域防災など，都市計画の切り口が形を読み取る手掛かりになる．

　さて，この神の視点とフィールドワークをHow toとして語るのではなく，手法と事例を紹介して読者の発想の一助になることを期待する．

　資料をもとに読み取ったマスタープランに沿って散策するのも，1つの方法である．線状・格子状・放射状など街路パターンや，差路のパターンを事前に読み取る．住宅・商業・行政地区，城下町・宿場町，あるいは西洋の城郭都市を歩くとき，街の玄関口から中心を通り，街の様子が一変する場所まで歩き，その境界を辿りながら1周する．

　図3.7は，ポルトガル・リスボンで江戸風鈴200個を用いた音のインスタレー

ションの制作風景である．東京藝術大学北川原温研究室にリスボン工科大学の学生らが加わり，街路・地形・建物・工作物などの街区調査からスタートした．図3.8は，そのときのマッピングシートの1つである．

ジャンバティスタ・ノリーの17世紀ローマの図と地の反転，樋口忠彦の典型的地形空間の7つの型，内藤昌の江戸「の」の字構造，槇文彦らの街路・差路の記号化など，都市の形を浮き彫りにしたこれらの資料は時代を経ても色あせない．

図3.7 ワークショップでの製作風景

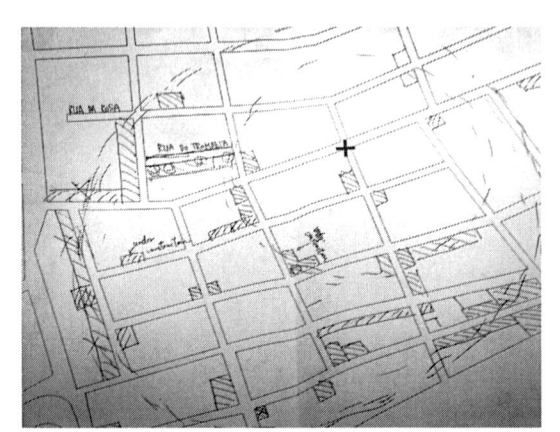

図3.8 リスボンのワークショップでのメモ
東京藝術大学北川原温研究室．

b．アイレベルの記録／都市景観・建築ファサード

アイレベルの視界は，生活者のものである．ゴードン・カレンは，地図上のわずかな形態変化とアイレベルの視覚効果のギャップを指摘し，連続した視覚として都市景観を捉えた．法政大学宮脇檀研究室の倉敷に始まる集落調査では，横方向の縮尺を縮めた街並の図など，各種の実験的記録方法が試されている．元倉眞琴は若き頃に，上野界隈をはじめとした一連のファサードの連続写真や，月島のスケッチと写真のコラージュにより，都市の表層を記録した．植栽・看板・標識・電柱など，心象に作用する要素を観察することも，フィールドワークの醍醐味である．

図3.9は，ミラーレス・タグリアブエのサンタ・カテリーナ市場の計画のために福田誠が制作した，縦横2.5mほどの巨大なフォトコラージュである．カメラを上空に向け，敷地周辺を歩きながら連続的に撮影し，繋ぎ合わせた空の地図だ．バルセロナの旧市街の特徴を浮き彫りにしている．生活者の視点から神の視点を

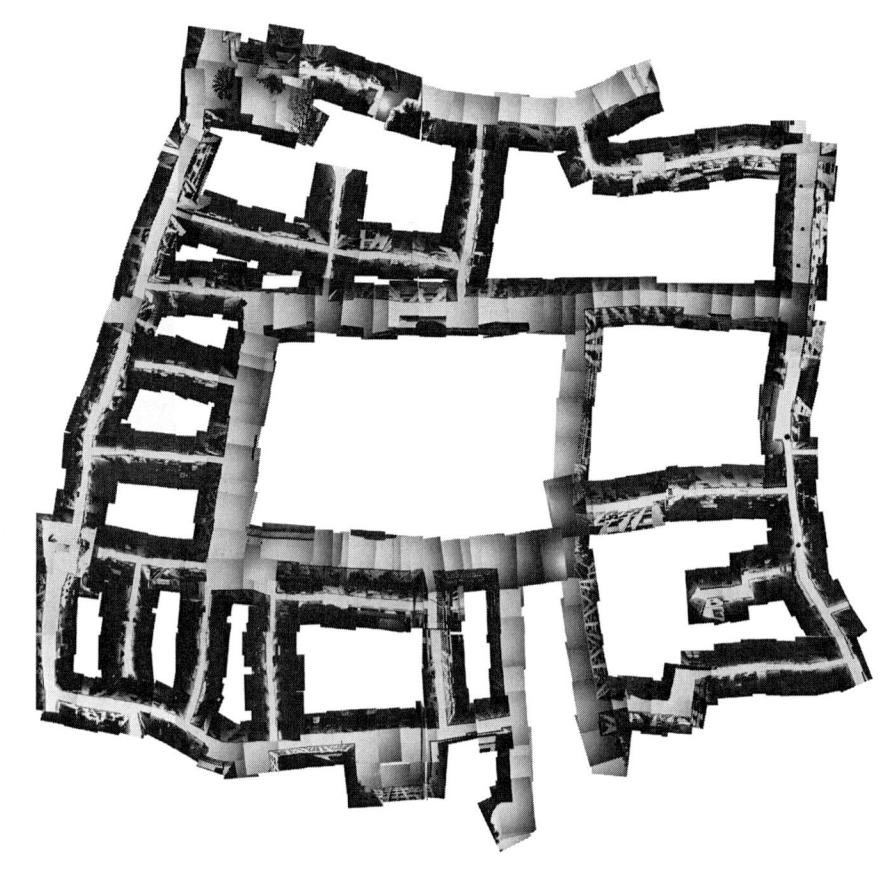

図 3.9 サンタ・カテリーナ市場計画のためのフォトコラージュ
Miralles Tagliabue EMBT.

捉えた不思議さがある.また,ミラーレス・タグリアブエの他のプロジェクトでも,フォトコラージュを駆使するという.手元のコーヒーから遠くの教会のシルエットへと至るパノラミックなコラージュや,祭りや歴史的・都市的図像と土地の写真のコラージュなどで,土地に横たわる歴史軸・都市軸・生活慣習をグラフィカルに再構築する.計画のためのある種のアイデアマップであり,製作者・第三者への情報ツールという点も興味深い.

c.都市の心象／要素の想起・認知マップ

ここでは,心象としての都市について記述する.認知マップとは,平たくいうと図示された心象空間である.個人の心象空間を紐解くには,インタビューやア

ンケートが用いられる．志水英樹らによるエレメント想起法は，空間要素を自由記述で言語として抽出する方法である．SD 法は，空間の心理的評価を言語を用いた軸で数値化する．また，被験者が心象空間を直接描画する方法もある．白紙への自由描画，用意した地図へのプロットなど，目的に合わせた方法を選択する．その際，被験者の作図能力を考慮しヒアリングの有無を検討する．

K. リンチは，イメージアビリティという認識指標を提示し，パス・エッジ・ノード・ディストリクト・ランドマークという要素に焦点を与え，都市の心象空間を分析した．この調査では比較的長時間のヒアリングと，イメージマップの作図を併用している．また鈴木成文らは，住宅地における児童の空間把握と生活領域を分析するため，白紙に地図を描画させる手法を用い，記憶地図と呼んだ．

図 3.10 は，千葉市中央区春日の遊び場調査の資料である．小学生，中・高・大学生，親世代を対象に，子ども時代の遊び場を調査し，世代別の遊び場マップを作成した．このようにして環境の変化と遊びの時代変化を読み取った．

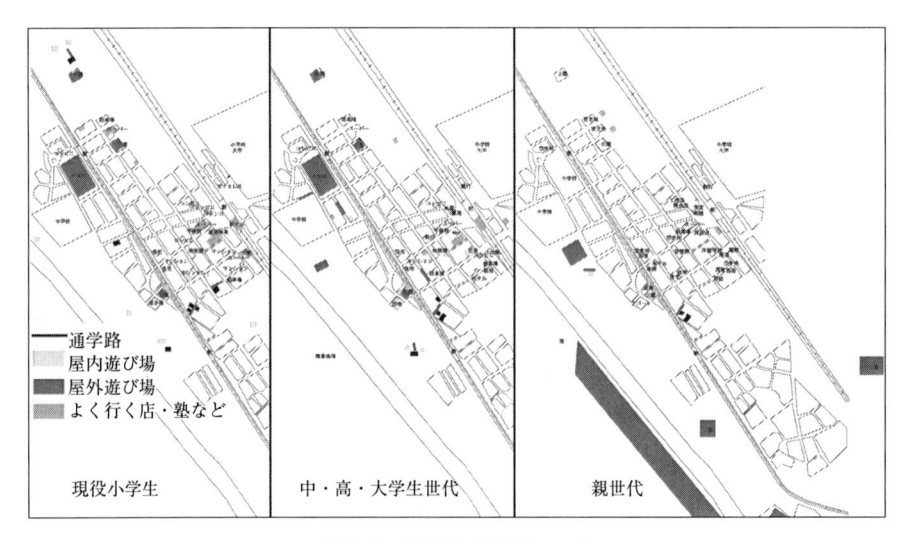

図 3.10 世代別の遊び場マップ
千葉市中央区春日での調査．武蔵野大学伊藤研究室清宮由紀作図．

3.1.3 敷地の制約を捉える

ここでは，敷地とその周囲に範囲を絞り，物的・制度的制約について記す．事前調査と切り離すことが難しく，第 2 章と併読してほしい．実務に近い視点（2.3.1 項の調査レベル C 参照）から，特に重要な点を取り上げて説明する．

a. 地形・地盤・埋設物・道路・隣地

地形・地盤・埋設物については，事前に地形図・近隣地質データ・公図・登記簿を入手し，埋蔵文化財・地上地下の公共的施設の有無を関係諸機関に確認する．地目や赤道・青道の有無は，登記簿と公図で確認する．道路と隣地については，市街地図・道路地図・道路台帳・公図を入手し，道路の種別と幅員，狭隘道路の場合の手続きなどを確認する．

敷地調査では，表3.1に示すように，事前調査の情報と現地の状況を照合し，敷地内と隣地のレベル・建築物・工作物・樹木などを確認する．アプローチや駐車場を計画する際，前面道路・交差点・隣接施設によって法的な制約を受けることもあり，現地の状況を確認する．敷地からの眺望や日照・通風・音環境・振動なども確認しておきたい．また適宜，測量・真北測定・地盤調査など追加調査を行う．

表3.1 敷地調査の資料と調査項目

項目	資料	敷地調査	現場でのチェック項目
地形	地形図・敷地図	測量・真北測定	敷地境界，真北方向，BMの設定，道路中心高さ，敷地内・隣地の各部の高さ，境界部分等の工作物，敷地内の既存建物や既存樹木
地目	公図	目視	赤道・青道等の有無と現況確認
地盤	近隣地質データ	地質調査（SS調査，ボーリング調査，載荷試験）	地下水位，地耐力，土質（サンプリング）
埋設物	既存構造物の図面	目視	図面との整合性
埋蔵文化財	教育委員会等への聞取り		文化財保護法関連の手続き
道路	道路地図・道路台帳	測量	幅員，道路後退・角切りの有無，交差点の位置，標識・電柱等の位置
隣地	住宅地図	目視・実測	隣接建物の用途，形状，アプローチ・開口部，樹木等の配置・高さ・樹種
その他			宅地造成の状況，電波障害の可能性の検討，河川法に係る河川の有無，土砂災害警戒区域などの現況確認

図3.11は，住宅計画における敷地の野帳である．ここでは敷地図を下絵に周辺の環境を書き留めている．敷地内外の高低差・樹木・周辺建物などの高さ情報を確認し，断面スケッチや眺望のラフスケッチを加えている．日照・通風など肌で感じたことも書き留めるとよい．写真は貴重な資料となるが，ときに情報過多で，必ずしも現地で受けた印象を記録できるわけではない．手描きのラフなスケッチのほうが，計画の課題やイメージを表現しやすい．

また，現地で写真を撮る際には，建築が建ち上がったときにキメとなる構図を残すとよい．スタディに活用でき，プレゼンテーションに用いる模型写真やCGパースの背景の合成にも役立つ．

b．ライフライン（設備インフラ）

上下水道・ガス・電気・情報通信網については，水道局・下水道管理課・ガス会社・電力会社・電話局・ケーブルテレビ局で情報を入手できるが，敷地内部の情報は一般に開示されていない．

敷地調査では，敷地までのインフラの接続が事前に得た情報と同じかどうか，敷地内の既存設備がどのようになっているかを調べる（表3.2）．まず，桝・電柱・水路などを確認する．浄化槽設置や雨水排水が放流方式の場合には放流先，敷地内浸透を行う場合には浸透桝の設置場所を確認する．次に，メーター類・桝など敷地内の既存設備について確認する．また，計画する施設に地上設備や埋設設備を設ける場合には，あらかじめ規模などを想定した上で敷地調査を行うとよい．受電設備・浄化槽・防火水槽・バルクタンクなどは，建築物や駐車場の配置計画に影響することが多い．

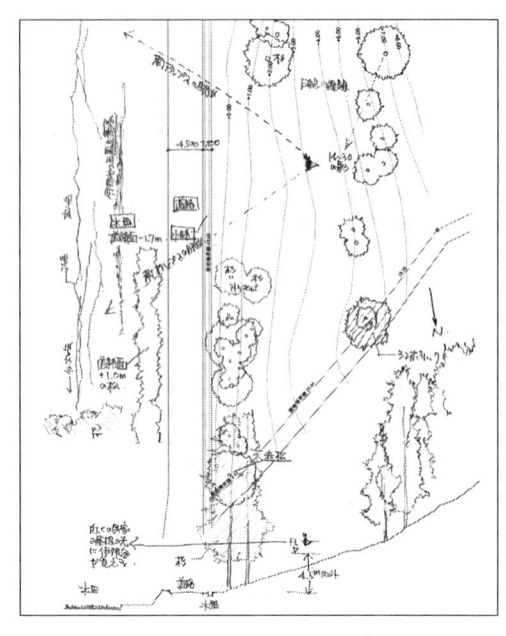

図3.11 敷地図を用いた敷地の野帳（図3.2参照）

表3.2 設備インフラの現地確認項目

項目		内容
給水	既存止水栓	位置
	既存メーター	位置，口径
	消火栓	位置
排水	公設桝	位置，深さ
	本管マンホール	位置
	既存浄化槽	有無
	側溝（放流の場合）	位置，形状
ガス	ガス遮断弁	位置
	既存プロパンボンベ，既存バルクタンク	有無
電力	電柱	位置，高さ，番号，トランスの有無
	送電線	高さ
	既存引き込み	高さ
電話	電話柱	位置，高さ，番号
	既存引き込み	位置
テレビ	ケーブルテレビ線	有無

また昨今，省エネ・CO_2削減に配慮した環境制御計画が求められる．太陽光・風・地下水・雨水・積雪・地熱は，採暖・採熱源・動力源・融雪・冷却効果・光源として利用され，節水・換気向上に役立つ．これらは，隠れたインフラと位置づけることができる．そこで敷地調査の際に，気象条件・日照条件の確認，外気導入ルートの検討，地下水の状況確認も併せて行う．井水については，敷地内だけではなく，近隣の井戸の有無も確認する．地下水位は，ボーリング調査で調査深さ以内であればわかる．必要に応じて，試掘を行う．

c．法規に関連した現地の状況確認

建築関連法規については，大まかに次の手順で検討する．①開発・造成などの土地利用，②施設用途の実現可能性，③計画施設の規模・形態・配置の制約条件，④防火・避難・居室の衛生・福祉・消防などの具体的な建築計画の制約条件．

①の関連法規には，都市計画法・港湾法・河川法・都市公園法や宅地造成等規正法・道路法などがある．開発許可申請や宅地造成の許可申請などを見据え，敷地調査では敷地形状・工作物・排水の接続先などを確認する．

②には，都市計画や建築基準法の集団規定のほか，自治体ごとの安全条例や福祉関連条例なども敷地形状・接道条件に制限を与えることがある．敷地調査では，近隣の建物が既存不適格の場合もあり，安易に周囲の建物を参考にしない．

③は，後述されるが，敷地調査の現場自体がボリュームのシミュレーションを行う場でもある．敷地に立って配置のバリエーションを考えるため，事前に法的な制約条件を整理しておく．図3.12は，①，②を整理して，ボリュームスタディを行った一例である．

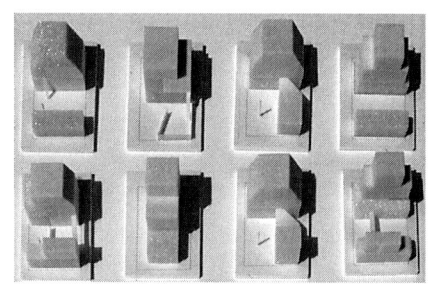

図3.12 建築ボリュームの検討例

3.1.4 敷地の発展性を捉える

計画のための敷地調査は，条件整理だけが目的ではない．発想のヒントを得ることも，その目的の1つである．ここでは，敷地に対する見方・捉え方を記すことで，発想を促したい．

a．空間領域

ある事象を考えるとき，マクロな見地とミクロな見地で評価に違いが生じる．

敷地を，ある領域の一部と見立てたりいくつかに分割してみると，異なる様相が見えてくる．ここでは，敷地のスケールを逸脱しない範囲，すなわち敷地やその近隣の領域の見方に触れる．

■拡張・共有

周辺敷地と一体の土地として，敷地を捉える．樹木の共有，風の通り道，通り抜け通路などは，その発想の一端をなす．坂本一成は，コモンシティ星田（1991～1992）で通路・緑道・緑地・水路・テント広場・お祭り広場・集会所を配した戸建て住宅地を実現した．同様の計画手法が，建築単体の設計（江古田の集合住宅［Ⅰ期2004］）から，都市的計画（ドイツ工作連盟ジードルング集合住宅［2006, プロジェクト］）にも読みとることができる．北川原温のARIA（1995～2004）は，異業種交流型工業団地という一種の都市計画である．広場や遊歩道を軸に，個々の施設が個性豊かに計画されている．図3.13は，このうち2つの事例の模式図である．敷地境界線を取り除くと，その特徴が顕著となる．

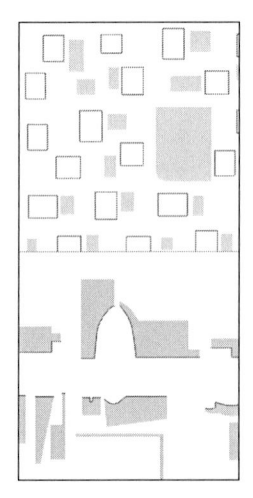

図3.13 建築群や外部環境の配列の模式化

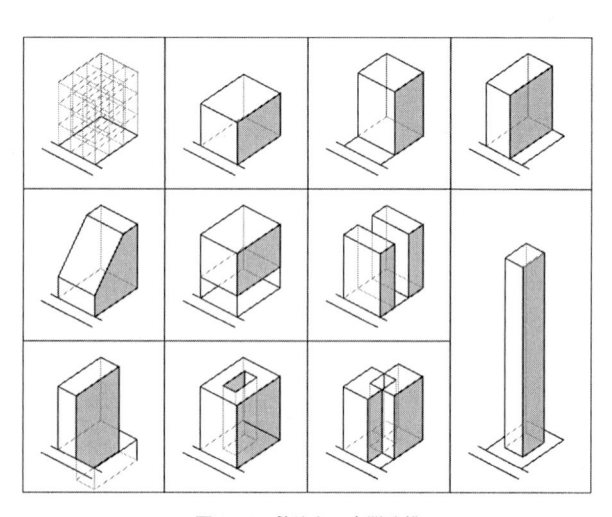

図3.14 敷地上の空間分離

■分　割

敷地を分割して考える．京都の町屋のオモテ・坪庭・奥，中世ヨーロッパ都市住宅の街路と中庭などは，通りに面した街並に属する部分と内的秩序を顕在化する象徴空間の2つが敷地の中に立ち現れた例である．安藤忠雄の表参道ヒルズは，

前面道路「表参道」と同じ長さのスロープと，地中からの吹き抜け空間を内部に持つ．このように，中庭・裏庭・ヴォイド・アトリウム・スロープ・大階段などを計画の核にする事例は多い．これらと諸室の構成，建築のボリュームを，敷地に立ったその場で考える．敷地を奥行・幅・高さ方向に分割すると，計画のオルタナティブを考える手助けになるだろう．図3.14に模式図を示す．

■転写・挿入

敷地に立つと，周囲の建物，街並，遠方の山や海，空など，視覚的な情報があふれている．ファサードは通りに対するインターフェースであり，屋根は空に対するインターフェースとなる．敷地に立って，四方あるいは天空の写真を記録する．建築の開口部や各部の空間を計画する際，それらを計画するボリュームに貼り込みながら，空間構成を考えてみる．図3.15は，その一例である．

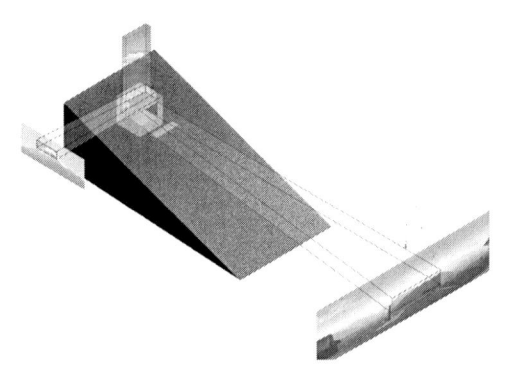

図3.15　住宅計画のスタディ資料
敷地で撮影した景色と空を貼り込んでいる
(VIEW CUBE：伊藤泰彦，竹下昌臣，佐竹永太郎)．

b.　環境の読み取り：緑地・微気候

暖かさや涼しさは，その場の印象に大きく関わる．気温は最も親しみやすい指標である．しかし，心地良さすなわち身体スケールの温熱環境（微気候）を考えるとき，環境工学の研究者である梅干野晃は，空間に用いる素材やその構成に目を向け，表面温度と熱放射の影響を指摘する．夏の午後，アスファルトの舗装は表面温度が高い．木々の葉は気温に近い温度を示し，日除けの庇は焼け付いて，西に建つ建物の外壁は日陰でひんやりとしているだろう．気温に違いがなくても，周囲の表面温度で体感温度は大きく異なる．市販の簡易な表面温度計はフィールドワークで活用しやすい．日射，風通し，敷地内外の草木，池・水路・井戸なども心地良さを考える手掛かりになる．

c.　人とモノの流れ：コミュニティ形成とインフラ

都市を計画的な視点で見ると，街区・住区・地区などの単位が指標となる．住民のコミュニティという視点に立つと，人口分布や徒歩圏域という規模的・空間的領域が見え，都市計画とのギャップも，ときに見受けられる．これらは，建築

を計画する際に，施設の規模計画に必要な視点である．建築家自身が独自の提案を行うこともある．山本理顕の提唱する「地域社会圏」もその一例と言えよう．地域社会圏とは，行政サービス・インフラ整備・経済単位として400人規模のコミュニティを提唱したもので，1ha当り400人の新しい街づくりのモデルや既存の団地の再開発モデルを示している．

敷地調査の際，近隣の公共施設のほか，人と車両の通行・進入，交通機関，ゴミ処理・ゴミ置き場，避難経路，防災施設なども確認する．これらは生活圏・コミュニティ規模を知る手掛かりとなる．

(伊藤泰彦)

参考文献
1) 志賀重昂 (1894)：日本風景論 (上・下)，政教社．
2) 和辻哲郎 (1935)：風土——人間学的考察，岩波書店．
3) オギュスタン・ベルク (1990)：日本の風景・西洋の景観——そして造形の時代，講談社．
4) 神代雄一郎 (1975)：SD 別冊 No.7 日本のコミュニティ，鹿島出版会．
5) 都市デザイン研究体 (1968)：日本の都市空間，彰国社．
6) 藤森照信 (1982)：明治の東京計画，岩波書店．
7) 樋口忠彦 (1975)：景観の構造——ランドスケープとしての日本の空間，技報堂出版．
8) 内藤 昌 (1966)：江戸と江戸城，鹿島出版会．
9) 槇 文彦他 (1980)：見えがくれする都市——江戸から東京へ，鹿島出版会．
10) ゴードン・カレン (1975)：都市の景観，鹿島出版会．
11) 宮脇 檀，法政大学宮脇ゼミナール (2003)：日本の伝統的都市空間：デザイン・サーベイの記録，中央公論美術出版．
12) 元倉眞琴 (1992)：アーバン・ファサード——都市は巨大な着せかえ人形だ，住まいの図書館出版局．
13) 志水英樹，福井 通 (1975)：中心地区空間におけるイメージの構造 (その1)，日本建築学会論文報告集，**229**．
14) ケヴィン・リンチ (1968)：都市のイメージ，岩波書店．
15) 鈴木成文，宮内康夫，松川淳子，庄司和彦，藤井隆文，山口明彦 (1966)：生活領域の形成に関する研究 (1)——住宅地における児童の空間把握と生活領域，日本建築学会論文報告集号外．
16) 日本建築学会編 (2011)：楽々建築・楽々都市——"すまい・まち・地球"自分との関係を見つけるワークショップ，技報堂出版．
17) 山本理顕 (2010)：地域社会圏モデル——国家と個人のあいだを構想せよ，INAX 出版．

3.2 建築を読み解く

3.2.1 機能を捉える

本項では建築を構成する多様な物的要因の中で，特に建築が存在する主目的と

もいえる建築各部の機能をテーマに掲げ，機能を捉えることの意味，そしてフィールドワークにおいて機能を捉えるための方法，さらにフィールドワークでのリサーチ結果を建築計画としてどのように役立てるかなどについて考えてみたい．

a．機能を捉えることの意味

■機能とは何か

機能とは，「ある物が本来備えている働き．全体を構成する個々の部分が果たしている固有の役割．また，そうした働きをなすこと」（大辞泉）である．建築機能を辞書の意味どおりに解釈すると，「建築が本来備える働き」あるいは「個々の建築部分が果たす役割」ということになる．建築を読み解く際に，建築が備える働き＝機能に着目することは基本的な要件になると考えられるが，建築機能をどのように捉え建築計画や建築設計にどのように役立てるかについては，いろいろな考え方や方法がある．

■建築機能の今日の様相と変化・変容への対応

今日，我々の身の回りを取り巻く都市・建築は目まぐるしく変貌・発展を続けており，建築諸機能の様相を捉えるにあたっては，これまで以上に多様なライフスタイルやニーズに対応する視点が求められるようになっている．住宅では，n-LDK という標準化された従来のレディメイド方式の住戸供給方式が今日の家族の多様なライフスタイルやライフサイクルに対応しなくなった．住空間・住形式の変化への対応として，いわゆるスケルトン＋インフィル型（2段階供給形式）住宅などに移行しつつある．また近年の高度情報化に対応した建築計画上のパラダイムシフトが起こっている事例も少なからず見られる．

例えば病院建築は多くの機能と空間が重層化する建築であるが，病院全体および各部門それぞれについて医療情報のデジタル化・ネットワーク化が進展し，病院各部門の施設機能の高度化や機能診断・評価が積極的に推進されている．病院建築では特に病院を構成する5部門（外来，診療，管理，供給，病棟）の施設・設備が，個々の成長・変化・更新などに対してどのように対応しうるかが大きな課題となっている

図3.16 電子カルテ導入 TH 病院病棟部における看護動線量[1]
動線量：6164 m，移動数：363回．

(図 3.16, 3.17).

業務施設では情報革命に伴うオフィス空間機能の変容が起こり，変化への対応をキーワードとした可変性に富むワークプレイスとしてのオフィス空間の在り方が求められている（図 3.18）.

図書館建築では高度情報化・ネットワーク化の流れの中で図書情報の電子化・デジタル化が推進され，ICタグによる新しい図書管理運営システムの導入により，図書の配架・収蔵方法，空間機能・規模計画の考え方などに大き

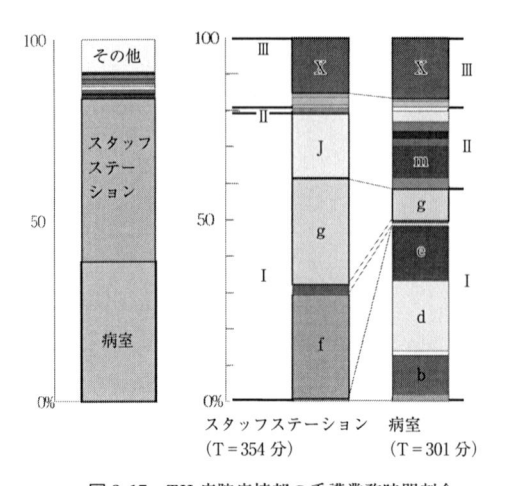

図 3.17　TH病院病棟部の看護業務時間割合
電子カルテシステム導入後のスタッフステーションと病室での業務内容別の滞在時間の実測例[1]
I 診療支援看護, II 療養上の看護, III その他.
b 処置, d 測定, e 予薬, f 記録（パソコン）, g カンファレンス, J カルテチェック, m 排泄, X その他準備.

な変化が起こりつつある．建築機能は情報化の進展や社会状況の変化に伴って今後とも多様・個別的な対応が求められると考えられるが，建築機能をできるだけ

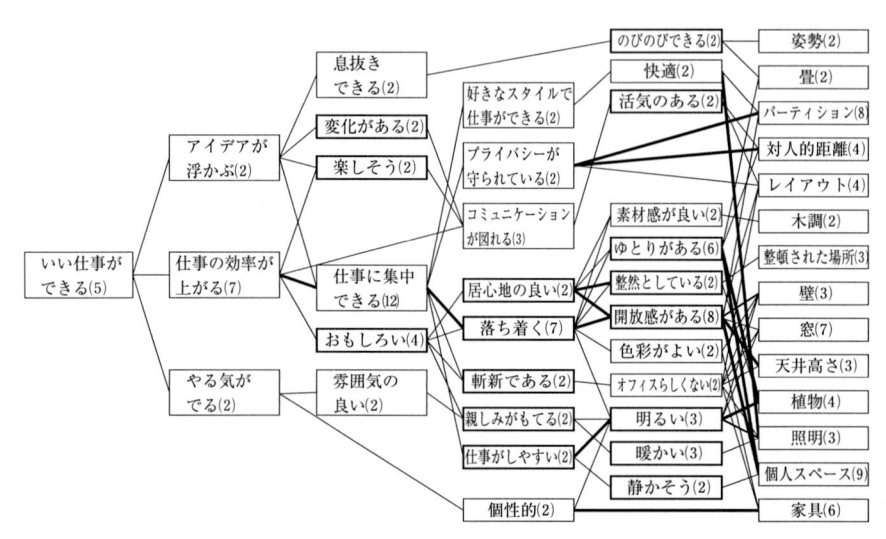

図 3.18　評価グリッド法によるオフィス執務空間の視環境評価構造[2]

長い時間の中で有効かつ継続的に働かせること，すなわち「建築機能の長寿命化」は器としての空間の柔軟性・融通性にかかっているとみることもできる．

■建築機能と空間の対応

建築設計の初期段階において，建築機能をどのように設定するかは基本的かつ重要な要件である．建築機能とその機能が果たす空間との対応関係は1対1で対応することも多いが，半面，ある空間が当初設定した機能・用途とまったく異なった利用をされることも少なくない．利用者や管理者の機能要求の変化に対して建築空間そのものがどのような柔軟性・融通性を有するかは「建築が有する潜在性能＝資質」と解釈することもできる．建築の潜在性能＝資質という概念を具現化した事例としては，図書館建築に代表されるモデュラープランニングの考え方がある．将来的な図書収蔵量の増加や図書館各部機能の変化に柔軟に対応するため，構造体の柱・梁や設備配管などをシステム化し縦横均等のモデュールスパンで空間全体を構成する考え方である．モデュラープランニングの考え方はユニバーサルスペースの概念にも通じるが，将来的な積載荷重の増加や設備更新を見込んで過剰な仕様で構造・設備コストの先行投資を行う必要があることや，建築空間のボリュームやスケールに合った適切な規模・プロポーションを設定することが一般に難しく，空間の質（quality of space）を確保することが困難であるなどの意見が少なからず存在する．建築機能と空間の対応については1960年代の高度成長期の頃から都市・建築の計画設計論として議論され，今日では量的対応から質的充実へとテーマ・視点が変わりつつある．以下では各種建築機能の様相を捉えるための調査・分析方法について，具体的な事例を交えながら考えてみたい．

b．機能を捉えるための調査・分析方法

■調査・分析の基本的な視点

調査現場で対象となる建築機能を読み解くにあたっては，まず5W1Hの項目に留意したい．すなわちWho（利用者）：誰がその機能を利用するか，When（時間）：どの時間にその機能が働くか，What（対象建築機能の特性）：どんな建築機能か，Where（場所・位置特性）：どこに存在する機能か，Why（機能の役割）：なぜその機能が存在するのか，How（方法）：どのような方法でその機能が働くかなどを常に念頭に入れながら，対象とする個々の建築機能をできるだけ客観的かつ定量的に把握することが基本的な視点となる．

■建築各部機能と空間配置・ゾーニングを捉える

調査では敷地および建物内のどこに（Where），どのような機能（What）が，

どのように (How), どのような量・割合 (How many, How much) で配置・保有されているかを押さえることが基本要件となる．建築各部機能の配置・ゾーニングは，一般に敷地の形状・接道，周辺建物配置，日照・採光・通風・音，眺望などの周辺環境条件のほか，建物への主アプローチ動線とサービス動線の取り方，人や物のアクセス頻度などに影響されることから，これらを現場で慎重に観察・確認することが重要である．また建築各室機能の重要性や機能相互の近接性・地面との接地性は，人・物の滞留量や流れ量に影響されることから，調査現場では事前に準備した配置図，各階平面図，断面図などを参照しながら図面上の室名と実際の機能・用途，建物内外の各部空間配置・ゾーニングの確認・照合を行うとともに，実際の使われ方や機能を現場で診断・評価することも大切である．

■建築空間内の家具・物品の設えを捉える

　建築機能を捉える上で，建築各部空間内に配置された家具・物品の種類や配置，実際の使われ方などを把握することは，建築機能を診断・評価する意味において重要である．住宅などの生活空間において家具・調度品は住まい手の空間・場所や生活スタイルに対するこだわり・嗜好などが強く反映される．調査では室内に置かれている家具の種類・空間内の位置・各部寸法（幅・奥行・高さ）をコンベックスなどで測るとともに，家具・物品間の通路や空き寸法なども計測し，さらに家具・物品が収まっている建築空間の平面・断面主要寸法も現場で確認・参照しておきたい．このとき，建築各部空間の機能を診断するという視点から，空間面積・容積や家具密度の状況が適切かどうかを判断するため，現場で複数の調査スタッフで実際に意見を出し合って空間評価などをしてみることも有効である．

■人と物の滞留量・流れ量の実態を捉える

　建築各部空間で実際に展開される人間の行為・行動を時間的経過に着目しながら調査・分析することは，建築各部の機能・働きの実態を捉え，設定された機能を評価・診断する上で有効な方法である．現場で観察・確認された人の行為・行動実態は，建築設計の段階で設定された空間面積・各部寸法，家具配置・通路寸法などを客観的視点から評価・診断することに役立つだけでなく，新しい建築計画・設計対象となる空間各部の面積規模・仕様を規定するための有用な指針にもなる．

　調査対象となる建築空間内の人間の滞留・分布を捉える方法はいろいろあるが，最も一般的な方法は「断面調査」で，家具・物品の設えを描いた平面図を用いて，人の行為・行動をあらかじめ設定した時間間隔ごとに記述する「行動観察調査」などがよく行われている（図3.19～3.21）．また行動観察調査の1つとして特定

図 3.19 土遊び観察例（Ii 幼稚園） 　　　　図 3.20 年少遊びコーナー（Ke 幼稚園）

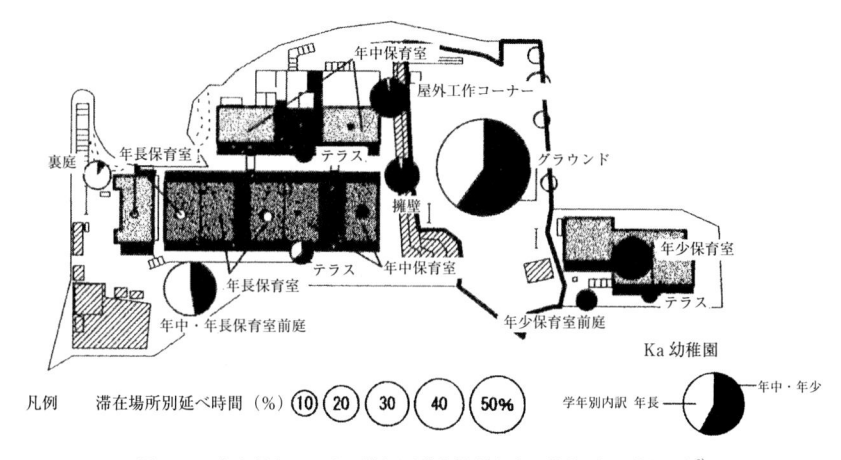

図 3.21 自由保育における学年別滞在場所と空間特性（Ka 幼稚園）[3]

の1人に着目し，その人物の行為・行動と観察される場所を継続的に記述・分析する「追跡調査」もよく行われる．追跡調査では観察対象となる人物の行為・行動が調査に影響されないように，ある程度の観察距離をおくことにも留意したい．なお追跡調査の対象者は対象集団からランダムサンプリングすることが理想であるが，対象人数が少ない場合は集団を代表すると思われる平均的な人物，ならびに両極端な人物などを現場のスタッフと相談して適宜選定するとよい．

　調査は一般に特定の日時を選んで行われるため，利用者の曜日・季節・年間変動を捉えることは一般に困難である．これらの調査項目を押さえ調査対象の建築機能を多角的に把握・分析するためには，現場での目視調査・分析に加えて，施設管理者へのヒアリングおよび利用実態アンケートなどを併せて行うことが重要である．さらに特定の調査対象を同じ調査内容・方法で数年間にわたって継続調

査することも，利用動態の経年変化を捉える意味で有用である．

建築空間に介在する物の滞留・流れは建物機能・用途により多様である．図書館では図書，博物館では展示・収蔵物，病院では医薬品・リネン類・各種供給物品・廃棄物などの種類とストック量，単位時間当りの流れ量などを把握することが基本的なポイントになる．最近はICタグなどによる品質管理とネットワーク化された高度な物流管理システムの導入・発展により，電子情報として物の滞留・流れや在庫管理を行うことが可能となっている．

c. 建築機能を診断し課題解決方法を模索する

建築設計のための建築機能を把握する調査・分析のプロセスはおおむね，①利用・運営の実態調査・分析，②建築各部空間・機能の重要性・相互依存性の診断・評価，③問題点・課題の抽出・整理，④問題点・課題解決のための方策の模索，⑤新たに必要な機能・空間の提案・導入といった流れとして整理できる．実態調査で得られた結果を建築設計の知見として積極的に役立てるためには，現地での各種調査結果を図式化しながら多角的に分析し，各部空間・機能の重要性・相互依存性を適切に診断・評価することが基本要件である（図3.22，3.23）．また，管理者へのヒアリングや利用者への意識調査，スタッフによるKJ法などを実施することにより，対象建築の問題点・課題を明らかにすることが可能となる．問題点・課題が明らかとなれば，それらを解決するための方法をブレーンストーミングなどで繰り返し議論・模索することが次のステップである．既存の建築機能では解決できない問題・課題が発見できた場合は，建築計画の新たな概念として新機能の導入や複数機能の統合・改変・変容，さらには建物用途自体の転用などの方策を考えてみたい．最後のプロセスとしては，新しく模索・提案された機能・空間構成モデルの妥当性を検証するために，実際の計画設計スタディを繰り返し試行し，場合によっては機能を見直すことが必要十分条件といえる．

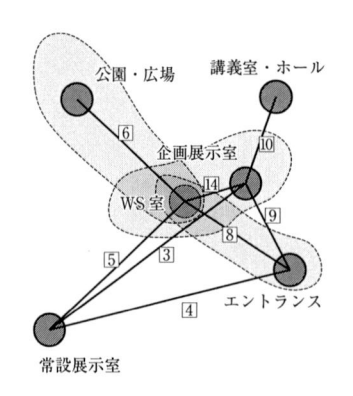

図3.22 美術館展示空間・芸術普及活動空間諸室の相互利用実態[4]

3.2.2 スケールを捉える

本項では建築を読み解くにあたってスケールを捉えることの意味，建築スケー

① 鑑賞と制作の空間分離　② 周辺施設との連携　③ 複合化による空間の共有

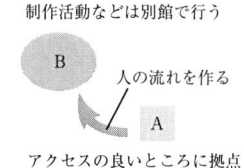

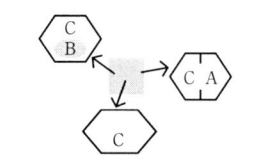

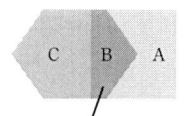

制作活動などは別館で行う

複合施設との共有部分で芸術普及
活動を行うことにより，より普及
効果を高める

アクセスの良いところに拠点

④ 団体利用，時間外利用に対応できる
プラン　⑤ フレキシブルな空間

複数アクセスが可能なプラン

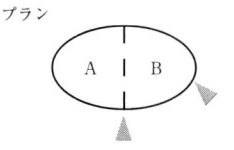

機能の定まった空間の間に設ける
フレキシブルな空間

図 3.23　美術館展示空間・芸術普及活動空間相互関連ダイアグラム[5]
A：展示空間，B：芸術普及活動専用空間，C：他の施設．

ルの捉え方，建築設計におけるスケールの意義と役割，建築設計のための寸法・規模計画の実際について，具体的事例を交えながら考えてみたい．

a．スケールを捉えることの意味

古代エジプト，ギリシャ，ローマ時代の建築はそれぞれの時代に応じた様式・特色が見られるが，建築は古来より自然や神仏に対する畏敬や憧憬の象徴として構築された事例も少なくない．また神仏と人間という対比の中で，その時代における人間の英知を集めた最先端の土木建築技術表現として，巨大工作物・建築が構築されてきた．エジプトのピラミッドや神殿，ギリシャ時代の神殿・劇場，ローマ時代の水道橋や闘技場，中世のゴシック教会などはそのような典型例として挙げられる（図3.24）．日本でも古墳や古代出雲大社などを始め，巨大なものあるいは高きものへの憧れや追求は現在に至るまで継続しているとみることができる．特に高さに対する憧憬や追求は留まるところを知らず，世界一の高さを競う超高層ビルの建設は過去から現在に至るまで世界各地で継続・展開している（図3.25）．この

図 3.24　ケルン大聖堂
1880年，157 m，世界遺産．

ような巨大スケール建築においても空間各部の寸法・規模を規定する際には，人間の生活行為に関わる安全性，機能性，利便性，快適性，保健性，そして経済性などを満足することが基本要件となる．実際の建築設計では人体寸法や動作寸法，歩行・滞留特性や歩行速度，さらに人間の生理・心理特性など，人間そのものに関わる多くの要因・特性を考慮することが必要不可欠である．世界文化遺産にはスケールの異なる様々なものが存在するが，近年世界遺産に指定されたシュレーダー邸は，巨大なものに対するアンチテーゼ，すなわち世界最小規模のユニークな世界遺産とみなすことができる（図3.26）．

図3.25 旧ワールドトレードセンター
ミノルヤマサキ設計，1974年，417 m．

図3.26 シュレーダー邸
リートフェルト設計，世界遺産．

b．建築スケールの捉え方

■建築スケールの概念と指標

英語のスケール（scale）という用語は，建築に関係する意味として「尺度，基準，物差，目盛，縮尺，段階，等級，規模，比率，割合」などが辞書に示されている．建築は3次元の立体空間の中で各部寸法・面積・容積・密度・重量などが規定されており，建築のスケールを捉えるということは，すなわち建築各部空間の尺度・基準・規模・比率などを「みる」，「はかる」，「考える」ことと解釈できる．建築スケールを捉えるにあたっては，空間を構成する各部寸法（間口，奥行，高さ），床面積（間口×奥行），容積（間口×奥行×高さ）などの物理的な大きさ・規模を必要機能・用途が充足されるよう適切に設定することが第1の目標となる．そして各部寸法・面積・容積の比率・割合を与えられたコストや全体面積・規模条件の中で適切に設定することが第2の目標となる．

■重量とプロポーションの関係

地球上のすべてのものには重量というものがあり，人体や建築のプロポーションは重量を支える部位の圧力と材料強度に密接に関係している．重量は密度が同じ場合，体積すなわち長さの3乗に比例する．一方，面積は長さの2乗に比例する．長さが2倍，3倍になった場合，単位面積当りの圧力は$8/4=2$倍，$27/9=3$倍になる．単位面積当りの圧力を一定にするためには支持面積を体積の増加割合

と一致させる必要がある．人体の例では，乳幼児の体形・プロポーションはずんぐりしているが，大人になるに従ってスリムな体形となる．乳幼児の体重を支える骨格強度は成長過程において十分でなく，骨格断面積を大きくして圧力を低減するため，ずんぐりしたプロポーションになると考えることができる（図 3.27）．

c．建築設計におけるスケールの意義と役割

■スケールの次元・種類

建築計画のプロセスでは，建物全体の床面積やブロック・ゾーン・フロア別の面積規模を規定することが重要な命題である．規模計画のプロセスで押さえるべきスケール・指標には各種のものがあるが，最も一般的な指標は平面寸法（間口×奥行），断面寸法（高さ）であろう．建築機能・用途が設定され，予測される室空間内の人間の数＝収容人数がわかれば，機能的に必要な単位空間寸法に前後・左右の通路寸法，そして余裕寸法を加算することで，所要室全体の大きさ＝必要面積は求められる．機能的に必要な単位空間寸法は人体寸法や歩行時の体の揺れ幅の一般値を統計的に求めることにより算出で

サンプル A：
底面積 S,
体積 V,
重量 W,
圧力 $P_A = W/S$.

サンプル B：
底面積 $S/2$,
体積 V,
重量 W,
圧力 $P_B = 2W/S$.
$P_B = 2P_A$.

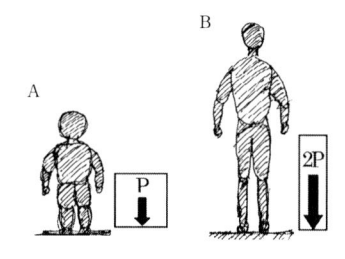

図 3.27 重量とプロポーションの関係

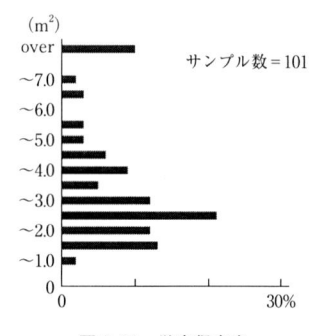

図 3.28 学童保育室
1 人当り面積実態調査例．[6]

きる．また所要室面積と収容人数から計画指標としての密度（人/m^2）あるいは逆数の 1 人当り面積（m^2/人）が求められる．得られた密度は建築設計における所要室の大きさ・定員を検討・設定する際の有用な指標となる．したがって建物用途・種類別に密度指標の一般値を押さえると同時に，調査現場では対象空間の必要面積・収容人数から実際の密度を測定・算出し，「広さ−狭さ」の感覚評価や機能性の診断・分析などを積極的に行いたい（図 3.28）．

■長さや高さに対する心理・意識

我々が日常利用する便器の間隔は，排泄のために必要な機能寸法に加えて余裕寸法が必要である．便器間隔がある一定長さ確保してあれば便器の間隔は通常ほとんど意識されないが，例えば間隔寸法を 5 cm とか 10 cm 短くした途端に，隣

接する対象の存在や相互のプライバシーを意識するようになり，距離という尺度そのものの存在に気づく場合も少なくない．また高さ寸法の計画については，便器・椅子・ベッドの高さ，浴室縁の高さなどの設定が特に車椅子使用者にとって重要である．キッチンカウンター・テーブル・棚の高さ，スイッチ類の高さは個人の人体寸法や動作特性などにより差がみられるが，高さ寸法の一般値は多数の利用者の人体寸法と動作空間寸法を計測し統計的な処理を行うことにより計画指標を求めることができる．一方，得られた計画指標が十分であるかどうかについては，実空間での心理実験などで検証することが望ましい．人間の対人関係概念の1つにソシオペタルとソシオフーガルというものがあるが，このような対人関係概念がベンチ配置などに応用されていることは実に興味深い（図3.29）．

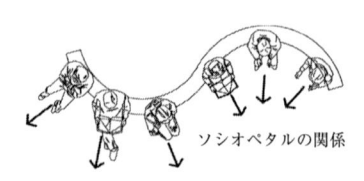

図3.29 ソシオペタル・ソシオフーガルの関係の設計応用事例

■比率・プロポーションに対する意識

建築スケールには寸法・面積・容積という物理的スケール以外に，建物どうしや建物を構成する部材・要素間相互の比率・プロポーションの概念が存在し，人間はこれらの概念に対して各種の心理・意識を有する．美しい比率・プロポーションとして取り上げられる事例の1つに黄金比がある．黄金比はギリシャのパルテノン神殿のファサードやミロのビーナスの人体プロポーションなどに用いられていることが判明している．黄金比が美しいと感じられる理由の1つとして自己相似性，すなわち黄金比を有する長方形はその内部を無限級数的に同じ黄金比の長方形に分割されることが挙げられる（図3.30）．建築家のル・コルビジェは黄金比の概念に通じるモデュロールという独自の寸法体系を考案し，自分の建築作品に用いている（図3.31）．

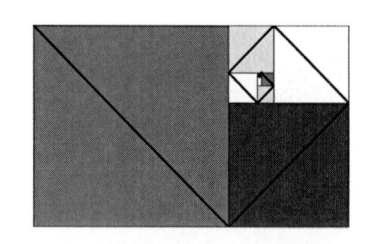

図3.30 黄金比分割と自己相似性

d．建築設計のための寸法・規模計画の実際

■収容人数と延床面積の実態把握

建築計画における最も重要なテーマは対象建築の延

図3.31 モデュロールのレリーフ ユニテ・ダビダシオン・マルセイユ．

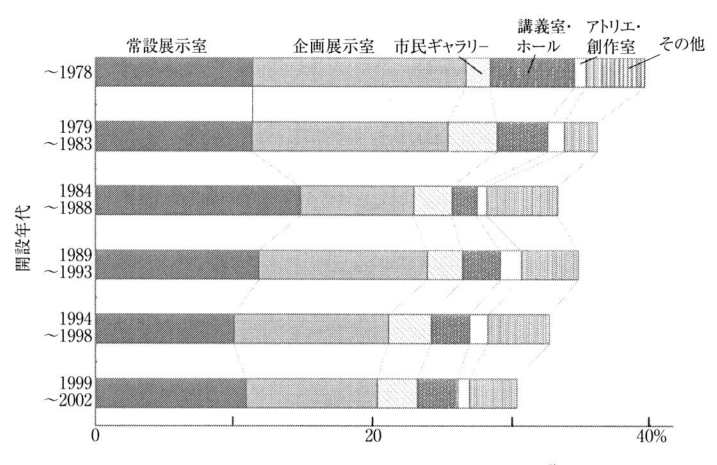

図3.32 公立美術館の開設年代別面積構成割合[5]

床面積を決定することである．延床面積が算出できれば標準単価をもとに建設総コストを概算することも可能である．対象建築の延床面積を設定する方法としては，類似施設の収容人数と延床面積の関係，すなわち人口密度を捉えることが基本である．人口密度は建物用途が同じであっても計画された年代によって異なると考えられることから，対象建築の面積実態を分析する際には建設年代別に集計・分析し，年代ごとの面積の増減を把握することも重要である（図3.32）．図書館の延床面積は，蔵書数・貸出冊数，奉仕対象人口，入館者数等が規模設定の要因となる．図書・視聴覚資料は将来にわたって増え続けることから，関わる要因がどのように変化するかを十分検討し，可能な限り規模変動を予測しておくことが建築計画上の要点である．

■法的基準面積などに基づいた算定

公共建築の場合，国や都道府県・市区町村別に面積算定基準が存在する場合がある．例えば義務教育施設である公立小中学校では法令に基づく国庫補助基準面積があり，クラス規模に応じた校舎および屋内体育施設面積が規定されている．また国や地方自治体の一般庁舎建築（執務室，付属室，設備関係室など）の算定では「新営一般庁舎面積算定基準（国土交通省）」と「地方債査定基準法（総務省）」などが用いられている．国や地方自治体の部門・機能構成はそれぞれ異なることから，面積算定にあたっては個別の対応・調整が必要である．

■部門別面積構成割合の把握

　延床面積と同時に部門別面積のデータを図面求積やアンケート調査などから求め，面積構成割合を押さえることは，建築計画・設計上で大変有用な知見となる．調査対象建築の図面がある場合は部門・各室別に面積を求積し，それぞれの構成割合を算出する．図面がない場合は調査現場で実測して図面を作成し面積構成割合を調べる．アンケート調査などで各室面積や延床面積を把握することも多いが，この場合，図面でも平面寸法や各室面積を確認することが大切である．これらの資料・情報はできるだけわかりやすく図式化するとともに，必要に応じて統計処理を行い資料・情報の一般化を図ることが重要である．

■積上げとモデルプラン作成による面積検討

　延床面積と部門別面積構成割合の一般値から設計対象の所要室面積を算出できるが，得られた各室・部門ごとの面積が空間として十分に機能するかどうかを確認・検討する必要がある．すなわち所要室で想定される単位空間量，必要家具・物品量，配置などを図面化し，算出された所要室空間や部門面積に十分に収まるかどうかについて，面積を積上げ検証する．部門別面積構成割合から算出された面積と，積上げによる面積算定との間に大きな差異がある場合は，延床面積や部門別面積構成割合の値を見直し，全体で面積調整を図る．さらに算定された面積が最終的な規模計画条件として妥当かどうかを検証するため，設定した所要室面積に従って実際にモデルプランを作成し，共用部分の必要面積や延床面積を算出・再検討するのが望ましい．

■心理学・社会学的方法による規模計画の試み

　多様な学習活動が展開されるオープンスペース，あるいは歩行者と滞留者が混在するオープンスペースの必要面積・密度は，従来の機能的アプローチでは求めることはできない．このような空間の人の密度や活動状況は一般に時刻とともに多様に変動すると考えられるが，望ましい面積・密度指標を求めるためには現場での実測調査が有効な手段となる（図3.33）．また実験的な方法としては心理学的評価から密度指標を求めるアプローチがある．事例としては人間の混み具合に対する「密度感」の評価実験から，家具量・家具配置パターンに応じたオープンスペースの望ましい密度指標を求める研究が行われている[8]．

　心理学や社会学的方法から規模計画を試みる研究は少数であるが，生徒と教師の認知・交流から望ましい学校規模を捉えようとする研究も試みられている．3000人を超える大規模校の伊奈学園総合高等学校（埼玉県）の規模計画では，生

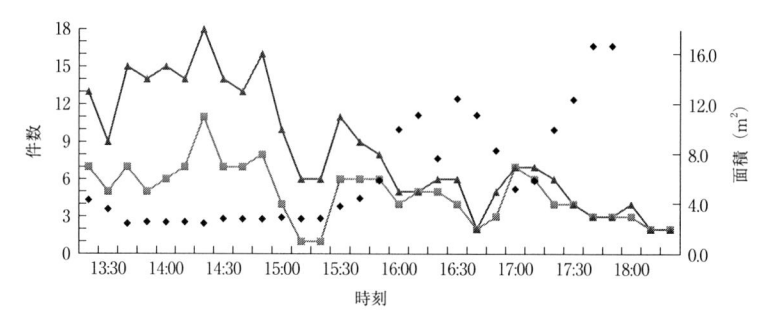

図 3.33 学童保育室の行為種類・行為数・児童専用面積の時刻変動[7]
　　　　-■- 行為種類，-▲- 行為数，◆ 児童専有面積．

徒が3年間に交流・認知できる教師数をアンケート調査から求めた上で，教師数に対応する生徒の集団単位を500人と設定し，学校全体の生徒数を500人×6ハウスユニットで計画した．この研究は心理学や社会学的方法によって規模を規定した稀有な研究事例の1つである[9]．

3.2.3 形を捉える

建築設計においてコンセプトや機能・プログラムを立案後，これらを具体的な空間形態として表現することは基本かつ重要な要件となる．ここでは機能と形の関係，形の様相を捉えることの意味と方法，形に対する心理・意識や認識などについて考えてみたい．

a. 機能と形の関係

現存する世界最古の建築理論書を著したローマ時代の建築家ウィトルウィウスは著書『建築十書』の中で，建築の構成要因として用（機能），美（意匠・形態），強（構造）の3つを挙げている．建築の機能と形の関係についてはウィトルウィウスをはじめ多くの建築家がいろいろな言葉を残している．ルイス・サリバンは古典主義から新しいデザイン様式の在り方を求める中で「Form follows function：形態は機能に従う」という言葉を残し建築分野以外にも大きな影響を与えている．またル・コルビジェは建築機能を包含する空間形式として近代建築5原則（ピロティ，屋上庭園，自由な平面，水平連続窓，自由な立面）をサボア邸で実現した（図 3.34）．ミース・ファン・デル・ローエは「Less is more：より少ないことはより豊かなこと」という言葉を残し，柱と梁による均質な空間をユニバーサルスペースの概念として提示した（図 3.35）．日本の建築家では丹下健

図 3.34 サボア邸
1931 年．ル・コルビジュ設計．近代建築 5 原則を忠実に具現化した代表作．

図 3.35 クラウンホール
1956 年．ミース・ファン・デル・ローエによるユニバーサルスペース概念の具現化例．

図 3.36 香川県庁舎
1958 年．丹下健三設計．日本の伝統木造建築の木割をコンクリートで表現．全国の庁舎のモデルとなった．

三が「美しいもののみ機能的である」という言葉を 1950 年代に記している[10]．丹下はこの時期，香川県庁舎の設計において RC 造による伝統的な日本建築様式の意匠表現を試みている（図 3.36）．1960 年代には菊竹清訓が都市・建築の認識プロセスが「かたち＝現象論としての感覚を扱う段階」，「かた＝実態論としての技術・法則性を理解する段階」，「か＝本質論としての原理・思考を扱う段階」の順序で捉えられ，実践のプロセスは逆に「か」，「かた」，「かたち」という順序で捉えられことを著書で示した[11]．機能と形に関する言説・議論は時代を問わず継続的に行われているが，情報技術や建築技術が急速に発展する現在の建築機能と形態の様相は新たな局面を見せていると考えられる．

b．形の様相を捉える

■形を創出するためのプロセス・方法

建築・都市の設計を行う際には，敷地形状や隣地・接道状況，周辺環境条件，法的規制などを押さえた上で，求められる機能・規模を加味しながら敷地内で配置・ゾーニング，形の生成スタディなどを行うのが通常の設計手順である．計画・設計対象の敷地でどのような形・ボリュームの生成が可能かは，このようなスタディを繰り返すことにより徐々に明らかとなる．特に設計の初期段階において着目すべき視点としては，周辺環境状況をきちんと捉えて，建物の高さやボリ

ューム・形状の大まかなイメージスタディを可能な限り繰り返し行ってみることが重要である．

■形を考える上で必要な調査・分析の要点

建築設計で形を創出するためには，デザインソースとして世界の特色ある集落・都市・建築形態に関するスケール・プロポーション・空間構成形式や要素など，形に関わる各種の知識・情報が必要不可欠である．これらの知識・情報を蓄積し建築設計実務に積極的に活用するためには，建築雑誌などの写真を見るだけでなく，現場に行って実際の空間を体験し，空間を構成する建築各部のプロポーションやスケール感を確認・評価することが大切である（図3.37）．なお現場を訪れる前に事前に建築の所在がわかる地図のほか，対象建築の配置図・各階平面図・立面図・断面図などを準備し，空間構成や機能，使われ方の実態などについて現場で確認しておきたい．時間に余裕がある場合は家具や人間の分布状況などを図面化するとよい．なお実踏した都市・建築空間の事例は場所・建築概要（用途・規模），主な特色や特記事項などの情報を付加して整理し，基本構想や基本計画，プロポーザル方式技術提案などで積極的に活用することを考えたい．

図3.37　カンポ広場　（イタリア・シエナ市）

c. 形に対する心理・意識，認識構造を考える

人間は形に対して様々な心理・意識を有しており，都市・建築形態を捉える際にも視覚を通した各種の現象を経験する．都市・建築形態から受ける心理・意識の例として，巨大な周囲建物・壁面から受ける圧迫感や閉鎖感，光と影あ

図3.38　アラブ世界研究所
ジャン・ヌーヴェル設計．

るいは天空と周辺建物との関係から派生する開放感や存在感などは，日常よく経験する視覚現象の1つである．このような経験をした際にはその空間のプロポーション，D/H（高さに対する奥行の比）などを常にはかることを心がけたい．都市・建築空間はスケールやパターンの異なる各種の形態から構成されているが，

人間は形や素材・テクスチャー・色彩等に対して様々な心理・意識を有している．都市・建築空間を調査する際には視覚に関する各種の法則を知っておくことも重要である．例えばゲシュタルト心理学のプレグナンツの法則（近接・類同・閉合の要因），代表的な錯視事例，形や材料・色彩の識別距離などを現場で発見・確認できると調査は実に楽しく有意義なものとなるであろう．特に商業ビルや事務所ビルなどの外装デザインは，近年の建築構造や環境・設備技術の発展により変容・進化を続けており，建築の構成要因である用・美・強のパラダイムシフトが到来しているとみることができる（図 3.38）． 〔山﨑 俊裕〕

参考文献
1) 細貝麻美，山﨑俊裕（2004）：医療情報システムを導入した病棟部の看護行為と動線量について―TH病院におけるタイムスタディー，建築学会大会（近畿）．
2) 魁生知佐子，山﨑俊裕（2002）：庁舎執務空間の視覚環境評価実験―庁舎の建築計画に関する基礎的研究（その1），建築学会大会（北陸）．
3) 藤田大輔，山﨑俊裕（2006）：幼稚園各室・空間における保育活動の時間的特性について，建築学会計画系論文集 No.599．
4) 和田佑司，佐々木大輔，山﨑俊裕（2005）：美術館を拠点としたワークショップ活動及び学校連携事業での空間利用について，建築学会大会（近畿）．
5) 高明里江（2002）：美術館を拠点とした芸術普及活動と空間の利用実態に関する研究．東海大学修士論文．
6) 斉藤 学，山﨑俊裕ほか（2003）：神奈川県下学童保育施設の運営と利用実態に関する調査，建築学会大会（東海）．
7) 小島 啓，江野口重人，山﨑俊裕（2005）：神奈川県央・湘南地区における学童保育施設の特性と生活行動場面の展開について，建築学会大会（近畿）．
8) 山﨑俊裕，長倉康彦，上野 淳（1986）：オープンスペースの適正密度を求める実験的研究，日本教育工学会雑誌 Vol.9, No.4/Vol.10．
9) 長倉康彦，上野 淳ほか（1981）：高等学校における生徒と教師の認知・交流に関するアンケート 調査1・2，建築学会大会（北陸）．
10) 丹下健三（1955）：現代日本において近代建築をいかに理解するか／伝統と創造のために．新建築．
11) 菊竹清訓（1969）：代謝建築論／か・かた・かたち，彰国社．

3.3　人間の行動・意識を読み解く

3.3.1　場面を捉える

本項では，見え掛かりではつかみきれない人間行動に着目し，建築設計によっ

て変化しうる人々の活動を捉えるための視座を提供する.

「雪」は大人にとっては交通の障害となるマイナスの環境であるが,雪遊びをしたい子どもにとってはプラスとなる.このように人間の行動は,その人の内的な状態と環境との相互作用によって規定される.これをレヴィンは「場の理論」[1]として整理し,行動(B)は,人(P)とその環境(E)との関数関係(F)であり,$B=F(P, E)$,換言すれば$E=F(P)$であるとしている.建築設計においても,使い手(P)の立場によって建築・空間の捉え方が異なる.様々な側面から意味や価値を想定していくことが設計の鍵となろう.また,環境は人間によって変化するが,Fに当たる関数関係が建築設計の果たす役割であることがわかる.

a. 場面を捉える

「場面」とは,「光景」,「その場のようす」,「シーン」などのことである.そこで特徴的なのは,「場面」は物理的属性だけではなく,時間的属性をも有していることである.ここで扱う場面とは,活動(行為・動作)・役割・規範・物理的環境などの構成因子があり,人間とそれらの構成因子が深く関係し合ったセットのことを意味している.ゆえに,場面は時間的な連続や移行を伴う.行動場面には,行動場面をとりまく環境・空間の意味や価値を創出するキーワードが隠されている.以下に挙げる場面の把握が,建築設計プロセスにおいて場面を想起するための一助となることを願う.

▎場面を分類する・数える

行動の種類を考えてみるために,1日,あるいはある時間帯に発生する「○○場面」と名付けられるものを数えて分類すると様々なことがわかる.

バーカーとガンプは,大きな学校と小さな学校とを比較し,行動場面の種類は大きな学校の方が多いがその増加は限られていることを明らかにしている[2].このように,場面を分類したり数えたりすることにより,施設規模の考察,静と動の場面の割合など,主に発生する行動のアウトラインを捉えることができる.また,欠如している場面を探し出したり,建築設計によって新しく創り出したい場面を導き出すことにも活用できる.

▎場面を記録・記述する――行為・姿勢・人間関係

安価で高性能のデジタルカメラが増え,大量の撮影が可能となった.撮影することで特徴を捉えたつもりになってしまうことが多いが,撮影の工夫や他媒体への同時記録によって,場面の本質を捉えることができる.

①立場に沿って撮影する:図3.39は,保育施設において保育者からの視点を意識

図 3.39　保育施設における場面

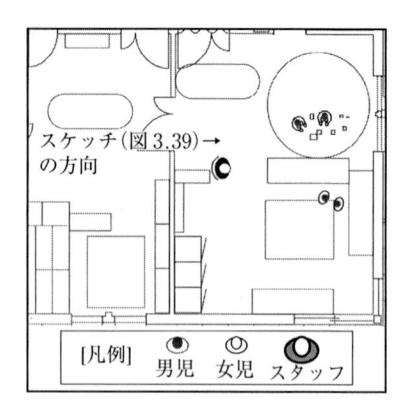

図 3.40　マッピング調査
図 3.39 を平面図上に記録した.

してスケッチした例である．子どもたちとの距離感，位置関係，部屋のどこにいるのかを読み取ることができる．同じ保育施設の場であっても，子どもからすれば友達と遊べる場，保育者からすれば子どもたちを見守る場としての役割がある．子どもの施設では，子どもたちの動きに目が向かいがちだ．1 歩下がって，気になった子どもを取り囲む環境を見回すと，別の視点による場面の捉え方を見つけることができる．さらに「マッピング調査」，「プロット調査」と呼ばれるような図示（図 3.40）によって，位置や距離の情報が明確化し，考察しやすくもなる．この場面では保育者が椅子に座り見える範囲を見守っている．この保育形式では，見渡しやすい家具配置，座るための椅子が必要となることがわかる．さらに，活動領域を調査するには，後述する動線調査などと併用すると様々な知見を得ることができる．

② 場面の時間的移行：1 枚の写真は一瞬の出来事だが，場面は時間とともに様々に変化する．同じ場面として分類できそうなものでも，何かが変わったと思えるときには記録したい．撮影場所が子どもの居場所となることがあるので，同じ場所に立ち続けないように注意したい．図 3.41 は筆者が認定こども園におけるある園児の行動，主に姿勢や行為，人間関係の流れを記述したものである．年齢が低い幼児ほど，通園して間もなくは「座る場面」，「寝転ぶ場面」が多く，特に保育室ロッカー周りで顕著なことが分析・考察できる（図中の (a)）．通園したての幼児には，座る場所，落ち着く場所が必要なことがわかる．こういった既存の研究を利用し，例えば場面の記録時に様々な姿勢を記録するなどして，

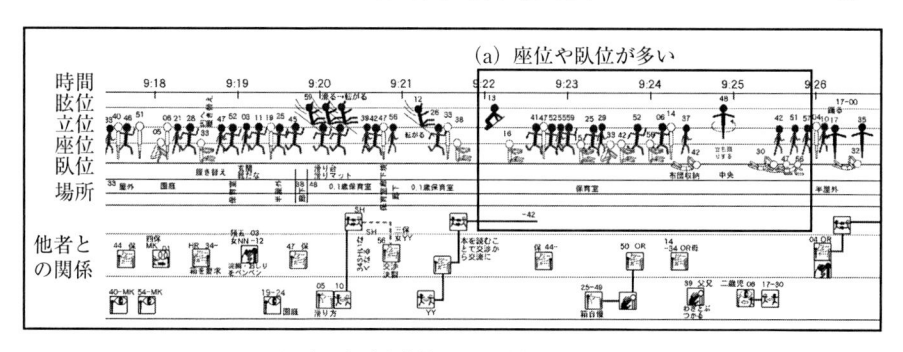

図3.41 子どもの行動を姿勢や人間関係に着目して記入した例

建物種別によって特徴的な場面を捉えることが重要である．個々の特徴を様々な記述で明らかにし，創出される空間の意味や価値を導き出してほしい．

■場面の構成要素

場面全体，立場による違い，時間的移行など，場面を分析するためには場面の構成要素を意識する必要がある．例えば，建築的仕掛け・設えなどの「物理的環境」，人やコミュニティなどの「社会的環境」，視覚的には確認しがたい「規範（ルール）」がある．規範は物理的環境によって生まれることもあれば，物理的環境によって緩やかなルールになることもある．つまり，作られた空間によって人間どうしの関わり方が変化することになる．

場面の構成要素を分析した後には，考察する指標として，次の7つの「場所の質を捉える視点」[3]に照らすなどして，建築設計によって生まれる場を提案してほしい．①アクセシビリティ：誰でも好きなときにアクセスでき，コントロールできること，②ポテンシャル，許容性：多様な機能・人の居方を含みうる環境のふところの深さ，③未完結性：常に作り出され続け，変化させていくことができる，④キーパーソン：場所に根を下ろしつつ公共性を高める顔の見える主，⑤カスタマイズ，メンテナンス：場所の質を支える人々の日々の働きかけ，⑥ルール，公共性，痕跡：ルールが時間を越えて共有され，価値が重層化していく，⑦世界が広がっていくこと：新しい人・社会への広がり，自分の存在が認知されていく．

場面は当然，プログラム・運営にも左右される．バーカーとガンプは，大きな学校でも小グループに分割して運営すれば，行動場面への参加を維持できるという提案を行っている．このように，場面の観察によって，プログラムデザインを含めた「様々な人間と環境との関係が生まれる建築」の設計が可能となる．

3.3.2 人とものの位置を捉える
a. マッピング調査の特徴

場面の記録，なかでも写真による記録は，現象を気軽にそのまま記録できるという利点をもつ．しかしながら，明確さに欠けることもある．実際に自らの視点をもって記述していくことが必要である．そんなときの記述法の1つに，平面図・立面図・断面図など，各図に環境を記述する方法がある．これらは「マッピング調査」や「プロット調査」と呼ばれ，配置図や平面図に記述することが多い．これらの調査の特徴としては，主に，①寸法，位置関係，距離の記録，②グループや個人，行動場面の棲み分け，③複数枚の利用による①や②の時間的な移行，④場の再現性がより明確になることである．明らかにしたいことによって，記述する環境やその詳細が異なる．なお，最新の機器では，ビデオ撮影から自動的に図面上に人間全員の位置情報を記録するものもあるが，誤差が大きいものがあったり，高価であったり，慣れないとかえって手間がかかる場合がある．ここでは，一般的な機器や，分析が簡易なものを取り扱う．

b. 設え＝物理的環境の寸法，位置関係の記録

図 3.42，3.43 は保育施設における設え調査の記録である．既存の平面図があればそれを利用し，なければ事前に計測しておくことが望ましい．空間や家具をはかるためにコンベックスや距離計を利用し，計測と記録との役割分担を決めると効率が良い．次に，おおよその設えの配置を描き込む．記録用紙に方眼紙を用いると，より簡単に記録できる．また同時に，設えの一覧，「家具・物品リスト」を

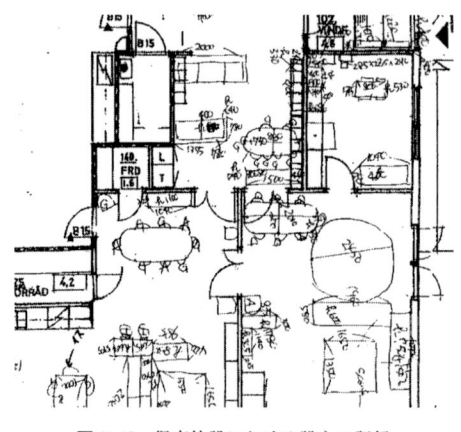

図 3.42 保育施設における設えの記録

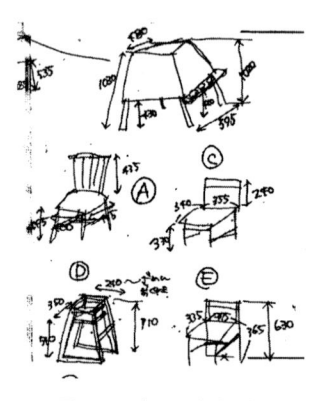

図 3.43 家具の寸法記録
図 3.42 に記したもの．

3.3 人間の行動・意識を読み解く 101

作ることも重要である．配置記録は平面なので，別紙に形状や寸法を別途記録する（図3.42）．施設調査では，同じ家具が複数あることが多い．家具を記号化（別紙に詳細を記す）することによって簡素化・伝えやすさ（図3.42, 3.43の記号を参照）を達成することが大切である．家具配置は，活動によって変化することが多いので，その際の配置も記録しておくことが必要である．これらの収集データは，建替え時や，調査時と建築設計後の施主が同じ，調査施設と建築設計後の規模が同じときなどに非常に有効な資料となる．ヒアリングによって配置の意味や価値を知ることも非常に重要な作業である（3.4節参照）．

c．活動・プログラム＝行動場面の記録

建築設計によって生み出される建築的仕掛けや設えを記録することも重要だが，それに限らず，人間の居る位置や行動，人間と環境との相互作用の記録も，新しい空間の創造につながる．

図3.44は，ある時間の記録である．本書は残念ながら白黒だが，調査時には4色のボールペンを使用し，男児（青），女児（赤），スタッフ（緑）を色分けして記入している．また，そのときの姿勢（図3.45の凡例）や様子も記録するようにした．

このように行動を分析する際には，属性や所属による違いや動きの様子がわかるようにすると様々な分析の可能性が出てくる．また知りたいことよりも少し多めのデータを採取しておくと，知りたいことを多角的に判断・考察できる．また，1人で

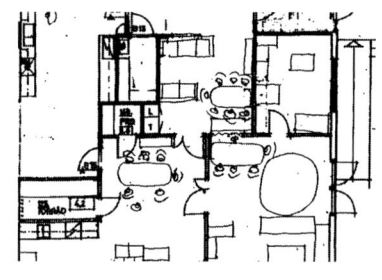

図3.44　11時20分の記録（昼食場面）

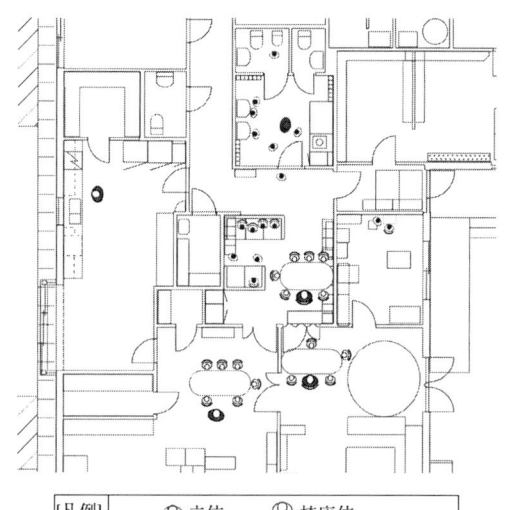

図3.45　食事場面への移行分析
11時10分と11時20分を同時にプロットした．

捉えきれない記録規模，施設規模になると，複数名での記録領域分担が必要となる．記録のズレを生じさせないために分担者の時計を一致させ，全員が同時のデータを集めることに努めなければならない．空間の形状によっても異なるが，1分程度で記録できるのは20名が限界である．カメラやビデオを利用してさらに多くの人数を把握できるが，のちの図面起こしなどに多大な労力を必要とする．可能であれば，あらかじめ属性の違いがわかるものを聞いておいたり（例えば，学校であれば学年によって上履きの色が異なるなど），学年別で目印となる腕章を着けてもらったりすると，記録の規模をより大きく設定できる．

本書で取り上げた食事場面への移行は，保育者側のプログラム活動だが，自由な活動の記録でも子どもたちの特徴をつかむことができる．図3.46は，幼稚園のホールにおける自由保育時間のプロット例である．自由に設えて居場所を形成したり，すでにある囲まれた構築物を利用したりする（図中のA，B，C，D）ものもあれば，それらが出来上がることで周りを回る面白さを持つ鬼ごっこも発生している．このとき，壁際では壁を利用した設えとそれを利用した落ち着いた活動があり，室内中心部では動的な活動がある．このような記録を複数枚並べることで，様々な棲み分けの捉え方を発見することができる．

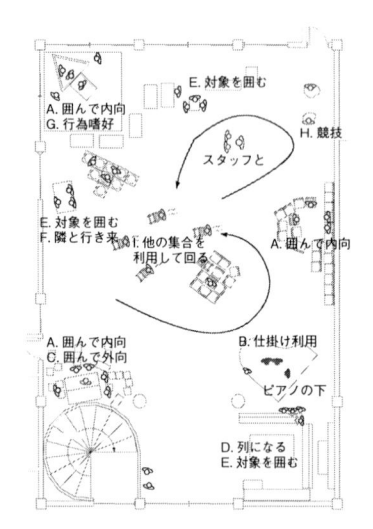

図3.46 幼稚園のホールにおける自由保育時間のプロット

d．プロットの分析・扱い方の例

プロットの結果は，多様な分析の可能性を持ち合わせている．寸法や距離は記入時点で明らかになるが，図を並べたり，時間的移行をまとめることでさらに見えてくることもある．実際にプロット調査を試みる際には，以下を目的設定の参考としてほしい．

例えば第一に，活動の流れや移行を示すことができる．図面上の記録は一時的なものだが，継続して定時にプロットを行うことで，結果として活動の流れを図解できる材料となる．図3.45は，10分ごとに保育施設内全員の居場所を記録したもののうち，11時10分と11時20分を表示している．園庭や室内で自由に遊

3.3 人間の行動・意識を読み解く

んでいた子どもたちが次々にトイレ（図の上方）に向かい，それが終わると，ソファ（図の中央）に移動し集合・確認し合う．その後，11時20分の記録にあるように，別々のテーブルに向かうことになる．

これらの流れの把握が，設計に必要な場と配置の考察へとつながる．人数規模によってプログラム活動やその移行は異なるので，設計前にしっかりとした検証を期待したい．このような時間的移行の分析を重ねることによって，行動場面プログラム・一斉活動を行う前後には，トイレを一斉に利用する事実とその様態が理解されることになる．

トイレだけに着目しても，保育施設によって考え方が異なり，園庭に連続させるような配置や，施設内の様々な場所に分散配置を望むこともある．既存の使われ方やヒアリング（3.3.4項b参照）と絡めて何を求めているかを見極めることが重要となる．同様にして，施設内1つ1つの場の分析と設計後の提案を照らし合わせてほしい．

プロットデータを加工し居場所の全体像をつかむことも可能である．図3.47は，図3.42～3.45と同じ保育施設において10分ごとに敷地内に居る全員をプロットしたものである．横軸は，3歳以上か未満かで分けた「高年齢ゾーン」，「低年齢ゾーン」，および「園庭」の3分類の中で，さらに「1.午睡室」，「8-1.ダイニングテーブル」，「10-3.レゴブロック」，「24.砂場」など室や設えに準じてエリアを設定したものである．縦軸は，10分ごとの時間を記した．

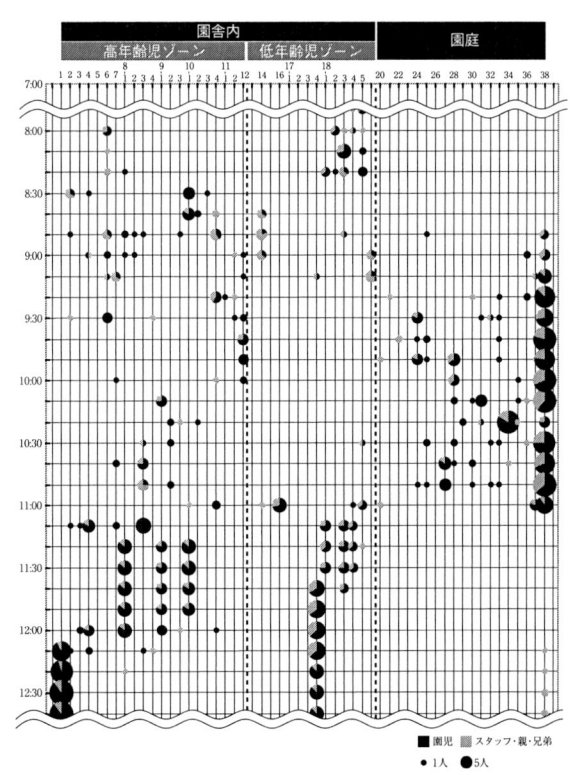

図3.47　保育施設におけるエリア人数の時間変化

円の大きさはそれぞれの時間に定義したエリアに居る人数を示している.

この図 3.47 からは 2 つのことが読み取れる. 1 つ目に全体的な子どもたちの散在や集合がわかる. 1日の中のどの時間帯で一斉活動するのか, 散らばるのかがわかる. また, 3歳以上の高年齢児は 3歳未満の低年齢児に比べて, 1人で居ること (小さな点) が多い. 言い換えれば, 低年齢児の方がまとまった単位で動いていることが多い. ちなみに, この施設は海外の事例だが, 1人で居る場面が非常に多いことが特徴的である. 日本では, これほど子どもが散在し, 1人でいることが多い保育施設はほとんどない.

2 つ目に, プログラムの長さやその切り替わりなどが読み取れる. この事例では低年齢児の方が午睡の時間が長く, それに伴って昼食の時間も早めになっている. また, この事例には見られないが, 特にランチルームや図工室など, 機能が決められた 1 つの部屋を入れ替わりで使用する施設では, 事前に滞在場所や移動ルートを想定して設計していく必要がある.

さらに, プロット調査において, 例えば小規模な施設の場合など, 全員分の個々の居場所を把握できれば, 居場所選択に関する分析を行うことができる (図3.48). これは, フリースクールにおける子どもの居場所選択を分析するために作成した図で, 縦軸に室やコーナー名, 横軸に時間をとって, 個々の移動がわかるように表示している. この図からは, ジグザグの波形が多く, 個々人が様々な場所を移動して回る様子がわかる. またプログラム活動以外はいくつかの集合が同時多発的に発生していることも読み取れる.

図 3.47 で得られた特徴を深め, 場の考察を行うことも重要である. 図 3.47 の特徴を利用し, 1人で居られる場を充実させる設計を目指す, あるいは 1人で居る場の傾向が知りたければ, プロットを利用して, 「1人で居る」場の分析を深めることが可能である. 図 3.49 は, 10 分ごとのプロットで「1人で居る」ことを確

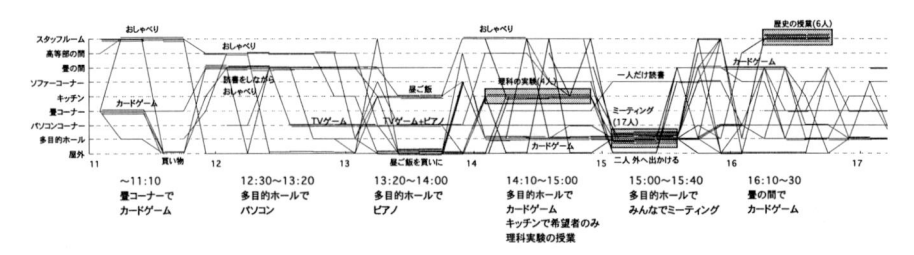

図 3.48 フリースクール SS における 1 日の生活の流れと空間利用
灰色の部分はプログラム活動（垣野義典提供）.

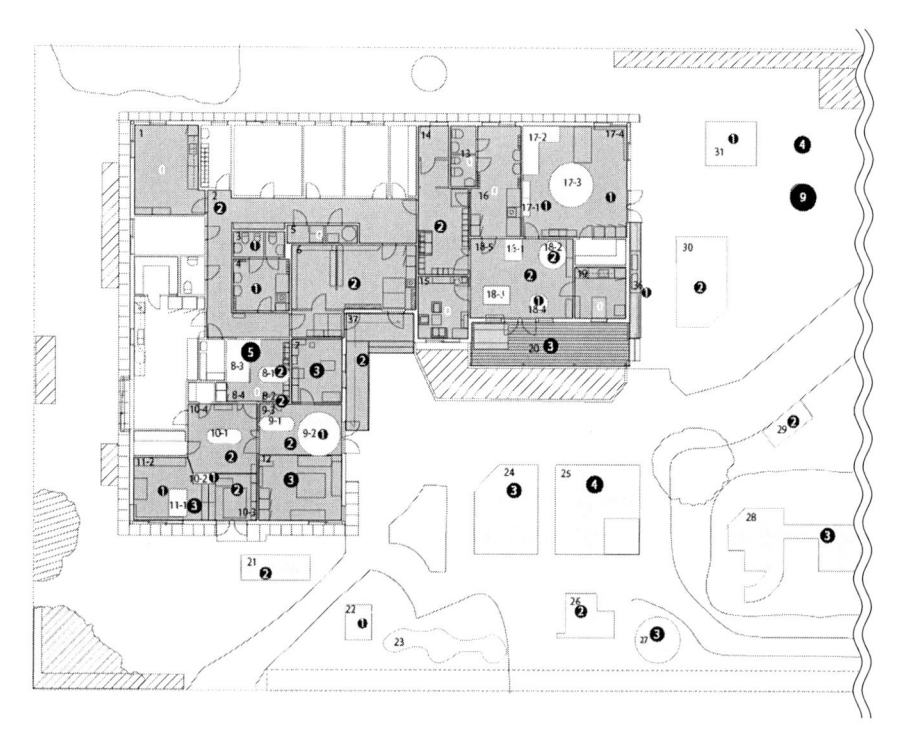

図3.49 10分ごとのプロットで「1人で居る」ことを確認した回数とその分布
　　　円が大きいほど回数が多い．白抜き数字は確認された回数．

認した回数を記入したものである．1人でいたエリアに屋内外の偏りはなく，施設の敷地全体に分布していることがわかる．

　以上はわずかな例にすぎないが，それぞれの建築物における記録の活用は，個々の特徴が活きる建築を生み出していくのである．　　　　　　（佐藤将之）

参考文献
1) クルト・レヴィン（猪股佐登留 訳）(1956)：社会科学における場の理論，誠信書房．
2) バーカー，ガンプ (1982)：大きな学校，小さな学校—学校規模の生態学的心理学，新曜社．
3) 鈴木 毅，日本建築学会建築計画委員会環境行動研究小委員会 (2004)：体験される場所の豊かさを扱う方法論．日本建築学会建築雑誌，119 (1513)：54-55．

3.3.3 人とものの流れを捉える

以下では主に人と自動車の流れに焦点をあてて，調査を行う際に重要な項目や方法について説明する．なお，データから法則性を導く方法や規模計画へ活用するための具体的な考え方は，文献1）を参考にしてほしい．

a．流れの量

流れの最も基本的な情報は，ある境界線を一定時間に通過する人やものの数を表す流量である．この値は断面通行量と呼ばれる．方向別に通過する人や自動車の数を計測すればよいので調査は比較的容易である．通行量だけではなく，人や自動車がどこからどこへ移動するのかを把握する必要があるケースは多い．出発地点と目的地点のペアで通行量を捉えた動線のデータは OD（origin destination）データと一般に呼ばれる．目的地と出発地点を表形式で表現し，各 OD の通行量を一覧にしたものを OD 表と呼ぶ（図 3.50）．

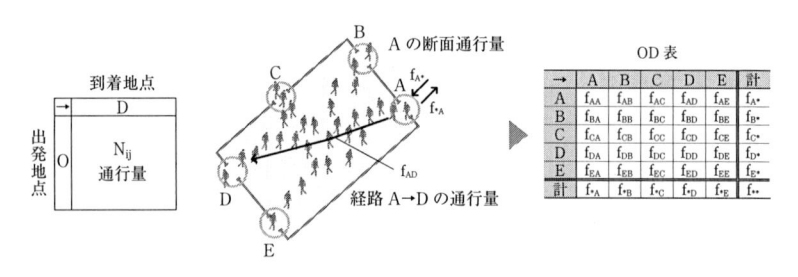

図 3.50　人の流れと OD 表

OD 表が得られると，OD ごとに何を目的として移動しているかを，おおむね予測できることが多く，非常に役立つ．しかし調査は通常困難であり，正確に知るには追跡調査を行う必要がある．そのため，実際には断面通行量から OD 別の通行量を予測することが多い．予測が困難な場合や，正確なデータを得る必要がある場合には，サンプルとして選んだ人にアンケートを実施し，全体の OD データを推計することもある．

断面通行量の調査は通常 10 分，30 分を単位として集計されるが，計画する施設の内容や調査の目的に応じて適宜アレンジする必要がある．

b．流れの属性

属性についても把握するようにしたい．通行する人の属性としては，年齢，性別，職業，目的などが考えられるが，これらの属性を通行量調査と同時にすべて調査するのは困難であろう．計画する施設の内容に応じて適切な属性を設定し，

無理のない調査を行う工夫をしたい．商業施設であれば，年代だけでなく家族で来ているのかどうかといった観点からもチェックしておくとよい．施設によっては利用者の男女比も重要である．

その他，徒歩，自転車，車椅子といった移動手段や荷物の大きさ，台車を使う場合にはその大きさについても必要に応じて確認したい．特に自動車の通行量調査の場合には，車両の大きさ別に数を把握しておきたい（表3.3）．

表3.3 流れの属性調査項目例

対象	属性の例
人	年代，性別，職業，目的，人数構成，移動手段
自動車	大きさ，種類（自家用車，バス，タクシー，トラック，その他），目的，人数構成

表3.4 流れの変化

変化のパターン		調査項目例
一様型		平均通過人数
ばらつきを持った一様型		平均通過人数，標準偏差
周期型	時間，昼夜，平日と週末・祝日，季節	時間ごとの変化（グラフで確認）ピーク率

c．流れの変化

人の活動形態が時間，日，週，月によって異なるように，人や車の流れも変化する．流量のピークがどの時間帯にどの程度発生するかについてのデータは，施設の規模を計画する際に必要となることが多い（表3.4）．

時間的変化のパターンには，常に一定の通行量が見られる「一様型」と，ばらつきが見られるものの，長い時間で平均すると一様な通行量が見られる「ばらつきを持った一様型」と，ある時間単位で同じ傾向が見られる「周期型」に大きく分類できる．周期型の単位には時間，昼と夜，平日と週末・祝日，月，季節と，色々な長さがあり，すべてを調べることは困難である．学校であれば授業時間単位，商業施設であれば平日と週末・祝日といったように，予想されるパターンをある程度定めて時間単位を設定する必要がある．

1日の中での変化を捉える際には30〜60分間程度を単位として通行量を集計することが多い．朝の通勤ラッシュなどの程度を把握する指標として，1日の総通行量に対する1時間の通行量を比率で表すピーク率がある．

週による変化を捉えるためには，平日と週末を1日ずつ調査して比較することが多い．年末年始や夏休みといった季節による影響が少ない時期は6月頃と10〜11月頃といわれており，一般的な流れの状況を捉える際にはその時期に調査を行うとよい．

流れの時間的なパターンの特徴は，施設の内容や周辺の状況によって異なるため，調査結果を必ずグラフにして視覚的に確認したい．その際，集計の単位をいくつか変えてグラフを眺めてみると色々な発見があるだろう．

その他，天気や気温によって人の流れが大きく異なることがあるため，調査時には気温と天気の概要を記録しておきたい．

d. 流れのかたち

人や車の流れを調査する際には，常に周辺の空間構成などと関係づけて記録しておきたい．混雑した状況で人の流れを調査する場合には，基本的な特徴量として密度と平均速度が用いられることが多い．この値によって歩きやすさをおおむね評価できる（表3.5）．

有料駐車場の出入口や商業施設のレジのような「待ち行列型」の流れについては，窓口数，窓口での処理時間，窓口への到着頻度を調査しておきたい．条件によっては待ち行列理論を活用して簡単な計算で適切な窓口数を算出可能である．

表3.5 流れのかたち

流れのかたち	調査項目例
待ち行列	滞留人数，窓口数，窓口での処理時間，窓口への到着頻度
群集流動	通路幅員と時間あたりの流量，速度，密度，流動の形態，乱雑さ，歩きやすさ，標識などの情報

扉などで狭くなっている場所や階段，エスカレーター，エレベーター周辺は滞留が生じやすい．扉や通路の通過時について，単位幅員，単位時間当りに通過する人数は流動係数と呼ばれる．滞留が生じる際の値を調べておくと，混雑時や避難時に必要な通路や階段の幅員を検討できる．

全員が一方向に向かって移動する場合のほか，交差する場合や合流する場合などについてはその状況について記録しておくと改善のヒントになる．

人や車の流れは単純な空間構成のほかに，標識といった情報によって変化する場合がある．このような要因についても記録しておきたい． 〔木下芳郎〕

参考文献
1) 岡田光正（1970）：建築計画学〈12〉施設規模，丸善．

3.3.4 人の意識を捉える

a. アンケート編

■アンケート調査を行う前に

人の意識を捉えるための，最も基本的な手段が「アンケート調査」であろう．

アンケート調査は，大人数に対し効率的に情報を収集できるという点で，使い勝手の良い調査手法である．しかし，「とりあえず漠然と聞く」アンケート票で調査を行うと，多大な手間と経費にもかかわらず，有効な結果が得られないことが多い．アンケート調査を行う際は，誰に，何を，どのように聞くのか，またそれはなぜなのか，事前にできるだけ把握していなければならない．

■アンケート調査の具体例

　実際の設計では，あまりなじみのない施設を扱うことも多い．そのようなときに，アンケート調査により施設の全体像を把握し，またうわべでは見えない使い手のニーズや設計のポイントを知ることは，とても有効である．ここでは障害者グループホーム（GH）に関する調査を例に，具体的なアンケート調査の進め方を解説したい（調査の背景については，簡略化してあることに留意されたい）．

　障害者 GH には，1970 年代から市町村区などで独自制度として作られてきたものと，それらを追随する形で国の制度として作られてきたものがある．前者が基本的には身体・知的・精神障害を問わず入居できる傾向があるのに対し，後者では入居者は知的・精神障害者に限定されている（2009 年より，身体障害者も入居できるようになった）点が，2 つの GH 制度の大きな違いである．近年，市町村区によっては独自制度に基づき運営を行う障害者 GH に対し，国制度への移行を求めている．異なる制度に支障なく移行できるのだろうか．また，身体障害者は国制度の GH で問題なく暮らせるのだろうか．そこで A 市の独自制度として運営されてきた障害者 GH に対し，現状と問題点の把握を行うための調査を行った．

■アンケートの作成手順

　まず予備調査として A 市の担当職員，障害者 GH の運営者らにヒアリング調査（後述）を行い，問題点を抽出・整理した．結果，A 市の制度ではホームヘルパーが利用できるのに対し，国制度では利用できないことなどが明らかになった．これより，以下の調査項目を設定した．①現状での運営形態（独自制度，国制度のどちらに基づく施設か），②入居者の障害の程度（身体・知的含む），③国制度に移行した場合の問題点（特にホームヘルパーの利用状況，事務作業量，歳入など），④施設の建築概要（面積や構造，階数，身体障害者への配慮の有無など）．

　アンケート調査の回答方法には，いくつかの種類がある（表 3.6）．これらの中から，質問の意図と答えやすさに配慮し，適切な種類を選択しなければならない．①に関しては，回答の種類が限定されているため，選択肢の中から該当するものを選ぶ形式とした．②に関しては，これまでの調査を参考にケアと密接に関わる

表3.6 アンケートの種類（文献1を参照し，筆者が改変）

種類	概要	備考
単数回答法	選択肢の中から該当するものを1つだけ選ぶ．一般的には「その他：具体的には（○○）」という選択肢を加える	「その他」が多くならないようにするため，選択肢の精査が重要
	順位付けされた選択肢から1つ選ぶ	選択肢は5段階程度が一般的
順位回答法	選択肢を順位付けしてもらう	集計・分析が難しい場合がある
自由回答法	設問に対し文章や数字で自由に記述してもらう	文章での回答は，分析が難しい場合がある

```
1）グループホームの運営形態について教えてください
（当てはまる番号を○で囲んでください）
  1. 基礎自治体の独自制度によるもの    2. 自立支援法によるもの

2）以下の項目について，入居者お一人ずつにつきまして，当てはまる番号を○で囲んでください．
   歩  行：1. 自立，2. 半介助，3. 全介助
   移  動：1. 自立，2. 半介助，3. 全介助
   意思伝達：1. 自立，2. 半介助，3. 全介助 （以下略）

3）自立支援法内のグループホームとして運営されている方にお聞きします．自立支援法内施設に移行して，どのような変化がありましたか？　以下の項目について，それぞれ当てはまる番号を○で囲んでください．
   ・事務作業量が（1. 増えた　　2. 変わらない　　3. 減った）

4）建物の概略について教えてください（下線部に記入ください）．
   階数：____階建て，
   構造：____造（木造，鉄骨造，鉄筋コンクリート造など），
   定員：____名，延床面積：_____m²，建築面積：_____m²
```

図3.51 アンケートの例
設問2）についてはGHの上限定員である10人分を作成．設問3）については必要項目分を作成．

事項を選定し，それぞれに関する自立度を聞く形式とした．③に関しては，ヒアリングで得られた結果より，重要と思われる項目について3段階で評価してもらう形式とした．④に関しては，必要な項目について直接記入してもらう形式とした（図3.51）．加えて平面図の提供もお願いした．

アンケートを配布する際，アンケート票のほかに「調査依頼状」と「個人情報の扱いに関する指針」を同封する必要がある（詳しくは2.2「調査のルール」を参照）．

アンケートを作成していると項目が多くなることがあるが，回答者の負担を軽減するため，量的にはA3判2枚程度が限界であろう．また，アンケート票を作成した後，できれば調査対象者の1人ないし数名に事前に確認してもらうとよい．不適切な表現，無駄・不足を知ることができる．回答数を上げるためにも，最小限の項目で必要な情報が得られるアンケート項目の作成がとても重要である．

■アンケートの配布と集計方法

アンケートの配布は郵送が一般的である．郵送の場合，必要書類に加え返信先

3.3 人間の行動・意識を読み解く

を明記した返信用封筒を同封する．この際，返信用封筒にあらかじめ切手を貼付する，ないし郵便局の「料金受取人払」を利用するのが基本である．前者は経費がかかるが回収率の向上が見込め，後者は回収分のみ切手代を支払えばよいため，経費の削減が期待できる．

集計にはエクセルなどの表計算ソフトを利用する．入力の方法としては，一番左の列に回答者をID化して列記，一番上の行に質問項目を記入する形式が，その後の分析を行う際に作業がしやすい（表3.7）．本事例の場合，設問については簡略化して入力している．

表3.7 データ入力方法の例

ID	構造：1.木造, 2.RC, 3.鉄骨	階数（階）	面積 (m²)	定員（人）	運営種別：1.独自, 2.法内	身体障害を持つ入居者：1.有, 2.無	事務作業量：1.増加, 2.不変, 3.減少
事例1	1	2	225.4	8	1	2	1
事例2	1	1	323.4	9	2	2	2
事例3	1	2	188.7	4	1	1	3

■データの分析方法

データの分析を行う際，まずすべきことは単純集計である．これは，例えばGHの種類ごとに面積の平均を求めたり，身体に障害を持つ人の割合を求めたりするもので，得られたデータの全体を俯瞰し現状を把握することができる．上記の調査例とは異なる事例だが，東京都の重度身体障害者を対象としたGHに関する調査結果を例に示す（表3.8）．ここでは，まず施設の設備状況と面積構成を単純集

表3.8 アンケート結果のまとめ方の例

事例	定員（人）	居室トイレ	浴室リフト	延床面積 (m²)	延床 (m²/人)	居室 (m²/人)	共用空間 (m²/人) 計	共用空間内訳 (m²/人)				
								LDK	脱衣・浴室	トイレ・洗面	廊下等	その他
A	4	無	有	139.2	34.8	13.0	21.8	7.9	3.5	1.7	7.8	0.7
B	4	無	有	212.3	53.1	12.6	40.5	6.6	2.4	3.1	21.0	7.4
C	4	有	有	227.2	56.8	19.9	36.9	6.9	3.2	0.5	17.3	9.0
D	5	有	有	234.0	46.8	18.3	28.5	7.5	2.1	0.5	10.1	8.3
E	5	無	無	248.1	49.6	12.9	36.7	9.2	2.6	4.0	13.0	8.0
F	6	無	有	266.4	44.4	14.3	30.1	8.8	1.8	2.2	10.6	6.7
G	9	無	有	425.6	47.3	13.6	33.7	2.5	1.7	1.1	19.8	8.6
H	10	有	有	464.5	46.4	19.0	27.4	4.0	1.8	1.6	13.6	6.4
平均	5.9			277.2	47.4	15.4	32.0	6.7	2.4	1.8	14.2	6.9

計によってまとめた．これより，浴槽リフトの設置が一般的であることがわかる．さらに，この結果をこれまでの調査研究より示された知的障害者 GH の面積構成と比較した結果（十分にサンプル数が多ければ t 検定，少なければシェッフェの検定を用いる．詳しい分析方法については，文献 1）や第 6 章「文献紹介」を参照)，重度身体障害者 GH は 1 人当り面積が広く，特に浴室・脱衣室の面積が充実していることが明らかになった．身体に障害を持つ入居者は，特に入浴時の衣類の着脱や浴槽へのアプローチに面積が必要であると思われ，設計時に特段の配慮が必要なことがわかる．

■アンケート調査を行った後

結果をなるべく早急に調査協力者に報告することも，調査を行う者の倫理的態度として忘れてはならない．予算的に報告書などの配布が難しければ，ウェブサイト上に公開するなどの手法も可能であろう．

b. ヒアリング編

■ヒアリング調査とは何か

人の意識を捉えるもう 1 つの手段に，ヒアリング調査がある．この手法の特徴は，その事柄に関わる当事者の視点から情報を得られるということにある．ヒアリング調査には，設計を行う際にクライアントに対して行うもの（設計ヒアリング）と，建物の利用者などに行うもの（一般的なヒアリング調査）の 2 種類があり，設計においてはどちらも欠かすことができない．他方，ヒアリング調査は時間がかかるため大人数に対して行うことが難しく，そのため回答が偏ってしまうと思われるかもしれない．しかし，適切な方法を用いることで十分に回避できる．

■設計ヒアリング調査の実例

400 床を超える大規模医病院を設計する際に行ったヒアリング調査を紹介する．まず，設計着手時にすべての部署（外科・内科など医師が所属する部門に加え，薬剤，検査技師，看護，病棟スタッフ，事務スタッフ，清掃スタッフ，レストラン部門など）から要望（必要諸室，設備，運営方法など）をアンケートにより聴取した．面積やコスト，そして計画上の制約があるなかで，各部門の要望をそのまま実現させることは難しい．そのため，要望を取りまとめた設計案（基本計画）を作成し，その案と要望が一致しない部分とその理由を提示した上で，すべての部署の担当者に対しヒアリング調査を行った．ヒアリング項目の一部を表 3.9 に示す．この作業を基本設計・実施設計をまとめるたび，そして必要に応じて繰り返すことで，設計者はクライアントが本当に望んでいるものを把握し，またクラ

3.3 人間の行動・意識を読み解く

表 3.9 病院設計におけるヒアリング調査内容

医事課	電子カルテ・サーバー室の広さについて提示願いたい
	カルテ庫・フィルム庫（地下 1 階）の設置スペースはどの程度必要か
	入退院窓口は，医事課受付とすることでよいか
薬剤部門	院外処方を行うか
	病棟のサテライトファーマシーの導入を行うか
	薬剤の業務範囲はどこまでか
手術部門	手術部の人員構成，手術件数，緊急手術件数など
	術後患者の管理はどこで行うか（リカバリーコーナーは必要か）
	家族説明はどのように行うか（家族控室を設置するか）

イアントは自分の要望がどのように満たされるのか，また満たされないのならばその理由はなぜなのかを理解できるようになった．

■ヒアリング調査の構成

偏りのない（信頼性の高い）結果を得るために一番大事なのは，ヒアリング調査の構成，すなわち調べたいことを「誰に」，「どのように」聞くのかということを，十分に検討することである．

まず，調査協力者の選び方（サンプリング手法）が非常に重要になる．サンプリング手法には大きく 2 種類ある．1 つは調べたい事柄に関わる人々を分類し，その分類からまんべんなく何人かにヒアリングを行う手法で，構造化サンプリングと呼ばれる（上記の病院事例はこれにあたる）．もう 1 つは，調査したい事柄について詳しく知る人にまずヒアリング調査を行い，その後その人に調査協力者を紹介してもらうという手法で，スノーボール（雪だるま式）サンプリングと呼ばれる．構造化サンプリングは，様々な立場の人々が 1 つの場面に関わる場合に適しており，スノーボールサンプリングは，ある特定の集団について深く知りたい場合（例えば子育て中の人々が図書館をどのように使っているのかを知りたいときなど）に効果的である．

次に，調査の目的に合わせ適切な手法を選ぶ必要がある．手法は大きく分けて 3 種類ある．フリートーキングでは「この施設の使い勝手についてどう思いますか」などの漠然とした質問から始め，自然な会話を行う中で調査協力者の意見を聞き出す．構造化インタビューでは，アンケート調査と同じように質問項目を作成し，順に調査協力者に質問する．半構造化インタビューは，ある程度用意した

質問に対する答えを，順序を気にすることなく調査協力者との自然な会話の中で聞き出していく．フリートーキングは予備調査など幅広く情報を得たいときに，構造化インタビューはアンケートでは得ることのできない細かな答えが欲しいときに，半構造化インタビューは整理された答えと調査者の予期しない事柄の両方を得たいときに，それぞれ効果的である．

■ヒアリング調査の進め方

　ヒアリング調査を行うにあたっては，調査の目的を簡潔に伝えるのは当然として，個人情報の保護に関する事項と，いつ調査を中止しても構わず，その場合にも決して調査協力者に不利な事柄は発生しないことなど，調査倫理に関わる事柄を十分に伝え，理解を得なければならない．その上で調査を行うが，調査時間が長すぎると調査協力者への負担が大きく，回答も散漫になる．目安としては，45～90分間が妥当であろう．調査時には，ICレコーダで会話のすべてを録音するとともに，適宜メモをとるとデータを整理しやすい（十分なスペースを空けて質問項目を箇条書きした記録用紙を事前に用意する）．

■ヒアリング調査のまとめ方

　ヒアリング調査を行った後，音声記録をデータ化する．この際，話された言葉を逐語的に書き出す「文字起こし」は非常に手間がかかり，効率的でない．実際にデータを作成する場合には，発言の内容を簡潔にまとめデータ化することを推奨する．この際，1つの文章に1つの事柄が表現されるようにし，また省略された主語などを適宜括弧書きなどで追加・補足する（図3.52）．入力にはエクセルなどの表計算ソフトを使うと，その後の処理が便利である．次に，データ化された音声情報を，話された順序を気にせず大雑把な項目にまとめる．これらは調査開始時に用意した項目と同じこともあるが，実際は項目が細分化されたり，新たな項目が付け加わったりすることが多い．この段階で，調査協力者にデータを確

音声データの文字起こし
やっぱりそのさっきもいいましたけど，点字ブロックを引いてあっても自転車が置いてあったり，なんかそういうところがあると意味がないような気がするんですよね，なんかこう，引かなくてもいいんで，なんかこう，ここをなんかこう通れる道，ってのがあると有り難いんですけど
音声データをもとに簡略化したデータ
・点字ブロックが敷設されてあっても，自転車などが置いてあると意味がない ・（点字ブロックは）無くてもよいので，ここを通れる，という道があるとありがたい

図3.52　「文字起こし」と簡略化したデータの例

3.3 人間の行動・意識を読み解く　　115

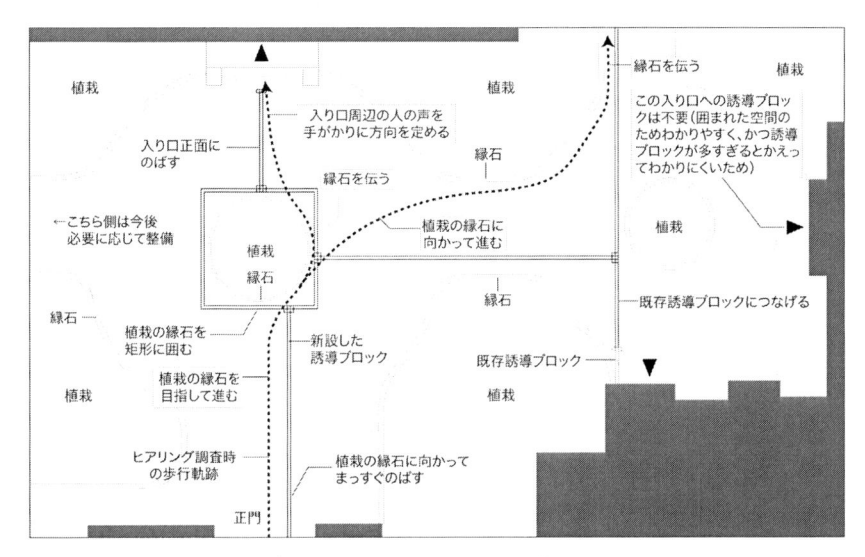

図3.53　ヒアリング調査を反映した誘導ブロック計画
枠内のコメントはヒアリング調査で得られたもの．それ以外のコメントはそれらを反映した設計時の留意点を示す．灰色の部分は建物を示す．

認してもらい，間違いや不適切な点，または調査協力者が公開を望まない点などについて修正・削除する．

■ヒアリング結果の使い方

　ヒアリング調査の結果をどのように設計に使うのかは，調査の内容によって様々である．ヒアリング調査のみから分析・考察を行うこともあれば，観察調査などの結果と組み合わせて分析を行うこともある．病院設計におけるヒアリング調査では，ヒアリング結果が設計内容へと直接反映され，その設計をもとに再度ヒアリングが行われるというプロセスが繰り返された．これは住宅など一般の建物においても同様であろう．

■ユーザーに対するヒアリング調査の事例

　近年ユニバーサルデザインの普及を受けて，ある大学キャンパスに視覚障害者誘導用ブロック（以下，誘導ブロック）を敷設することになった．使用者のニーズを把握するために，このキャンパスを利用している全盲の調査協力者4名に対しヒアリング調査を行った（スノーボールサンプリング）．ヒアリング調査は現地にて行い，実際にどのように歩行しているのか，またその歩行を助けるためにはどのような計画が適切か，誘導ブロックのサンプルも用いながら意見を聴取した．

このヒアリング調査を通じて，実際の歩行には植栽の縁石などが利用されていること，誘導ブロックを常に伝うわけではなく，縁石やその他の「使いやすい」手がかりの補助として使われていること，曲線的な配置や直角以外での方向変換ではブロックを認知しづらいこと，必ずしもすべての建物の入口へ誘導ブロックを敷設する必要はないことなどが明らかになった．これらの結果をもとに計画を作成し，誘導ブロックを敷設した．正門周辺の検討内容と計画を図3.53に示す．その後，使用感を尋ねるため再びヒアリング調査を行ったところ，非常に高い評価を得ることができた．

〔松田雄二〕

参考文献
1) 菅 民郎 (2007)：らくらく図解アンケート分析教室，オーム社．

3.3.5　ワークショップで読み解き共有する
a．複数の意識を読み解く上でワークショップは有効

人間の行動・意識を読み解く上でワークショップは有効である．特に複数の人を対象とする合意形成にワークショップは欠かせない．公共施設など複数の人が利用する建築の設計では，利用者の要望を反映させることが求められる．また建築を気持ち良く使ってもらうためにも意識の共有が必要となってくる．このために，近年，設計のプロセスに使用者が参加（user participation）すること，すなわち参加のデザインが求められるようになってきた．この設計手法としてワークショップがある．ワークショップは体験を伴うグループワークと考えてよい．もちろん個人であっても可能であるが，多くが複数を対象としている．様々なやり方があるが代表的なものとして，KJ法がある．文化人類学者の川喜田二郎が考案した方法で，イニシャルをとってKJ法と読んでいる．発見したことや，自分の感想，意見などをポストイットなどの付箋に書き，それを分類して分析する方法である．参加者の目の前での協同作業であり，そのプロセスを共有することで，自然に結果を受け入れることができる．

b．KJ法を用いて学生の意識を読み解く

KJ法を用いた事例として大学校舎の設計で説明する．利用者は学生であるため，学

図3.54　ブレーンストーミングを行う

3.3 人間の行動・意識を読み解く

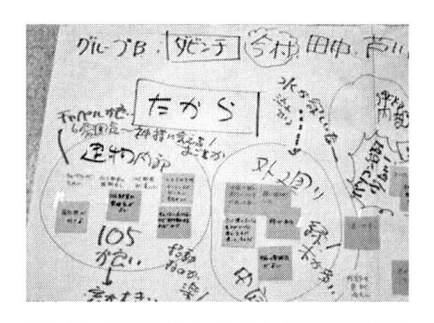

図3.55 付箋に気づいたことを書き分類する（KJ法）

図3.56 夢をコラージュに表現し，発表する

生参加のワークショップを実施した．1日目に，ステップ①として，スライド写真を用いて，大学校舎の建築学的特徴を説明した．参加者が自らのキャンパスを考える準備となる．次にステップ②としてブレーンストーミングを実施し，既存キャンパスの良い点と問題点を抽出する．まず数人程度にグループ分けして，既存キャンパスの特徴をディスカッションする（図3.54）．そして，ポストイットに気づいたこと，問題点や好きなところなどを記入してもらい，グループリーダーが，書かれた内容を順に読み上げながら分類する（図3.55）．分類は良い点と問題点，ハード（建物や施設，設備），ソフト（人，制度など）に分けると分類しやすい．その後，分類ごとに，重要な点はどれなのかをディスカッション（重み付け）し，箇条書きにまとめ，グループごとに発表するという流れである．既存キャンパスの特徴を参加者が考え，理解をした上で，2日目のワークショップとなる．

2日目は，創造のプロセスである．ステップ③として，KJ法を用いて新校舎に何を求めるかを考える．グループでディスカッションを行い，その後ポストイットに記入する．グループリーダーが読み上げつつ，皆で分類する．これも同様，ハードとソフトに分けると分類しやすい．そして，どれが重要なのかをディスカッション（重み付け）した後，箇条書きにまとめる．このケースでは，さらにステップ③としてイメージを抽出すべくコラージュづくりを行った．コラージュとは，雑誌などから好きな写真，イメージを切り取り自由に貼る方法であるが，簡単にできること，言葉では表現しにくい雰囲気なども表現できるといった特徴を持っている．グループごとに，「理想の新校舎」をタイトルに，コラージュを作る．写真を切り貼りするだけではなく，絵を書いたり，コメントを入れたり，自由に表現する．最後にはグループごとにコラージュを発表する．コラージュで表

されたイメージを感じ取るとともに，何を表現したいのかを発表内容から理解する（図 3.56）．

このワークショップにおいて，設計者は参加者の既存キャンパスをどのように理解しているのか，新校舎に対して何を求めているのかを理解することができる．それをもとに設計するため，設計者の独断ではなく，利用者の気持ち（意識）を反映させた設計が可能となるのである．また使用者にとっても，ワークショップに参加した体験があるため，出来上がった建築をより親密感を持って利用できる．

c. 市民参加の街づくりワークショップ

市民参加の街づくりにおいて，ワークショップは必須である．参加者が対象とする地域を回り，何が地域の良さなのか（宝探し），何が問題点なのか（粗探し）を調べる．ファシリテーター（ワークショップを施行する専門家）は，歩き回る途中で，どのように街を読み取るかの要点を説明しつつ，参加者から自由に意見が出るような雰囲気づくりを行う．この街歩きの行為は，正しく地域の実態を知るというフィールドワークであり，街づくりの下地をつくる意味で欠かせない．次に，グループでディスカッションを行い，KJ 法を用いて現状分析，その結果を発表するというプロセスを経る．提案段階では，問題点を解決する提案，良い点を活かした提案づくりを目的に，グループディスカッション，KJ 法で提案を分類，発表というプロセスを経る．

このようなワークショップは，現状把握と提案という 2 つの大きなくくりを持ち，参加者の意識や嗜好を設計者が把握できるとともに，参加者自身もそれを理解することとなる．この下地がそろえば，設計段階においても参加のデザインが可能となり，設計者がコンセプトモデルを複数案提案し，それを参加者が投票で決めることができる．参加者はワークショップを経て現状把握とともに計画に対する整理ができているが故に，専門家でなくとも投票選択が可能である．つまり，デザインはできなくとも，選択行為で設計に参加することは可能なのである．これは，専門家である建築家が与条件から一方通行的に設計するトップダウンの設計ではなく，利用者自身が与条件を作り設計に関わるというボトムアップの設計であり，ワークショップがそれを可能にしたとも言える．ワークショップを通して，設計者と参加者が現状を立体的に把握し，さらに参加者も設計に関わることにより，出来上がった建物をコンテクストをベースに関係者が共有できるのである．

〔連　健夫〕

3.4 フィールドワークを「かたち」にする

　コンセプトメークの積極的な手掛かりとするために，ここでは紹介してきた手法を交え，フィールドワークの計画的観点について述べる．

　設計実務におけるフィールドワークの実践は，デスクワーク志向に対する現場志向といえよう．設計者個人の基礎知識と経験から視界を開き，一般解から固有解への視座を与える．一方，フィールドワークで得た成果は建築の姿を示すものではない．当然，設計者固有の創造性があり，一種のジャンプ（閃き）が求められる．それでは，才能に長けた（閃きを発揮する）設計者には，フィールドワークは不要なのであろうか．建築が，個人の表現媒体で終始する芸術領域であればそれでもよい．しかし多くの場合，発注者・施工者・利用者・運営者は設計者と異なる第三者であり，さらに地域住民や景観との関わりがある．また昨今は，環境性能など地球環境的な責任も負う．発想のジャンプの着地点に社会性が求められることは当然である．実態の痕跡は現場（フィールド）にあり，フィールドワークに長けた人ほど発想のジャンプの多様性やスピードを実感しているであろう．

a．テーマを「かたち」にする

　計画初期段階は，インスピレーションを求めて現場に足を運ぶことが多い．主観的印象に終始することなく，設計に活かす情報を収集するために，事前にテーマとなるキーワードを整理しておくとよい．表3.10に本章のキーワードを示す．

　個々の計画課題に対して個別にフィールドワークを行うことは，多大な時間と労力を費やすことになり，実務においては難しい．フィールドワークで目を向けたキーワードをマインドマップのように関連付けるのも，1つの手法である（図3.57）．チームで行う設計では，協働者・専門家間の課題共有に効果的である．また利用者参加型の設計でも，KJ法的にキーワードを関連付けて意識共有を図ることがある．コンセプトメークや次のフィールドワークの計画に役立つ．

表3.10　第3章におけるフィールドワークのキーワード

・場所
気候・風土，歴史・文化，人口・物流・産業・経済，マスタープラン・微地形，都市景観・建築ファサード，要素の想起・認知マップ，地形・地番・埋設物・道路・隣地，ライフライン，関連法規，領域の見立て，緑地，微気候

・建築
機能診断・評価，機能と空間の対応，建築機能の5W1H，課題解決方法，人間の生活行為，尺度・基準・規模・比率，単位空間寸法，密度・1人当り面積，部門別面積構成割合，形の生成スタディ，デザインソース，形に対する心理・意識，圧迫感，ゲシュタルト心理学

・人の行動と意識
行動場面，場の理論，場所の質，居場所，設え調査，棲み分け，断面交通量，OD表，ピーク率，待ち行列，流動係数，顕在的要求と潜在的欲求，利用者特性

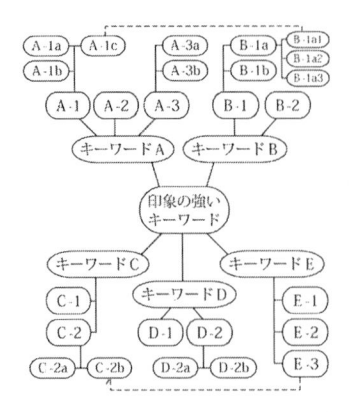

図 3.57 計画課題のキーワードの関連イメージ

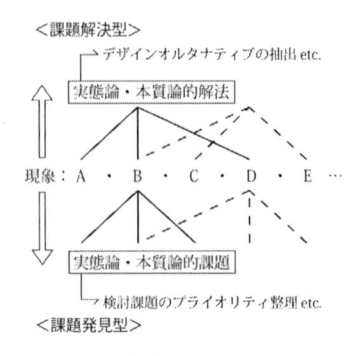

図 3.58 課題解決型フィールドワークと課題発見型フィールドワーク

b. 課題解決型フィールドワークと課題発見型フィールドワーク

　学術研究におけるフィールドワークの多くは，綿密な計画が必要となる．一方，設計実務では，正確さよりも計画課題を見つけることを目的にフィールドに出る機会も多い．つまり，眼前にある現象との接し方により，課題解決型フィールドワークと課題発見型フィールドワークの2種に大別できる（図3.58）．前者の目的には，設計指標の設定やパターン考察などがあり，デザインの選択肢（オルタナティブ）の検討に役立つ．後者の目的は，隠れた設計条件を紐解くことにあり，浮び上がるキーワードを有機的に考察し，課題のプライオリティを整理することに役立つ．この際，GeNii（国立情報学研究所学術コンテンツ・ポータルサイト）などで検索すると，既往研究の情報を得ることができ，課題の整理の参考になる．

　例えば3.2.1項では，電子カルテ導入に伴う施設機能について，看護婦動線（図3.16），場所別看護業務時間割合（図3.17）を紹介している．一般に学術研究では，複数の類似（電子カルテ導入）施設を比較調査する．設計実務の場合，事業主（発注者・運営者）の既存施設をまず調査し，次に先駆的な施設を見学・調査するケースがある．この場合，電子カルテ導入という個別の調査観点以外に，立地特性・経営方針・部門およびスタッフ構成を整理するとともに，施設計画上の工夫に注意を払い，予期せぬ課題発見の契機とするようにしたい．

c. 情報規模の変化を「かたち」にする

　設計のコンセプトメークは，1つの固有解を導き出すことである．フィールドワークは，その固有解を見出すプロセスとなる．しかし偏った情報に頼ると，誤

った方針で進んでしまうこともある．そこで，フィールドワークの対象規模（情報源）の計画イメージを提案する（図3.59）．図中の丸の大きさは対象の多さ・大きさ，丸の数はカテゴリーの数である．フィールドワークは，マスタープラン→ゾーニング→プランニング→ディテールというカスケード型のプロセスである必要はない．むしろ多様さが重要である．

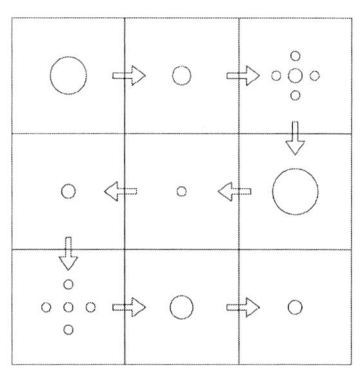

図3.59 対象設定の規模，カテゴリーの展開イメージ

　3.1.1項では，場所を読み解く各種の図版資料に触れた．縮尺の異なる地図では，読み取る情報も異なる．3.2.1項では，施設機能の把握に事例調査を挙げたが，計画施設の規模と異なる施設の情報が，かえって規模固有の特徴を浮き彫りにすることもある．3.3.2項の設え調査は密度の濃い図面を記録として残し，施設全体の図面（室名）との比較で空間用途（使われ方）を発展的に把握できる．また，利用者の意識調査として，アンケート調査とヒアリング調査（3.3.4項）に触れた．前者はスピーディーに多数を対象に，後者はじっくりと掘り下げた情報を得るのに適する．アンケートで全体の傾向と特徴的なカテゴリーを抽出し，個別にヒアリングを行うなどの工夫がある．3.3.5項のワークショップも，利用者意識を把握する1つの術であるが，要する時間と労力は少なくなく，やはり対象は限定される．それぞれ利点があり，ワンパターンに陥らないよう留意したい．

d．人の関わりを「かたち」にする

　建築の設計は，物的環境のデザインと同時に，様々な人の関わりを構築することでもある．つまり，3.3.1〜3.3.4項で紹介した人間の行動と意識調査は，狭義の利用者を対象とするだけではない．発注者・設計者・施工者・一般利用者・管理者・自治体・企業・研究機関・市民団体ひいては市民や国民，それ

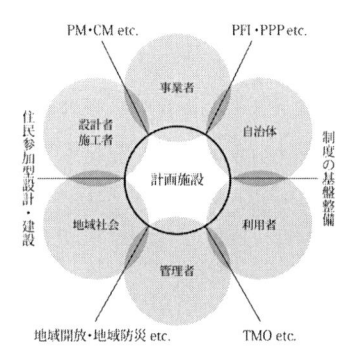

図3.60 人・団体の関係からみた計画施設の発展性
PM：project management,
CM：construction management,
PFI：private finance initiative,
PPP：public private partnership,
TMO：town management organization.

ぞれを広く利用者という立場に据えると，発注者から提示された情報とは別の視点を得ることも多い．プロポーザルなどで目にする図3.60に類するダイアグラムは，施設の発展可能性を示すものである．また，3.3.5項のワークショップによる意識の共有は，継続的な施設利用の発展を促す．

e. プロジェクトのプロセスを「かたち」にする

近年，外部環境呼応型の窓システムなどファサードデザインで，環境制御に情報技術を組み込む事例がある．また，デザインコンピューティングとデジタルファブリケーションを活用し，ダイレクトにデザインと生産過程を連動する試みもある．デジタルコンピューティングを用いたデザインは，環境特性や行動特性に応じた可変的な空間の可能性を提示する．ここでの情報は，前もって用意するものではなく，設計と生産のプロセスを通じて，あるいは完成後に継続してインプットするものとなる．また，先端技術によらずとも，計画・設計・建設・運営を通じた継続的な情報収集は，持続可能な建築にとって重要である．継続的なフィールドワークは，生きた建築を生み出すプロセスといえよう．

ここで3.2節を，建築機能の長寿命化のための情報ソースとして振り返る．オフィス空間視環境評価（図3.18）などの利用者意識，保育空間滞在場所（図3.21）などの利用者行動特性，電子カルテやICタグによる物流管理，美術館の開設年代別面積構成（図3.32）などの計画規模に触れている．これらは，運営方式・時刻・季節・年代などで変動する．計画の固有性に応じた設定が検討課題となる．また，ときには，発注者が想定しない設備インフラ整備を検討するなど，予算配分の見直しも設計者に求められる．

f. フィールドワークの成果を「かたち」にする

フィールドワークの成果をグラフィカルに整理することは重要である．設計は，1人ではなく構造・設備を含めたチームで取り組むことが多い．デスクワークの成果物を図面や模型とすると，フィールドワークの成果物は写真・スケッチ・図表・サンプルなどである．実際，設計の現場ではこれらを事務所の壁にピンナップしている．一望できる（レビューできる）場が，アイデア発案の上で役立つのである．また，実物のない設計途中・工事途中の段階で，発注者や利用者などと情報を共有することは，困難を要する．プロポーザル・コンペの提案書，基本計画・基本設計の成果物，雑誌掲載などのプレゼンテーションなどで，建築物は言葉以上に図表で設計意図が表現される．そのような視点で，第3章で紹介してきた図表を再度振り返ってほしい．

〔伊藤泰彦〕

4 設計実務でのフィールドワークとプロセス

4.1 設計実務のプロセスとフィールドワークの意味

　近年，設計実務の中で，利用者の視点，価値観，創造性を活かすこと，また地域特性など固有性を捉えることが求められるようになってきており，フィールドワークの重要性が増している．ここでは，設計実務のプロセスにおけるフィールドワークの意味を事例を通して説明する．設計実務では，施主に対する配慮が常に求められる．設計は，計画，法規，構造，設備，予算などの与条件があれば技術的に（スキルとして）成立する．設計の内容が実情とかけはなれた箱的建物にならないよう，現状把握の必要不可欠なプロセスがフィールドワークである．しかし施主によっては理解ができず，不要と思われる場合がある．理解可能な施主もいれば理解不可能な施主もいるのである．もちろんフィールドワークの意味をわかりやすく施主に説明する努力は必要であり，良い建築を創る意味で大切である．施主が良い建築を創ることに興味が無く，単に容量としての建物をつくりたい場合は困難を伴う．この場合，施主に協力（負担）を必要としない範囲でフィールドワークを実施して設計することとなる．つまり設計実務においては，臨機応変にやれることをやるという意識が必要である．そうでなければ，プロジェクト自体が進まない，あるいは設計依頼を断られることさえ生じる．設計側は全体の設計工程，設計料の範囲において，どの程度のことができるかを見極めながらフィールドワークを実施する．すなわち，単にフィールドワークの精度にこだわるのではなく，そこから得られるもの（benefit）と施主の負担や設計時間（condition）から適切なフィールドワークを行う（action）ということになる．最小の負担で最大の効果が得られるフィールドワークを実施することにつきる．

　住宅の場合は施主と利用者が同一であるケースが多い．4.2「住宅編」では，設計プロセスにおけるフィールドワークの中で，施主がどのようにプロセスに関わるか，そのことによって，どのように案が変化したかを含め，その手法と成果を具体的に述べる．4.3「福祉施設編」では，利用者参加の設計プロセスのみならず施工のプロセスにも関わるべくワークショップを実施した事例を紹介する．児童

養護施設や知的障害者などの福祉施設では，利用者にとって施設が身近に感じられ安心して利用できることが望まれる．この意味では，住宅に近い存在とも言える．より公共的な小中学校の設計においては，施主（教育委員会），利用者（学校，教師，児童生徒），設計者，専門家，様々な立場の人が関わる．4.4「教育施設編」では，それぞれの立場がプロセスの中でどのように関わるのが望ましいのかを事例を通して述べる．公共施設における設計者選定の方法にプロポーザル方式がある．4.5「庁舎編」では，この方式に専門家として関わる中でフィールドワークがどのように位置づけられるかを述べる． （連　健夫）

4.2　住宅設計プロセスにおけるフィールドワーク

　住宅設計には，大別してハウスメーカーがつくる場合と建築家がつくる場合がある．居住者が快適に生活できるよう工夫する点では，両者は変わらない．しかし，フィールドワークの観点でいうと，大きく異なる．ハウスメーカーは，住宅をある種の商品と位置づけ大量販売するために，不特定多数を相手に最大公約数のニーズを探ろうとする．居住者（多くの場合が施主）の要求を直接聞くのは営業担当者であり，設計自体は設計担当者が行う．必要最低限の情報さえあれば設計できる仕組みになっている．一方，建築家は，基本的に特定の利用者を相手にする．利用者の要望をより的確に設計に反映させるため，要望を聞くのも設計をするのも1人の建築家が行う．利用者の要望に合った質の高い住宅にするため，様々な視点でフィールドワークを行う．

　住宅設計では依頼から竣工まで，基本計画 → 基本設計・実施設計 → 費用の見積り → 工事といった段階を踏む．そのなかで住宅のかたちも大まかな構想から詳細なデザインへと向かう．詳細なデザインを決める上では，各段階で創造的手掛かりを得るとともにその制約を知る必要がある．そのための情報を探る行為がフィールドワークとして位置づけられる．

　ハウスメーカーにせよ建築家にせよ，共通して行われるフィールドワークには，次のような項目がある．①建築基準法や申請許可事項などによる法規関係調査，②敷地状況，道路状況，工事周辺環境などの調査，③敷地および周辺状況の調査，④給排水，ガス，電気電話設備の調査．

　以上を踏まえ，この節では，筆者が建設したT邸（図4.1, 4.2）を事例に建築家による家づくりの過程を見ながら，住宅設計プロセスにおけるフィールドワー

図 4.1 T 邸外観
笹尾徹設計. 南側道路より建物外観を見る.

図 4.2 T 邸内観
LD 上部から室内全体を見る.

ク手法について，居住者である施主が設計プロセスにどのように関わったのか，それによってデザイン案がどのように変化したのかを含め，述べていく．

図 4.3 は，各設計プロセスで必要とされるフィールドワークの内容を，「敷地」，「施主」，「法規」，「施工」の 4 つのカテゴリーに分けて表したものである．また，内容については，建築家が一般に検討する項目（網かけ）と，事例（T 邸）で検討した項目（下線）に分けて，まとめている．

4.2.1 基本計画・プレゼン

■敷地を見る

敷地形状や隣地の状況，地盤沈下など異常の有無を確認し，日当り，方位，騒音など周辺環境を調べる．そして自分の体でスケール感をつかむ．

T 邸の家族構成は 30 代夫婦，男児 2 人．施主は，筆者の学生時代の友人で，建築作品を披露するたび，足を運んでくれた．この事例では，敷地を探すところから携わることになった．まずは施主の見つけた候補地へ赴き，そこでの建築的な可能性を検討する．施主が決めた敷地は，郊外にある緑豊かな場所で，南北に長く南側のみ道路（幅員 6 m）に接道する区画整理地だった．当初は隣地に住宅がいっさい建っておらず，周りにどのように住宅が建つのかを想定する必要があった（図 4.4）．地盤については，雑木林を切り開いて宅地造成した場所だったので，地耐力が心配された．

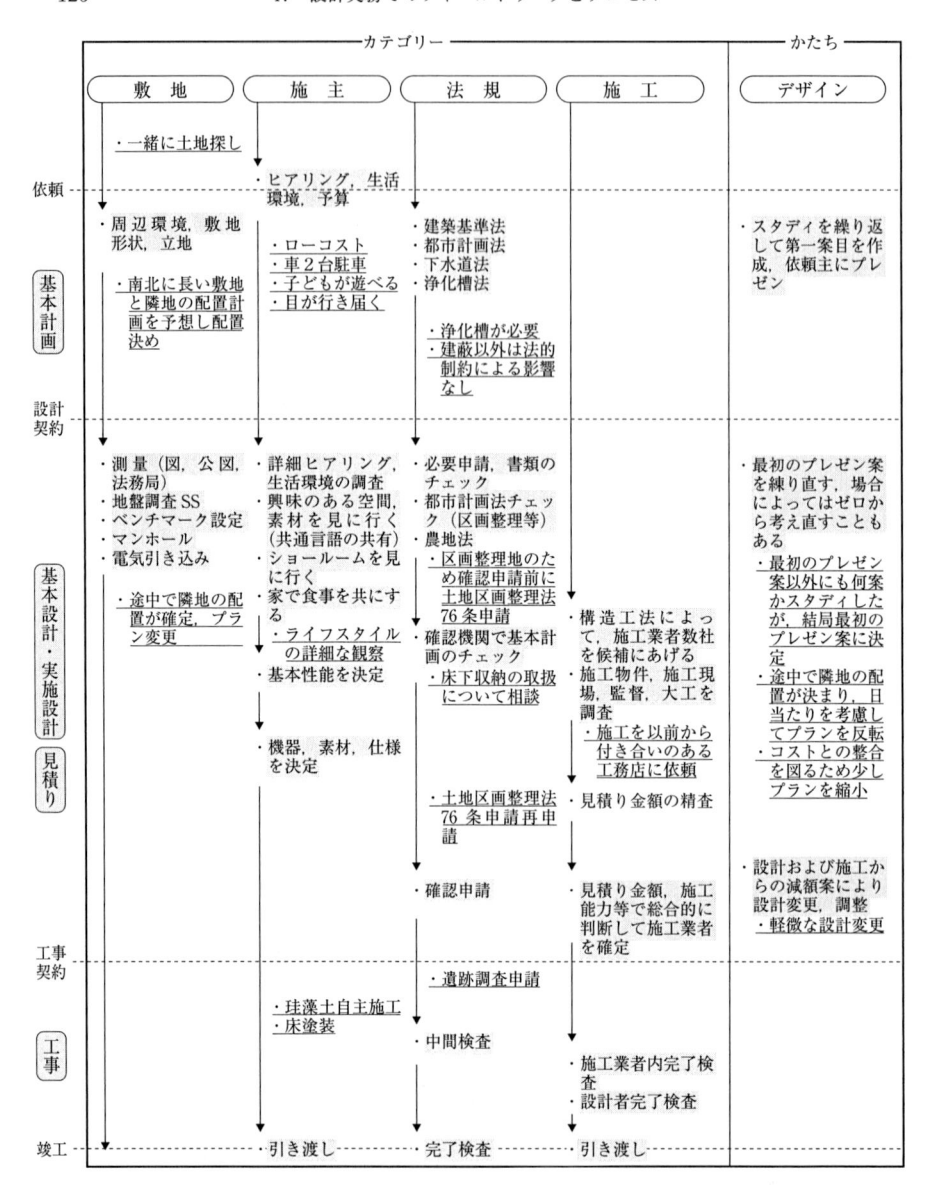

4. 設計実務でのフィールドワークとプロセス

段階	カテゴリー：敷地	カテゴリー：施主	カテゴリー：法規	カテゴリー：施工	かたち：デザイン
依頼	・一緒に土地探し	・ヒアリング，生活環境，予算			
基本計画	・周辺環境，敷地形状，立地 ・南北に長い敷地と隣地の配置計画を予想し配置決め	・ローコスト ・車2台駐車 ・子どもが遊べる ・目が行き届く	・建築基準法 ・都市計画法 ・下水道法 ・浄化槽法 ・浄化槽が必要 ・建蔽以外は法的制約による影響なし		・スタディを繰り返して第一案目を作成，依頼主にプレゼン
設計契約					
基本設計・実施設計・見積り	・測量（図，公図，法務局） ・地盤調査SS ・ベンチマーク設定 ・マンホール ・電気引き込み ・途中で隣地の配置が確定，プラン変更	・詳細ヒアリング，生活環境の調査 ・興味のある空間，素材を見に行く（共通言語の共有） ・ショールームを見に行く ・家で食事を共にする ・ライフスタイルの詳細な観察 ・基本性能を決定 ・機器，素材，仕様を決定	・必要申請，書類のチェック ・都市計画法チェック（区画整理等） ・農地法 ・区画整理地のため確認申請前に土地区画整理法76条申請 ・確認機関で基本計画のチェック ・床下収納の取扱について相談 ・土地区画整理法76条申請再申請 ・確認申請	・構造工法によって，施工業者数社を候補にあげる ・施工物件，施工現場，監督，大工を調査 ・施工を以前から付き合いのある工務店に依頼 ・見積り金額の精査 ・見積り金額，施工能力等で総合的に判断して施工業者を確定	・最初のプレゼン案を練り直す，場合によってはゼロから考え直すこともある ・最初のプレゼン案以外にも何案かスタディしたが，結局最初のプレゼン案に決定 ・途中で隣地の配置が決まり，日当たりを考慮してプランを反転 ・コストとの整合を図るため少しプランを縮小 ・設計および施工からの減額案により設計変更，調整 ・軽微な設計変更
工事契約		・珪藻土自主施工 ・床塗装	・遺跡調査申請 ・中間検査		
工事				・施工業者内完了検査 ・設計者完了検査	
竣工		・引き渡し	・完了検査	・引き渡し	

図4.3 住宅設計プロセスにおけるフィールドワーク

■施主を知る

どんな暮らしがしたいか住み方への想いを聞き，建築費など総費用，住宅ロー

4.2 住宅設計プロセスにおけるフィールドワーク

図 4.4 隣地の建物配置・規模を予想

ンなど予算についても確認する．生活環境を観察し，言葉では語られない重要な手掛かりをつかむ．同時に，建築家たる自分を施主に見極めてもらう．この場は，お互いがどんな人間かを見る機会ともなる．

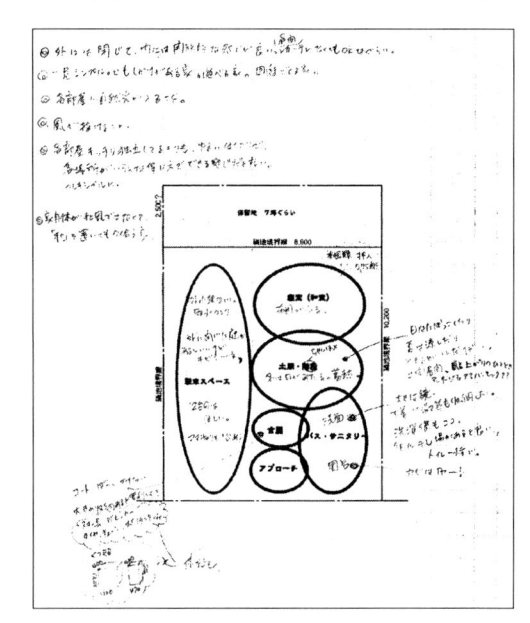

図 4.5 施主作成の要望書

施主に要望をリストアップするよう依頼すると，リストだけでなく施主自らが描いた間取り図やゾーニング図を得ることができた．これらも要望リストと同様，施主の考えを知る貴重な資料となった．これらの資料からキッチンおよびキッチンまわりの使い勝手を良くしたい，生活空間の機能性を重視し空間をあまり仕切りたくない，などが重要事項として浮かび上がった（図 4.5）．

依頼主の中には，設計とは単に間取りを決める作業で，無料ですぐにできるものだ，と思って設計案を求める人がいる．筆者の場合，プレゼンを行うのにいくらかの費用と 1 カ月程度の時間が必要だと説明し，設計における施主と建築家との関わり方について話す．この時点で，覚悟のない依頼主は去っていく．

■敷地に係る関係法令を調べる

関係省庁に出向き下調べをした結果，建築基準法および浄化槽法以外，特に設計に影響するような法律はなく，手続き上の問題として土地区画整理法 76 条と埋蔵文化財に関する法律が関係することがわかった．

■デザインを検討する

敷地を見て連想されるイメージと，施主の話から思い浮かぶイメージを融合さ

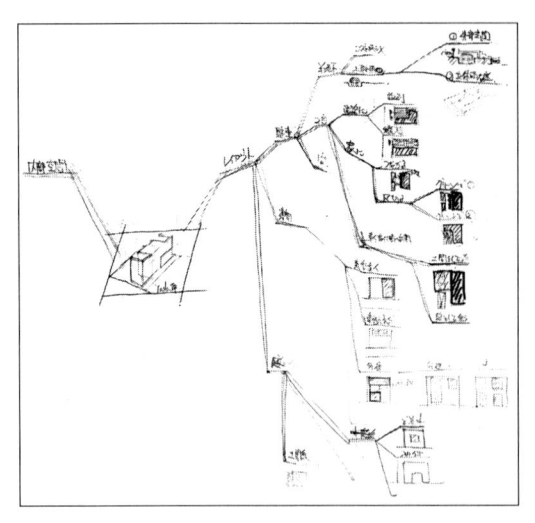

図4.6 スタディの手段としてマインドマップを試みた

図4.7 隣地建物の実際の配置

せ，法的な制約を考慮しつつ，第1案目を考える．1カ月程度をかけて，平面図，断面図，パース，1/100程度の模型を作製し，プレゼンテーションする．プレゼンの成功・失敗は，模型を見せたときのリアクションでおおむねわかる．

　施主と話し合う中で，キッチンから空間が広がるイメージや，子ども室を家の中心に位置づけるイメージが浮かんできた．そこで，キッチンを軸とするオープンな空間のつくりとし，リビングの中に子ども室を立体的に構成するデザインにまとめた（図4.6）．

4.2.2　基本設計・実施設計
■敷地の詳細な情報を収集する

　地盤調査や測量を行い，枡の有無，電柱の位置などを確認する．基準点（ベンチマーク）を設定する．

　調査の過程で，隣地住宅の配置が確定したためプランを再考した．東に敷地境界に寄せて3階建住宅ができたため，日当たりを考慮し駐車場の位置と建物の位置を入れ替えることにした．地盤調査会社に依頼してSS（スウェーデン式サウンディング）を行い，地盤性状の確認と基礎構造の検討を行った．地耐力は十分にあり地盤改良の必要もなかったことからベタ基礎とすることにした（図4.7）．

■施主から詳細な要望を引き出す

　設計コンセプトを確認し，建物の仕様，床暖房，空調，水回りなどの設備の仕

様，詳細寸法を決め，仕上げを実物サンプルで確認する．生活の様子をより詳細に観察し言葉に出てこない要望を捉え話し合う．設計案から具体的な生活イメージをふくらませてもらい問題点を探して詳細を詰める．

施主とともに建物を見たり，食事をしたり，ショールームを見に行くことで，施主との共通言語を増やしていった．共通言語ができるとそこから発想はどんどん広がっていく．システムキッチンはコスト削減のため，分離発注することにした．持込み家具や収納物・収納場所をリストや図にしてもらい，各スペースに必要な設備，コンセント利用などをイメージしてもらった．

■建築上の関係法令を確認する

建築基準法の個別規定を確認し，必要書類をまとめ，事前相談を行い提出日程を決める．その他の関係法令も同様の手順を踏み，確認申請提出前に法的な整理を行う．

銀行ローンの手続きとして，初期段階で土地区画整理事業組合と事前協議し，土地区画整理法76条を申請した．この時点では図面が仕上がっていなかったので仮の図面で申請し，確認申請前に確定図面を再提出することになった．また，子ども室床下収納の法的な取扱いや確認申請のスケジュールについて確認検査機関と協議した．

■施工会社を調べる

構造工法や規模をある程度決めた段階で，施工会社選びを設計と並行して行う．建物の規模，構造，施工難度に合わせて3社程度に候補をしぼり，会社の体制，監督や大工の能力，施工レベルを見極めるために，必ず施工途中と竣工した建物を見せてもらう．

当初案は難度の高い工事が含まれ予算の上でも非常に厳しい内容だった．部分的に施主自身に施工してもらうこともあり，筆者がよく知る工務店に依頼することにした．この工務店は，建築家が設計した住宅の施工経験も豊富で，大工，各職人の技術レベルも高く安心して仕事ができた．

■デザインを詰める

当初案をもとに，別のデザインの可能性がないか探る．何度も案を練り，コンセプトをより明確にする．プレゼン後に収集した情報もあわせ，かたちや仕様を詰めていく．

他のプランの可能性を検討したが，最終的に当初案をもとに進めることにした．建物，設備の仕様は，高気密高断熱，土間（ベタ基礎）蓄熱式床暖房，オール電

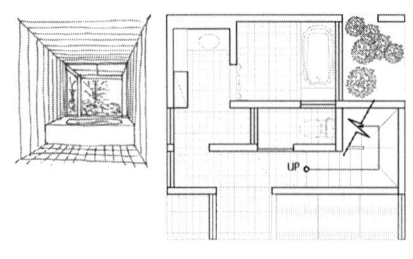

図4.8 初期の浴室パースと平面図

化とした．予算がオーバーしそうだったので，梁間方向のスパンを若干縮小することで調整した．当初は浴室から眺められる坪庭を考えたが，洗面脱衣室を広くとりたいとの要望から坪庭は取り止めとなった．しかしなんとか浴室が広く感じられるような工夫を盛り込みたく，階段下を浴室空間の延長として捉えられるよう壁ではなくガラスで仕切り，自由にディスプレイできる空間とした（図4.8）．

4.2.3 見積り，コストコントロール
■建築費の見積りをする

　3社程度に見積りを依頼し，見積り金額を精査する．見積り項目は極力細かく出してもらい，不当な価格や過剰・不足な数量，仕様がないかチェックする．最終的には金額，技術力，会社の体制などから総合的に判断して1社にしぼる．施主には優先順位を決めていくつか工事を諦めてもらったり仕様変更を依頼することもある．

　建築費の見積り金額が想定をオーバーしたので，精査の上，工務店とコストを抑える工夫について話し合った．最終的に，施主自身の塗装する面積を増やし，洗面台を施主支給に変更，納戸の仕上げを無くし，外構工事も施主自身で行う，という調整をした．

■確認申請を提出する

　設計変更などをおさえ修正の後，事前相談を経て確認申請を提出する．

　土地区画整理法76条の申請を再提出し，その許可を待って，確認申請を提出した．土地区画整理法76条の許可が下りるまで10日間，さらに確認申請を民間の確認検査機関に出して確認済証が下りるまで訂正期間を含め10日間を要した．

■予算とデザインの整合を検証する

　見積り金額が予算を大幅に超えてしまうとプランや構造を変更せざるを得なくなるので注意したい．半面，減額の工夫を施主・設計者・施工会社間で協議する中で，それまでに思いつかなかったアイデアが出てくることもある．コストコントロールは，贅肉を削ぎ落とし建物の質を上げるプロセスともいえる．

　T邸では，プランに大きな変更が及ぶほどの減額はなく，浴室建具，外構工事，

エントランス部分のシャッターの取り止めなどの変更だけにとどまった.

4.2.4　工　事
■現場で詳細を最終決定する

着工後，工事がある程度進んだ段階で施主に足を運んでもらい，具体的な生活イメージをつかんでもらう．その上で仕上げの色，品番，機器などを確定する．

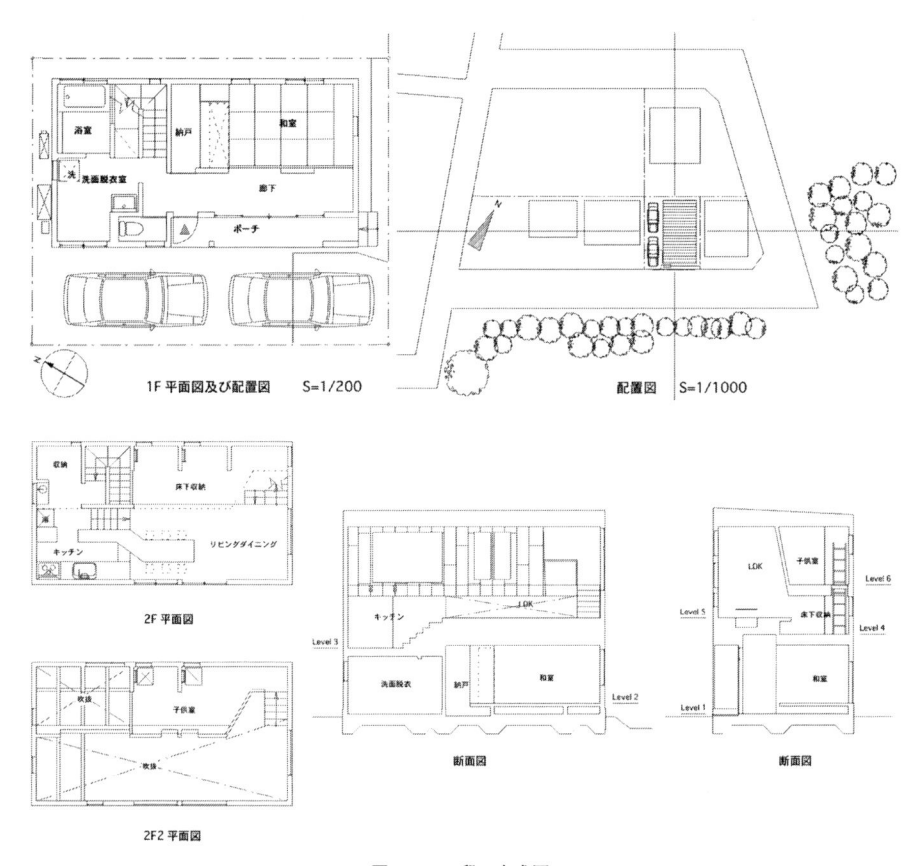

図 4.9　T 邸の完成図

所在地：埼玉県さいたま市，竣工：2008.6，主要用途：専用住宅，家族構成：夫婦＋子ども 2 人．主体構造：木造在来工法，基礎：RC ベタ基礎，規模：地上 2 階，軒高：7465 m，最高高さ：7590 m．［外部仕上げ］屋根：ガルバリウム鋼板立てハゼ葺き，外壁：セメント系サイディング，開口部アルミサッシ，外構：砕石敷き詰め．［内部仕上げ］床：1F カラクリート金ゴテ仕上げ，2F 杉ムクフローリング，ラワンベニヤ，壁：1F クロス仕上げ，珪藻土，2F クロス仕上げ，ラーチ合板ウレタン塗装，天井：クロス仕上げ．敷地面積：100.25 m^2，建築面積：47.82 m^2（建蔽率 48% 許容 60%），延床面積：90.26 m^2（容積率 90% 許容 200%），1F：42.44 m^2，2F：47.82 m^2．第一種中高層住居専用地域，道路：南 6 m．

着工後しばらくして，施主に現場をイメージしてもらい塗装色やタイル色，クロス，水栓などを最終決定してもらった．1階の和室壁は家族全員で珪藻土を塗り，2階の杉ムクフローリングには仕上げの蜜蝋ワックスを塗ってもらった．

■詳細なデザインを確定する

設計図で表しきれない部分を工事現場の進行状況を見ながら詰めていく．仕上げの素材や色，小物などは設計段階で決めてもよいが，ある意味建築は現場で創っていく部分があり，現場で決定したほうがよい場合もある．途中の変更も，できる範囲で極力対応する．

T邸では，階段を壁からの持出しに変更した．現場で階段の取付けを施工前に確認してみると，予想以上に支持材が目立つことがわかったので，壁からの持出しとし目立たない支持材に変更した．　　　　　　　　　　　（笹尾　徹，大崎淳史）

参考文献

第一プログレス（2008）：LiVES, 42.

4.3　福祉施設の建設における参加のワークショップ

　福祉施設の設計において，利用者が親密感を感じる建築にすることは大切である．特に児童養護施設や精神・知的障害者など，虐待経験やハンディキャップを持つ者にとって，建物が無機的で親しみを持てない場合，利用を拒否したり，精神状態が不安定になるなど，状況を悪化させることになりかねない．したがって，建替えや増築などの場合，既存施設とのギャップから，新しい施設に馴染めなくならぬよう適切なフィールドワークを含む確かな設計プロセスが求められる．利用者が設計のプロセスに関わる参加のデザインのワークショップを実施することにより，利用者の要望を設計に反映することのみならず，その体験を通して，出来上がった建物を，親密感を持って利用することが可能となる．この意味から設計時の参加のワークショップのみならず施工時においても参加のワークショップを実施した事例を紹介する．

4.3.1　児童養護施設「ゆりかご園」心理療法棟

　児童養護施設の心理療法棟の建替えである．心に様々な問題を抱えている子ども達に対し，臨床心理士がカウンセリングやプレイセラピーなどを行う場として，

表4.1 ゆりかご園,建設のフロー(設計:5カ月,見積コストコントロール:1.5カ月,施工:5.5カ月の計1年間)

段階	日付	施主・利用者の参加	内容	手続
設計	2006/7/28	既存施設調査		敷地調査,法的調査,情報収集
	8/3	園長,スタッフとの打合せ	現状の問題点,新施設への要望ヒアリング	
	8/23	コラージュ大会ワークショップ	新施設への夢をタイトルに子ども達がコラージュを作る	設計開始
	9/6	園長,スタッフとの打合せ	コンセプト模型をもとに,テーマや狙いについて話し合う	
	9/27	園長,スタッフとの打合せ	具体的な模型で間取りや使い方を話し合う	
	10/10	園長,スタッフとの打合せ	各部屋の展開や材料,建具について話し合う	確認申請提出
	11/1	園長,スタッフとの打合せ	照明や衛生器具など設備について話し合う	実施設計UP
見積・業者決定	2007/1/22	理事長,園長との打合せ	コストコントロールと業者決定	見積,コストコントロール,業者決定
施工	2/18	着工・地鎮祭	子ども達も出席する	着工,監理業務開始
	3/31	上棟式・色決め投票	子ども達も棟からお菓子を投げて参加,外壁の色決め投票実施	
	4/28	炭敷きワークショップ	床張りの前に,湿気抜きや防腐のために子どもと一緒に炭を敷く	
	5/26	壁に新聞詰めワークショップ	子どもと一緒に壁に断熱材代わりとして丸めた新聞を詰める	
	6/23	床と壁塗りワークショップ	床と壁に桐油を子どもと一緒に塗る	
	7/7	瓦敷きワークショップ	建物の周りに雨跳ね汚れ防止のために,既存の古瓦を皆で敷く	
	7/19	壁に色紙貼りワークショップ	畳コーナーの壁に,子ども達それぞれの願いを書いた色紙を貼る	
	7/21	デッキ塗りワークショップ	上学年はデッキ塗り,低学年は丸太ベンチを塗る	役所検査,施主・設計検査
	7/25	竣工式	子ども達の出席,子ども代表の挨拶,子ども代表が定礎板釘打ち	完工

さらには語り部の会や里親の説明会など多目的に利用できる場として計画された.子ども達にとって安心で親密感のある施設をつくるべく,子ども達が設計のプロセスや施工にも参加できる機会を作った.

子ども達の参加において,大きく3つのポイントがある.①設計の手掛かりとするべくコラージュづくりを実施したこと,②子ども達が地鎮祭や上棟式などの儀式に参加したこと,③施工においても子ども達が参加する機会(床下の炭入れや塗装など)を作ったことである(表4.1).

a. 設計段階における参加

ステップ①　フィールドワークとして,周囲の状況とともに既存建物を調査した.

既存建物は子ども達が普段利用する門の入口部分に位置し，外からの来訪者も利用しやすい位置と感じた．既存建物は木造平屋の古い民家を心理療法棟として使っており，床座ができる畳敷きの良さを感じた．

ステップ②　臨床心理士へのヒアリングを行った．施設における子ども達の生活の様子や臨床心理棟の利用の仕方などをヒアリングするとともに，新しい施設への要望を聞いた．子ども達にとって安心感の持てる空間づくりが大切であるとともに，臨床心理士から常に子ども達が見えるような一体的な空間が必要なことが理解できた．この中で，多目的スペースを中心にして，プレイスペースや面談室やスタッフ室で取り囲むような全体構成にするアイデアが生まれた．

ステップ③　新しい心理療法棟（コスモス）をテーマにしてコラージュ大会を実施した．まず，新しいコスモスの建設の話をし，その設計のために子ども達にコラージュを作ってもらうことを説明した．男と女のグループに分かれ，雑誌などから好きな写真や絵を自由に切り取り，用紙に貼る．当初躊躇していた子どもも臨床心理士のサポートを得て参加し，楽しいのか最後には夢中になって貼っていた．出来上がったコラージュを壁に貼り，感想を言うとともに，これをもとに設計することを再度説明した（図4.10）．

ステップ④　コラージュから「仲間」，「コミュニケーション」，「宇宙」，「旅」，「ロボット」，「シンメトリー」などのデザインキーワードを抽出し，そこからコンセプト模型を作る．コンセプト模型をもとに園長と臨床心理士にディスカッションを行い，全体の形について丸太柱を中心に円形にすることを共有した（図4.11）．

ステップ⑤　具体的な模型を作り，それをもとに園長と臨床心理士にディスカッ

図4.10　コラージュ大会ワークショップ　　　図4.11　粘土で作ったコンセプトモデル

ションを行った．間取りの説明とともに，畳の場や隠れ家などを設けるアイデアを説明し，多目的スペースの使われ方などを話し合った．子ども達には，食堂に模型を展示し，設計内容がわかるようにした．

フィールドワークとして，既存建物や周辺環境調査とともに，管理者側として理事，園長，臨床心理士に対してヒアリングを行い，設計を行うにあたっての与条件をそろえたわけである．設計に入った後も，コンセプトモデルによる意見交換，具体的模型による意見交換を行い，利用者とのキャッチボールを密に行う中で設計をまとめたところに特徴がある．最初のヒアリングの時点で，「建築づくりは人づくり」を合言葉とし子どもが建設になるべく参加できるように合意できたことが大きい．当方から提案した子どもによるコラージュ作りのワークショップも，協力を得て実現となった．コラージュは新しい建物への夢を表現すべく作ってもらったわけであるが，変身願望や宇宙や旅行，ロボットなど，夢や力強さなどポジティブなイメージが感じられる一方，顔の張替えや，目を隠すイメージなど精神的な不安定感も感じられた．設計においてはポジティブなイメージを反映させるとともに，安心感を与える空間づくりが求められた．つまり，コラージュづくりによって子ども達の意識が表出され，それが与条件となったのである．

b．儀式への参加

家づくりの機会に恵まれない子ども達にとって，コスモスの建設は，自分達の使う施設づくりに関わることであり，良い経験になるとの想いから，地鎮祭，上棟式，竣工式に子ども達が参加できるように配慮した．

・地鎮祭では，外壁の色を決める投票会を実施した（赤，青，緑の3種の外観透視図を用意）．投票の結果，赤色に決定した．
・上棟式では，男女2人の子どもが棟に昇り，そこからキャンディーを投げる儀式を行った（図4.12）．
・竣工式では，高学年から代表者を選び挨拶を行い，低学年から代表者を選び，園長と一緒に定礎板を打ち付けた．

儀式はイニシエーションとして子どもの成長にとって大切なものである．地鎮祭において，これから建設するにあたって皆で安全祈願することにより，皆の施設がこれから建設されるという気持ちが自然に生じる．上棟式

図4.12 上棟式
子ども達が棟からお菓子を投げる．

では建物の木構造が見る見るうちに大工の手によって目の前で組まれる．大工という職人の力を感じるとともに木造の力強さも体感できる機会となる．棟木から代表者が投げるキャンディーを皆で騒ぎながら取り合うことも，子ども達にとって良い思い出となる．外壁の色を投票によって決めたことは，たとえ希望の色にならなかったとしても，明確に自分が関わったことを認識できる機会となる．竣工式において，多くの来賓の中で代表者が挨拶をするとともに定礎板を取り付けたことは，建物が完成したことを体感し，自分達の施設として使うことを認識する機会となる．

c．施工段階での参加

・床下の炭入れワークショップ：床を張る前に炭を根太の間に敷く作業を行った．
・壁に断熱材代わりの古新聞詰めワークショップ：壁に丸めた新聞紙を詰める作業を行った．事前に，新聞を丸め，当日は壁に詰めた（図4.13）．
・床と壁に桐油の塗装ワークショップ：桐油は身体に影響がなく，また塗りやすい材料であることから，床と壁に塗装する作業を行った．
・建物周囲に雨跳ね防止の古瓦並べワークショップ：既存施設の解体時に瓦を下ろし置き，それを建物の周囲に並べる作業を行った．
・デッキの塗装ワークショップ：デッキは防腐着色塗装仕上げであるため，高学年が作業を行った．低学年は丸太の残材を利用した腰掛けの塗装作業を行った（図4.14）．

図4.13　壁に新聞詰めワークショップ

図4.14　デッキ塗りワークショップ

施工における参加により子ども達が少しでも造ることに関わったという体験が得られる意味は大きい．炭を床下に入れ木を腐らなくすることや新聞紙によって断熱性能が得られるなど建築的知識も身に付く．また塗装などには子ども達は大

喜びで参加したが，作業の楽しさを学ぶことも大きい．建築工事には大工，板金業者，ガラス業者，電気業者，塗装業者など様々な業種が関わる．作業の様子を子ども達が見ることができるよう，囲いはなるべく設けないようにした．これが将来の仕事を選ぶきっかけになるかもしれない．参加により少しでも職人の真似ごとができた体験は大きい．

■設計の意図

外観として，飛翔やロボット，円盤などのイメージが感じられる形を考慮した（図 4.15）．内部としては，安心感を与えるべく，父性を丸太柱に託し，母性を 24 角形の囲まれた空間に託した（図 4.16）．全体を木構造にすることにより，木の優しさとともに力強さを表現したいと考えた．プランは多目的スペースを中心に各スペースが取り囲むコンパクトな形とした．丸太柱は時間が経つと剥がれる皮付き丸太であるが，年を経るにつれた変化が感じられることも大切であるとの想いから採用した．丸太柱の下部には畳コーナーを設け，上部には隠れ家を設け梯子で上がれるようにするなど，子ども達が楽しめるような工夫も取り入れた．畳コーナーの壁には子ども達が願い事を書いた色紙を折り，貼り付けて模様にした．子どもの想いが込もった建物である．

(連　健夫)

図 4.15　様々なものがイメージされる外観

図 4.16　丸太柱に父性を，円形平面に母性を託した内観

4.4　教育施設における設計実務でのフィールドワークとプロセス

a．基本構想・計画の作成の意義

教育施設の計画において設計の前段階として実施する基本構想・計画の意義を考えてみたい．基本構想・計画の策定は，設計の前段階として新校舎に求められ

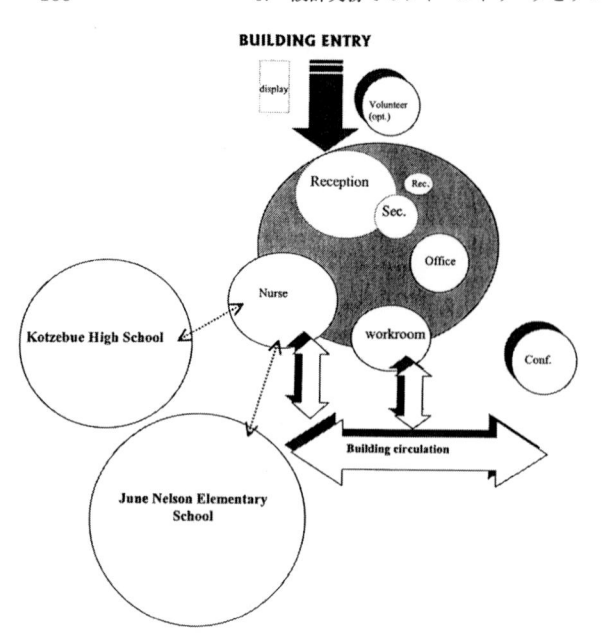

図 4.17 施設の条件やコンセプトを決めた施設仕様書中の図例
Kotzebue Schools Educational Specification Document. CGA 作成.
Minneapolis, Minnesota, USA.

るハード・ソフト面の諸条件や課題・方向性を明確にし，適切な校舎計画につなげるために不可欠なものであるが，残念ながら我が国ではそれほど一般的にはなっていない．また策定されても曖昧で具体性に欠けるものも多い．欧米先進諸国では，十分に時間と人をかけてボリュームのある詳細な仕様をまとめた企画・構想書を策定するケースがある．例えば，アメリカでは通常，設計の前に計画条件をまとめた教育施設仕様書（educational specification）が作成され，校舎の配置や平面構成・諸室計画，環境・設備，情報システムをはじめ，教育・運営内容などまで細かな与条件を設定することが多い．またこの作業は発注者側が専門家に委託して行われ，educational planner などの職能が確立している（図 4.17）．

我が国では基本構想・計画の作成は地方自治体の教育委員会がまとめることが多く，コンサルタントに委託する場合や基本構想検討委員会などを設置してそこでの議論をもとにまとめていく場合などがある．前者の場合ではアメリカの educational planner のように教育施設に精通したコンサルタントが少ないことや，また十分な時間・期間をかけて基本構想・計画を作成できず内容的に十分なものになりにくいことが問題点として挙げられる．一方，後者の場合では教育委員会に加えて，学校関係者，地域・保護者代表，学識経験者などで構成されるが，委員会で討議するための叩き台となる基本構想・計画案の中身を誰がつくりあげていくか，委員会での議論をどう整理して方向性を定めるかが問題となる．いずれにせよ教育施設に精通した経験のある専門家が必要となってくる．

また基本構想・計画においては，単に利用者（教職員，児童生徒，地域住民）や発注者（設置者である地方自治体など）の考えを反映させただけでは不十分であり，将来を見据えてこれからの新しい時代に相応しい教育や施設計画が求められる．そのためにも，利用者や設置者に新たな教育・施設像を示しながら啓蒙していく必要がある．先進的な事例を見学したり勉強会を開いたり，また十分な時間をかけて関係者どうしで議論をしながら，専門家が中心となって基本構想・計画をまとめていくことが重要であろう．

b．基本構想・計画の内容

教育施設計画における基本構想・計画の具体的な内容としては，おおむね下記のような項目が挙げられる．

①校舎や敷地の現状把握：既存校舎や複合施設の現況，校舎や複合施設の利用実態，敷地の状況や建設に際しての法的な条件，敷地利用に関する制約や条件，敷地周辺の環境や交通の状況，敷地周辺環境の今後の動向，児童・生徒の登下校の動線など

②運営・教育面や人的側面の現状把握：運営方法・内容の現況，教育方法・カリキュラム・内容の現況，児童・生徒の状況と今後の推移予測，教職員・スタッフの状況，地域住民の生涯学習や学校利用の実態

③校舎や教育・運営面に対するニーズの把握：発注者（地方自治体の教育委員会など）の要望，教職員の要望，児童生徒の要望，保護者の要望，地域住民の要望，その他の関係者・団体（地元企業・団体など）の要望

④計画条件の整理：施設概要，敷地条件，法的条件，学級数，工程計画，計画に係るその他の条件（ICT，セキュリティ，環境配慮，ユニバーサルデザイン，周辺環境への配慮，防災への配慮など）

⑤計画に際しての基本方針：教育面（一般学習，実習・実験，芸術・スポーツ，調べ学習など），生活面（交流，ランチ，読書，屋外，教職員），地域関連面（近隣・地域への配慮，学校開放，複合化，生涯学習，ボランティアなど），環境面（室内環境，省エネ，自然環境・エネルギー，設備など），安全面（防犯・セキュリティ，防災，健康配慮・シックハウス対策，事故・怪我防止，ユニバーサルデザインなど）

⑥施設計画：クラス運営方式，校舎全体構成，必要諸室計画（教室，特別教室，図書・メディアセンター，管理諸室，体育施設，外部空間，その他の生活関連諸室），運営・管理システム，技術計画（構造・設備）

⑦基本計画：配置計画，ゾーニング，平面計画，ユニットプラン，立面計画，断面計画，建替え計画

⑧その他：検討経過（検討委員会の開催，検討内容など）

　このように基本構想・計画の内容は多岐にわたるが，設計段階に入る前にかなり詳細な計画内容を詰める場合もあれば，曖昧なまま設計に入る場合もある．しかしながら，具体的な設計のための計画条件を事前に十分に整理しておくことがより良い施設づくりにとって重要である．一般的に基本構想の期間は半年，長くても1年間という場合が多いが，基本構想とそれに基づく基本計画をしっかりと策定するためには，2年間くらいはかけたいものである．

c．家具レイアウト・行動観察調査

　基本構想・計画段階におけるフィールドワークについて考えてみたい．基本構想・計画で十分な計画条件があれば，設計段階ではそれに沿って具体的な図面を作成していけばよいので，フィールドワークはむしろ基本構想・計画段階においてきちんと実施しておくべきである．

　まず部分的な改築や増築，また改修の場合には，既存校舎の十分な調査が必要である．躯体や設備・家具などの老朽化や耐震性，音・光・熱などの環境性能など校舎の状況，また排水性や地盤など敷地の状況も確認する必要がある．またこういった技術的な性能評価（設計段階で実施することが多い）以外に，諸室の利用状況やスペースの適切性，また児童・生徒や教職員の動線など機能面での評価も必要となってくる．既存校舎の空間の使われ方を詳細に調査していくことが重要である．特に学校では児童・生徒数の増減や，教育・運営の制度・技術面での変化に対応していく必要があり，今後の変化を見据えた空間のフレキシビリティも求められる．全面的な改築や，校舎を新たな敷地に新築する場合にも，新たな校舎計画の参考にするために，例えば同じ学区の類似の教育システム・規模を持つ校舎を対象とした使われ方調査をすると効果的である．

　空間の使われ方に関する具体的な調査手法としては，空間の使われ方を調査員が観察して把握する行動観察調査が挙げられるが，この際には児童・生徒また教職員の行動などを詳細に記録する．学校規模が大きく調査エリアが広くなると調査員が大勢必要になる．少人数の調査員で広範囲の調査エリアをカバーしようとする場合には，行動をパターン化して記録を単純化するなどの手法をとる．また1日の調査だけでは多くのパターンが抽出できないので，1週間ほど連続して，また時期を変えて調査することが望ましいが，調査の手間や負担などから難しいの

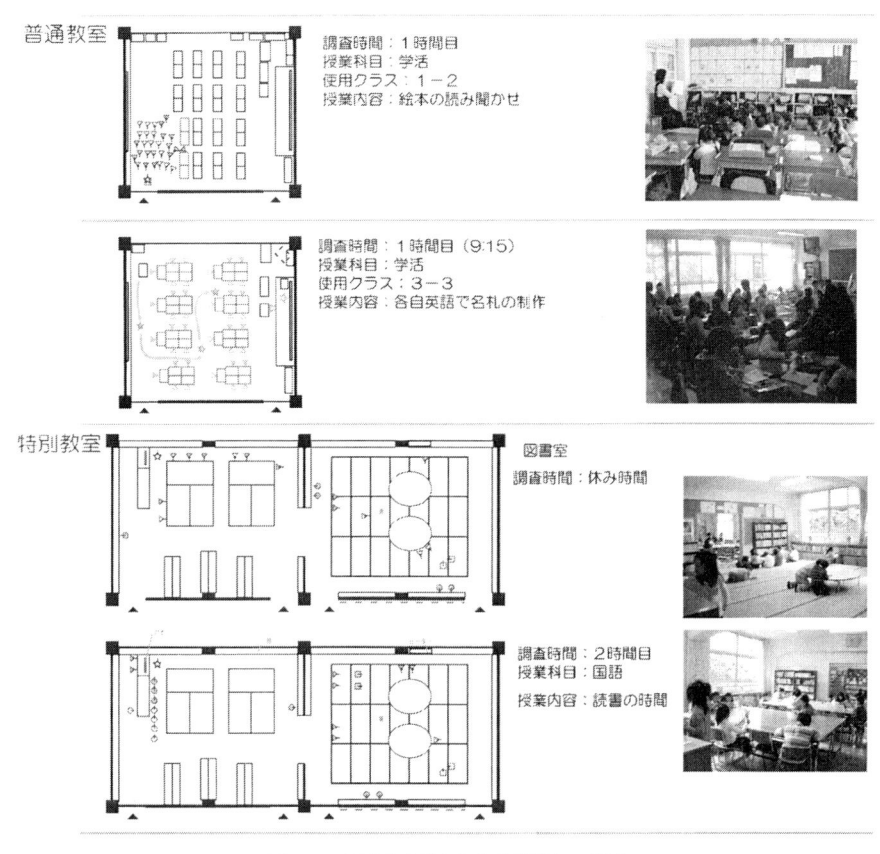

図4.18 既存教室使われ方実態調査の事例
東高津小学校基本構想書．川崎市教育委員会＋川崎設計＋千葉大学柳澤研究室作成．神奈川県川崎市．

も事実である．その場合，後述する教員へのヒアリングやアンケートなどによって補足することも考えられる．

　その他，家具・コーナーのレイアウトや展示・掲示物などの設えの状況を詳細に観察することでも，校舎の空間の使われ方は把握できる．これも調査エリアが広くなると測定や記録に時間はかかるが，児童・生徒や教職員の行動を追うのと違い定点観測をする必要はなく，また家具・コーナーのレイアウトなどは頻繁に状況を変えることはないので，調査日のデータが比較的普遍性を持つと考えられる．家具レイアウト調査では，予め用意した平面図や展開図上に家具や什器，掲示物などを測定した上で詳細に記入し，家具レイアウト図を作成する．これを前

述した行動観察調査などで活用すれば，より正確な記録が可能となり効果的である．なお家具レイアウト図を使って行動観察調査を行い，児童・生徒や教職員の行動を時間単位でプロットしたものが行動プロット図で，これらを分析対象とし，空間の評価を行う（図4.18）．

d. ヒアリング・アンケート調査

　教職員や児童・生徒，場合によっては保護者や地域住民にアンケートやヒアリングを実施することは，現況の校舎の抱える課題や問題点，また新校舎や教育・運営へのニーズを把握するのに不可欠である．アンケートは一度に大勢のユーザーの意見を聞くという点で効果的であるが，一方で課題やニーズを詳細に確認することができないので，全般的な傾向を把握する場合に用いられる．例えば児童・生徒やその保護者などを対象としたアンケートの項目としては，既存校舎に対する各教室・スペースの機能的・環境的な評価，利用頻度や目的，問題点の指摘，また新校舎に対しての全体・個別の要望などがある．特に教職員に対しては学年別や教科別に専門分野ごとのより詳細なアンケートを実施するとよい．なお回答は選択肢を設けるほうが簡単で時間も節約できるので協力を得られやすく，また分析も容易だが，自由記述形式のほうが多様性は出る．両者をうまく組み合わせるのが好ましい．

　一方，ヒアリングは教職員の代表（校長，教頭，教科主任，学年・教科主任など），地域住民・保護者代表（自治会代表，PTA会長など）など，特定の人を対象に行うことが多い．既存の校舎や教室・スペースに関しての意見を聞いたり，新校舎に関する要望を聞いたりする．基本構想・計画策定のための委員会などが組織され，ここに学校関係者，地域住民，保護者代表などが加わっている場合には，必ずしも個別にヒアリングする必要はなく，議論を重ねていくことで様々な立場からの意見を抽出できる．ただ意見を言い合うだけでは方向性がまとまらないので，適切なコーディネーターやアドバイザーが必要となる．これは冒頭で紹介した教育施設に精通した経験のある専門家が望ましい．

　また，学年・教科主任など特定の分野の責任者には，具体的な教室や学年・教科ユニットに関しての詳しい意見や要望を聞くことが望ましい．児童・生徒は人数が多く小規模校以外では全員にヒアリングするのは難しいが，例えば以前にある中学校の計画で，クラスの代表を決めて，それぞれヒアリング時までにクラスの意見を収集してもらい，彼らを集めて意見交換をしたケースがあったが，これは効果的だった．

またヒアリングは複数回行ったほうがよい．基本構想の初期段階ではできるだけ自由に発言してもらい問題点をクリアにする．基本構想・計画が進むにつれ，より具体的な課題やテーマ，また新校舎の基本方針や計画案に対する意見を求めたりする．なお新校舎の計画案に対して，設計段階では具体的な図面を示しながら意見を聞くことができるが，基本構想段階では図面はないので，テキストやダイアグラムなどを用いて説明し意見を求めることになる．ただ図面を提示すると，配置や動線また収納とか，どうしても細かな計画にばかり目がいきがちになる．テキストやダイアグラムなどのほうがコンセプトを明確にすることができ，より大きな方針についての議論が深められるというメリットもある．また基本計画段階においては，簡単な図面を作成していくことになり，図面も利用しながら意見交換をしていくことになる．この場合もあまり細かなデザイン・計画に議論が終始しないようなレベルの図面化をすべきである（図 4.19）．

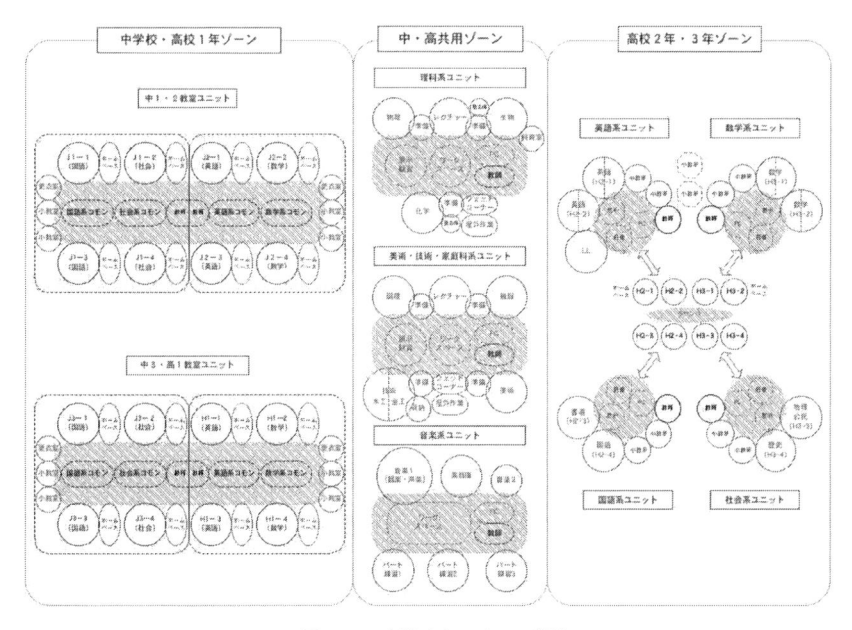

図 4.19 空間ダイアグラム事例
日出学園小・中・高等学校基本構想書．アーキトレーブ＋千葉大学柳澤研究室作成．千葉県市川市．

e．ワークショップ

ワークショップもアンケートやヒアリングと同様に，現況の校舎の抱える課題

や問題点を把握したり，新校舎や教育・運営へのニーズを把握する目的で実施する．対象も同じく教職員や児童・生徒，場合によっては保護者や地域住民に対して実施することになるが，ヒアリングやアンケートよりも参加者が校舎計画に主体的に関わるという意識を共有することになり，新校舎への愛着を育む側面もあり効果的である．

例えば効率的に参加者の意見を集約し整理する方法としては，ブレーンストーミングによるグループディスカッションがある．参加者をテーマごとに小グループに分けて十分に議論をしながら，意見を出し，大きな紙に書き出したり，付箋に書いて貼り出したりする．それを KJ 法などを使ってカテゴリーごとに整理してまとめるものである．学校関係者や地域住民など所属ごとにグループをつくってもよいし，学校，地域，保護者などそれぞれの代表が集まってグループをつくるのもよい．また所属に限らず「教育」，「生活」，「環境」，「地域」など興味あるテーマごとにグループをつくることも考えられる．時間的に余裕があればなるべく様々なグループやテーマに参加し多角的に議論していくのが望ましい．

グループディスカッション以外にも様々な手法があるが，児童・生徒を対象としたワークショップであれば，総合的な学習の時間など授業の一環として時間をかけて実施するのも効果的である．例を挙げると，自分が理想とする校舎や教室の絵や図面を描く，もしくは校舎の模型などを制作し，それを互いに発表し合って意見交換をする方法がある．アンケートやヒアリングでは出にくい新校舎に対する意見が絵や模型を通じて表現され，また意見交換を通じて既存校舎/教室に対する不満や問題点も明らかになる．他には，児童・生徒にカメラを持たせて既存校舎の様々な場所（良い所，悪い所）を撮影させて，その後それを互いに発表し合って意見交換をするというワークショップもある．子どもたちの視点で学校を評価することができ，大人のそれとは違うことが多くて参考になる．さらに，様々な学校の内部・外観のイメージ写真を児童・生徒に見せて，評価してもらう方法もある．国内だけでなく海外の先進的な学校のユニークな校舎や教室・その他のスペースをいろいろ見せてテーマごとに人気投票をさせる手法なども，新校舎へのイメージを膨らませるのに効果がある．なお実際に行ける範囲に先進的な学校があれば，皆で見学して，その後に意見交換会としてのワークショップを開催することも考えられる．

f．ケーススタディ

調査やヒアリングなどによって既存校舎の現状を把握する以外に，基本構想段

階で特に必要と考えられるのが，目指すべき学校の計画方針に沿った類似の先進的な学校をケーススタディし，発注者，教職員，児童・生徒，保護者，地域住民と十分に情報共有し，新しい校舎のイメージをつくることである．ケーススタディの選定に関しては，いくつかのテーマに即してそれぞれに相応しいものを抽出する必要がある．例えばオープンスペースを活用した学校，教科教室制を採用した学校，単位制や総合学科制の学校，小中一貫教育校，地域開放や地域運営が進んだコミュニティスクール，自然エネルギーを活用したエコスクール，高度情報化が進んでいるインテリジェントスクール，様々な公共施設と複合化した学校や PFI（private finance initiative）の学校など，新校舎が目指す新しい教育・運営方法やその他の試みを実践している先進的な学校をケーススタディしたい．

なお機会がつくれればなるべく大勢の関係者が実際の学校を視察し，空間やシステムを直接経験することが理想であるが，時間的・場所的に制約があることが多い．そのために基本構想策定者が中心となってケーススタディでなるべく多くの関連情報を集めて，関係者を対象に報告会/勉強会やワークショップなどを開催し，十分に情報共有していきたい．

またテーマによっては，国内のみならず海外の先進事例も参考になる．我が国とは教育制度や内容が異なる国の学校であっても，校舎や教室の計画やデザイン，環境・情報システムは参考になるものが多い．

g．竣工後のフィールドワーク

新校舎竣工後は，完成した校舎が実際に計画意図どおり使われているか，施設を利用していくうえで問題はないか，また，より効果的に活用していくためにはどうすべきかなど，施設占有/使用後の評価が必要になってくる．これは POE（post occupancy evaluation）などと呼ばれるが，調査手法としては既存校舎の調査と同様に，実測や観察による使われ方調査，アンケートやヒアリングによるユーザーの意識調査などが用いられる．

学校の計画は基本構想・計画で1～2年間，設計で1～2年間，建設が2～3年間と長期に及ぶことが多い．基本構想・計画段階で発注者やユーザー（教職員，児童・生徒，保護者，地域住民など）と十分に情報共有し意見交換をして方針や計画を決定しても，校舎が竣工しいよいよこれから使用開始という段階で，計画に関わった人がほとんどいないという状況も多い．特に，長い議論を経て合意せっかく実現した先進的な施設・スペースが，新しい教職員に理解されず活用されないケースも少なくない．新校舎の活用のためにも，竣工後に教職員や児童・生

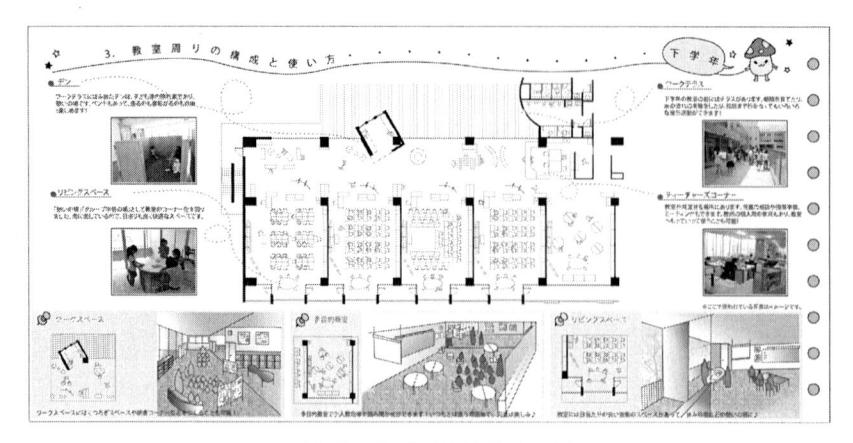

図 4.20　使い方ガイドブックの例
新庄北小学校．日総建＋千葉大学柳澤研究室作成．富山県富山市．

徒を集めて新校舎の計画理念や施設・スペースの使い方などを理解してもらうためのワークショップを開催するのがよいだろう．また新校舎の計画意図や具体的な施設・スペースを活用するためのガイドブックやマニュアルを作成し，それを使いながらワークショップを実施するのも効果的である（図 4.20）．

　新校舎竣工後の調査やワークショップは，開校の年だけではなく，できれば継続して数年間続けるべきである．開校した直後は従来の学校にはない新しいスペースやシステムをあまり活用できていなくても，徐々に慣れて工夫していくようになるケースも多い．また，その年の調査によって明らかになった施設上の問題点をできる範囲で改善し，翌年に検証するといったプロセスを繰り返すことも重要である．調査結果はなるべく時間をおかずに分析・整理し，意見交換会やワークショップを通じて関係者と情報共有して学校にフィードバックされるようにする必要がある．

　こういったフィールドワークは，対象施設のハード・ソフト面の改善や効果的な施設・スペース活用促進に役立つだけではなく，その計画・設計意図の検証を通じて新しい計画の知見や指針を得ることで，他の事例に応用できる．これからの時代に相応しい新しい施設計画を実現していくためにも，ビジョンを持って事前・事後のフィールドワークをしっかりと行っていきたい．　　　（柳澤　要）

4.5 庁舎の計画・設計プロセスとフィールドワーク

a. 庁舎の計画・設計の視点

今日，我が国の人口は減少時代に入り，全国各地で市町村合併が行われるとともに，公共建築の新築・改築の在り方はもとより，既存施設の用途転用や再編・整備のための方法や技術が求められている．

庁舎は国や自治体の代表的な公共建築の1つであり，建替えにあたっては関係する国民・市民の意見を取り入れ，多角的な議論・検討を経て計画・設計を行う必要がある．特に新庁舎を建設する場合には，どのような社会背景と目的で行うのかを明らかにすることが必要不可欠である．新庁舎建設に向けた基本構想・基本計画策定にあたっては，どのような理念，基本方針を掲げ，計画・設計条件としてどのような機能，規模，予算，スケジュール，事業方式を設定するかが具体的なテーマ・課題となる．

以下では，H市新庁舎の計画・設計プロセス事例を取り上げ，基本構想や基本計画での策定内容，プロポーザル方式での検討事項，これらと関連するフィールドワークなどについて紹介する．

b. 新庁舎の計画・設計プロセスとフィールドワーク

表4.2にH市新庁舎建設に関わるこれまでの主な施策，委員会報告，提言などの検討経緯を示す．1995年に庁舎の耐震診断調査を行った結果，耐震性に著しく問題があり，既存庁舎の補強ないしは建替えが必要であることが判明した．また庁舎の狭隘化・分散化により市民サービスの低下が生じていることなどから，議会でも庁舎建替えが議論され，市民からも災害に強い街づくりの視点に立った新庁舎建設の要望が出されるようになった．2004年には庁舎建設準備担当部門が設置され，庁内検討委員会が発足した．

■庁内検討委員会での検討経緯と内容

①庁舎建設の必要性については，現庁舎の背景，現庁舎の問題点（耐震性への危惧，狭隘化・分散化による市民サービスの低下，庁舎の老朽化，高度情報化への限界，バリアフリー対応が困難）などが最初に問題提起された．②新庁舎の基本的考え方では，人にやさしい庁舎（ユニバーサルデザインの理念，市民の利便性に配慮，バリアフリーの充実），市民の安心・安全な暮らしを支える拠点となる庁舎（高度な耐震性能，防火性能，防災・災害復興の拠点），環境との共生・周辺との調和ある庁舎（グリーン庁舎，都市景観配慮），市民サービス・事務能力の向

表4.2 H市新庁舎建設に関わる検討経緯

年月	主な施策，委員会報告，提言
1995〜1996年	○市庁舎の耐震診断調査 ①庁舎の耐震性への不安，②庁舎の狭隘化・分散化による市民サービスの低下，③議会での議論，④市民からの要望（災害に強いまちづくりの視点から新庁舎建設）
2004年4月	○庁舎建設準備担当部門の設置 ○新庁舎建設庁内検討委員会の設立
2005年10月	○今後10年の財政推計
2006年2月	●新庁舎建設の検討結果報告書 ①庁舎建設の必要性，②新庁舎の基本的考え方，③新庁舎の機能，④新庁舎の規模，⑤新庁舎の位置，⑥事業手法と資金計画
2006年11月	●H市役所庁舎に関する市民アンケート調査報告書 ①利用状況，②建替えの場合の考え方，③これからの庁舎のあり方
2007年3月	●H市新庁舎建設計画懇話会報告書 ①新庁舎の必要性，規模，事業手法と資金計画，②庁舎の望まれる姿，庁舎の機能
2007年11月	○新市庁舎と国合同庁舎との一体的整備計画の検討
2008年1月	●H市新庁舎建設基本構想（案）の提言
2月	○H市新庁舎建設庁内検討委員会の強化，ワーキンググループ設置
2008年4月	○庁舎建設室の設置（現況調査，類似事例調査）
8〜9月	◇基本構想（案）についてのパブリックコメント
9月	○新庁舎建設推進本部の設置
10月	●H市新庁舎建設基本構想の策定 ①新庁舎建設の必要性とこれまでの経緯，②新庁舎建設の基本的な考え方と導入する機能，③国合同庁舎との一体的整備，④新庁舎の規模，⑤敷地利用と周辺への配慮，⑥実現のための方策
11月下旬 12月上旬 12月中旬 2009年1月下旬 2月上旬	●H市新庁舎設計者選定公募型プロポーザル公告 ・参加表明書提出　（8者） ・技術提案者選定　（6者） ・技術提案書の提出締切り ・技術提案ヒアリング後，設計委託者選定　（S設計事務所）
2009年4月	○H市新庁舎建設基本計画 ①基本的条件，②庁内推進体制および検討経過，③個別条件，④部署配置，⑤引き続き検討していく事項
8月	●H市新庁舎建設基本設計アドバイザー会議
11月	◇基本設計（案）概要についてのパブリックコメント
2010年1月	●H市庁舎・国庁舎一体的整備基本設計（案） ①基本理念，4つの基本方針の実現，②市庁舎と国庁舎との一体的整備，③設計主旨，④建築計画，⑤構造計画，⑥電気設備計画，⑦機械設備計画，⑧概算建設費，⑨建替え手順
2月〜	●実施設計

上を目指した機能的な庁舎（高度な情報通信ネットワークに対応した設備・執務スペース，インテリジェントビル化），将来の行政需要の変化に柔軟に対応できる庁舎（地方分権への対応，広域的な連携体制，行政需要の変化への対応）などについてまとめられた．③新庁舎の機能では，機能の基本方針（分庁舎の統合，窓口・相談・情報提供機能を低層階に配置，独立性を保ちながら身近な存在の議

会), 基本的な機能構成 (窓口機能, 事務機能, 議会機能, 市民機能, 駐車場, その他), 配置計画と現各庁舎の扱いが示された. ④新庁舎の規模では将来の人口と職員数 (想定総人口と職員数), 庁舎規模: 総務省「地方債事業費算定基準」が試算された. ⑤新庁舎の位置に関する検討では, 建設候補地の条件, 建設候補地の比較と評価, 新庁舎の位置などが分析された. ⑥事業手法と資金計画では, 事業手法 (直営従来型とPFI方式), 資金計画 (新庁舎建設費, 解体費, 起債額の推計) などが試算された.

庁内検討委員会では, 以上の骨子・内容に関連するフィールドワークとして表4.3に示す19項目の調査・分析が行われ, 資料にまとめられている.

■市民アンケート調査

庁舎の建替えについて市民の意見を収集し, 新庁舎建設に向けた資料として活用することを目的として実施された. 調査対象はH市在住市民で, 本調査により庁舎建替えやこれからの庁舎のあり方に関する考え方を複数の視点から捉えることが可能となった (表4.4).

■新庁舎建設計画懇話会

基本構想策定に向けて計画の方向性や望ましい機能・サービスのあり方について, 市民や識者から意見や考え方を聞くことを目的として設置された. 懇話会

表4.3 H市庁内検討委員会での調査項目

1. 庁舎の現況と面積	11. 総務省の地方債事業算定基準
2. 庁舎の分散図	12. 起債基準算定面積と現在の比較
3. 市庁舎耐震診断の概要	13. 駐車場・駐輪場機能
4. 将来推計人口	14. 敷地利用条件の比較
5. 想定職員数	15. 建設候補地の評価
6. 新庁舎以外の部課職員数	16. 各種事業手法の評価
7. 新庁舎の部課職種別職員数	17. 事業方式によるスケジュール比較
8. 本庁舎駐車場利用状況	18. 直営方式とPFI方式の現状と課題
9. 他市の庁舎規模状況	19. 事業費・起債額の推計
10. 現在の床面積	

表4.4 H市庁舎に関する市民アンケート調査

調査目的
　市庁舎の建替えについて市民の意見を収集し, 新庁舎建設に向けての資料として活用することを目的とする.

調査対象
H市在住市民で, 満18歳以上の男女3000人
　1) 有効回収数: 1182人 (回収率39.6%)

調査項目
　1) 基本属性: 性別, 年齢, 職業, 居住年数, 居住地区
　2) 利用状況: 5年間の訪問の有無, 頻度, 交通手段, 訪問目的
　3) 庁舎建替えの場合の考え方
　　①庁舎建設を早く進めたほうが良いか否か, ②建設場所は現在地が良いか否か, ③新庁舎は新築が良いか否か
　4) これからの庁舎の在り方
　　①防災や災害時の復興拠点としての機能, ②ユニバーサルデザインへの対応, ③省エネルギー・省資源などの環境への配慮, ④市民サービスの向上に結びつく情報技術への対応, ⑤庁舎は分散より集約がよい, ⑥市民利用ロビー・憩いのスペースの設置, ⑦市民利用窓口の待合いスペースのゆとり, ⑧街のシンボルとなる建物, ⑨駐車場・駐輪場が十分ある, ⑩緑地がなるべく多くある, ⑪周辺の景観に見合う建物, ⑫周辺に他の官公庁施設がある, ⑬案内表示が多国籍の市民に対応, ⑭将来の変化に対応できるゆとりのスペース
　5) 自由回答
　　①市庁舎について: 市役所の建替えに対する考え方, 庁舎のあり方と機能
　　②市内の公共施設の建替えについて

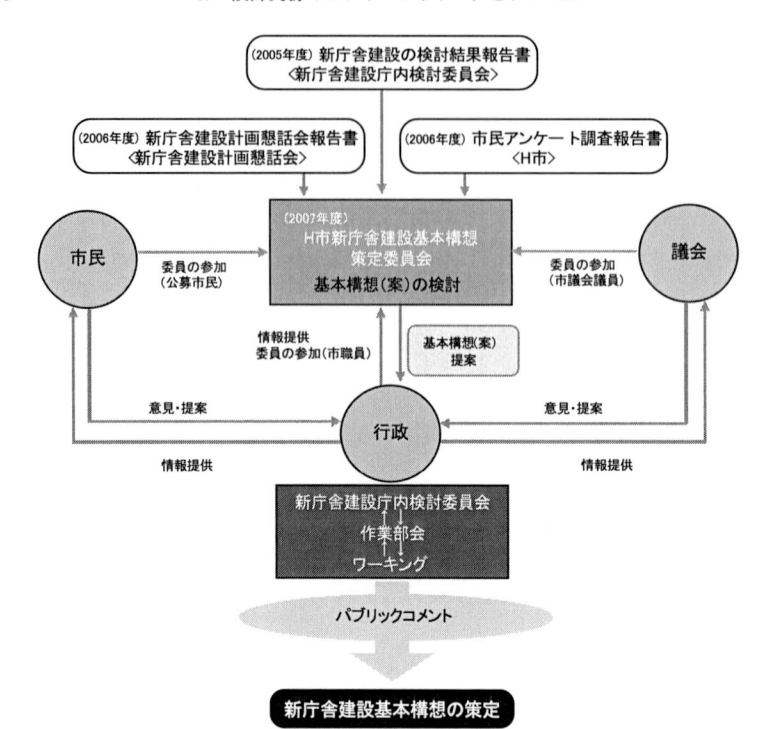

図4.21 H市新庁舎建設基本構想関連組織

では，①新庁舎建設の必要性，②新庁舎の望まれる姿，③新庁舎の必要な機能，④新庁舎の規模，⑤新庁舎の建設位置，⑥事業手法と資金計画などについて，公募市民や識者の間で様々な意見交換が行われた．この懇話会で議論・抽出されたテーマや課題は市民に公開され，続く基本構想の骨子を検討する上で有用な知見となった．

■新庁舎建設基本構想の内容と策定プロセス

新庁舎建設の検討結果報告書（2006年），市民アンケート調査報告書（2006年），新庁舎建設計画懇話会報告書（2007年）の成果をもとに新庁舎建設基本構想策定委員会が設立され，基本構想の骨子と内容が議論・検討された（図4.21）．基本構想検討委員会では，新庁舎建設の必要性とこれまでの経緯を整理した上で，新庁舎建設の基本的な考えと導入する機能について検討された．基本理念として，「自治の基本に立ったまちづくりの拠点＝新庁舎」，基本方針として，①市民に開かれ親しまれる庁舎，②人と地球環境にやさしい庁舎，③市民の安心・安全な暮

らしを支える拠点としての庁舎，④市民サービス・事務効率の向上を目指した機能的な庁舎の4つが挙げられ，これらに対応する基本機能や共通機能が提言された（図4.22）．また基本構想策定委員会で協議・検討を進めるなか，国土交通省関東地方整備局営繕部長から「新市庁舎と国合同庁舎との一体的整備」についてH市に検討依頼があり，国合同庁舎として税務署，公共職業安定所，労働基準監督署の3官署，延べ7000 m^2 を含む全体必要面積を

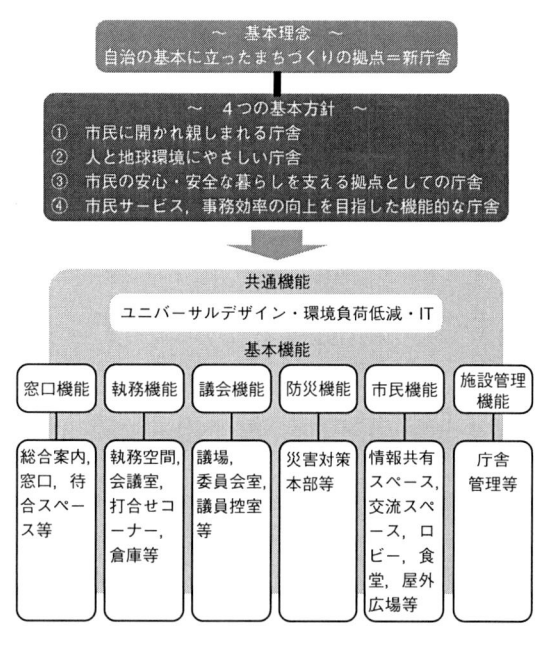

図4.22 H市新庁舎の基本理念・基本方針・基本機能

検討することになった．新庁舎に想定される規模については，①総務省の地方起債事業算定基準を用いた方法（26700 m^2），②現状の床面積をベースに算定した新庁舎建設庁内検討委員会案（約20000 m^2），③新たな導入機能を取り入れるのに必要な床面積を現状の床面積に加えた基本構想策定委員会案（22000 m^2 以上）などを参考にしながら，新庁舎に配置が想定されるすべての部署について「執務空間の現況調査」を行い，実際の執務人数，使われ方，狭隘状況の現状を把握した上で，狭隘解消のための職員1人当り基準面積として6.24 m^2/人，職員数に対する事務室所要面積として6930 m^2 が設定された．次に，最近建設された庁舎でH市の人口規模に近く，H市新庁舎で導入すべきワンストップ行政サービスや市民協働空間，防災・災害復旧拠点機能などを有する類似施設として都内2市庁舎を取り挙げ（表4.5），この2市庁舎（E市，F市）の延床面積に占める事務室面積の平均割合27.9％をH市新庁舎の事務室面積割合と想定し，最終的な市庁舎全体規模として25000 m^2 を想定した．市庁舎と国合同庁舎との一体的整備にかかる全体庁舎規模は32000 m^2 となった．また駐車場の規模は基本構想策定委員会において来庁舎用200，公用車100の計300台，自転車・バイク駐輪場は約700台と想

表 4.5 類似事例調査結果

	人口	延床面積	事務室面積	事務室割合 (%)
A 市（東京都）2008 年	61000	7800	2600	33.3
B 市（新潟県）2008 年	38000	7900	1700	21.5
C 市（愛知県）2008 年	108000	18300	3600	19.7
D 市（山口県）2008 年	150000	22000	5800	26.4
E 市（東京都）2009 年予定	176000	18900	5000	26.5
F 市（東京都）2012 年予定	417000	36000	10600	29.4
平均	158333	18483	4883	26.1

都市名の下の年は供用開始年を表す．人口（H20 4.1 現在），延床面積（m^2），事務室面積（m^2）は概算数値．

定された．基本構想ではこのほか，敷地利用と周辺への配慮などに関して，都市マスタープランとしての位置付け，周辺環境への配慮，景観形成への取組み，交通動線や駐車場・庁舎建設のゾーン設定などが行われた．また実現のための方策として，建築費用（建築工事費，外構工事費，解体工事費，委託費）の試算が行われ，建設費用は 25000 m^2 に対して約 100 億円が想定された．これら一連の事例調査結果は，続くプロポーザル方式の導入や基本計画を立案する上での重要な骨格となった．

■公募型プロポーザル方式での検討内容

新庁舎建設基本構想策定後，庁内組織として新庁舎建設推進部本部が設置され，新庁舎設計者選定のための公募型プロポーザル実施の手続きが進められた．2008 年 11 月中旬に第 1 回 H 市新庁舎建設コンサルタント選定委員会が開催され，選定・特定する際の評価項目や基準・重みなどが議論・審議され，参加要件が規定された．参加資格の技術者の業務実績については，近年整備された庁舎の規模と設計者を調査した上で，過去 10 年間（1998 年 4 月 1 日以降に完成）で 15000 m^2 以上の庁舎設計の実績を有することが規定された．11 月末に公募型プロポーザル方式に係わる手続き開始の公告，12 月上旬に参加表明書の提出があった 8 者の中から，12 月中旬に技術提案書の提出依頼者として 6 者を選定した．第 2 段階の技術提案書作成では，業務の実施方針（取組み体制，協力体制，業務分担などの設計チームの特徴，設計上の配慮事項），そして基本構想で策定された新庁舎建設の基本理念，基本方針に基づいて設定された特定テーマ（①市民に開かれ親しまれる建築計画，②業務機能の変化に対応し施設の長寿命化を図る建築計画，③都市景観への配慮，④環境負荷低減の施設整備）に対する技術提案を求めている．2009 年 1 月下旬にこれらに対する技術提案書が 6 者から提出され，2 月上旬に 6

者それぞれの管理技術者，建築主任担当技術者，構造主任担当技術者による30分間程度の技術提案プレゼンテーション＋ヒアリングが実施された．同日開催された新庁舎建設コンサルタント選定委員会において，新市庁舎設計委託者としてS設計事務所に特定された．理由は，①担当技術者の業務実績および実績の技術的評価，②建物内外部において市民・議会・行政の交流を生む空間の考え方，③将来の機能改修に柔軟に対応する考え方，④市民のための公園的空間を設け，緑のネットワークを形成し，周辺環境と調和する考え方などであった．

■新庁舎建設基本計画の内容

2008年1月の新庁舎建設基本構想策定委員会による基本構想（案）の提言の後，庁内検討委員会が強化されて10のワーキングが設置され，10月の最終的な基本構想策定に向けた作業部会での現況調査・類似例調査が実施された．また10月以降は基本計画策定に向けて庁内検討委員会を推進本部，同作業部会を推進部会として強化し，これにワーキングを引き継いだ（表4.6）．これらのワーキングでの検討事項や先進事例研究，視察調査結果は，4つの基本方針を基本計画として具

表4.6 基本計画作業部会ワーキングの検討・調査項目

1. 窓口機能ワーキング ・窓口機能 ・窓口レイアウトと動線シミュレーション ・窓口取扱い業務調査表作成 ・H型ワンストップサービス ・先進事例視察（千代田区） ・先進事例研究（福生市，松山市，さいたま市，西尾市，鈴鹿市，岩国市） 2. 市民機能ワーキング ・現庁舎における市民利用施設 ・交流スペース ・情報共有スペース ・食堂，喫茶，玄関ロビー，屋外広場 ・先進都市研究（東京都，千代田区，立川市，町田市，掛川市，西尾市，鈴鹿市，岩国市） 3. 執務機能ワーキング ・執務機能のフリーディスカッション ・バーティカルゾーニングの研究 ・執務空間のレイアウトイメージの研究 ・効率的な執務空間 ・執務空間調査 ・執務機能に関連する課題 ・事務スペース面積の考え方 ・先進事例調査（福生市，西尾市，鈴鹿市，岩国市）	4. ITワーキング ・移転に伴う諸課題 ・各システムの現況把握 ・各システム計画と新庁舎建設計画 ・新庁舎におけるシステム 5. 防災機能ワーキング ・建物の耐震レベル ・災害対策本部の方針 ・防災センターとしての必要諸室・イメージ ・災害時の防災センターの使い方 ・先進都市視察（神奈川県，横須賀市，横浜市） 6. 周辺整備ワーキング ・周辺整備の方針 ・交差点改良，建物計画 ・新庁舎へのアプローチ，まちづくり交付金，国合同庁舎との一体的整備 ・建物配置，駐車場，周辺とのつながり，新館跡地，消防庁舎 ・建設工事や仮設庁舎 ・高度地区，周辺道路，まちづくり条例 7. 議会機能ワーキング 8. ユニバーサルデザインワーキング 9. 環境負荷ワーキング 10. 施設管理機能ワーキング

現化する上で大いに役立っている．なお10のワーキングのうち，「ユニバーサルデザイン」，「環境負荷低減」，「施設管理機能」の3つは建築設計に合わせて開催されるように想定されている．これらのワーキングでの検討・調査はフィールドワークとして重要かつ必要不可欠なプロセスであった．

基本計画では基本方針に対応する機能や考え方が，①市民に開かれ親しまれる庁舎（情報共有スペース，交流スペース，庁舎デザイン，外構計画，芸術作品・記念植樹木），②人と地球環境にやさしい庁舎（ユニバーサルデザイン，庁舎への安全なアプローチ，省エネ・省資源対策），③市民の安心・安全な暮らしを支える拠点としての庁舎（防災拠点，建物の耐震性），④市民サービス・事務効率の向上を目指した機能的な庁舎（IT対応，執務空間，相談スペース，セキュリティ，快適な室内環境の確保，ライフサイクルコスト），⑤市民に開かれた議会機能を備えた庁舎（本会議・委員会運営のための諸室および機能，セキュリティで管理していく諸室，事務局機能における諸室など，市民などに開いていく諸室），⑥その他必要なスペース（市長室など，書庫，倉庫，納品運搬用エレベーター，福利厚生，その他諸室，駐車場），⑦効率的な建替え計画などの各項目について具体的に示されている．また新庁舎全体に配置される部署，1階に配置すべき課グループ，低層階に配置すべき課グループ，中高層階に配置すべき課グループについて，執務

表4.7　H市庁舎基本設計コンセプトの具現化

①周辺環境との調和
・敷地内に豊かな緑を配置して，八幡山公園から文化公園の緑を連続させる
・外部と内部が動線的・視覚的に連続した開放的な低層部の計画を行う
・新庁舎の空間全体が周辺環境と調和するように屋上緑化を含め豊かな緑の環境をつくる
②市民に開かれた空間
・市民サービスの向上を目指し，1階を中心とした窓口部門の計画を行う
・市民が気軽に訪れることができる開放的な場所をつくる
③フレキシブルな執務空間
・執務室は，壁や柱の配置に配慮した，自由度の高い空間とする
・空調・電気・情報・照明などの設備が，レイアウト変更に柔軟に対応できる計画とする
④防災拠点としての高い安全性
・有事の際にも建築・設備機能が持続でき，災害対策活動を即座に開始できる庁舎とする
⑤高耐久な建築とコストの削減
・設計の工夫，適正な施工，維持管理により耐久性の高い建築とし，ライフサイクルの中でのコスト縮減を図る
・合理的な建替え計画や施工方法など，建設コストを抑えた無駄のない計画とする
⑥環境負荷の低減・自然エネルギーの有効活用
・断熱性の高い外壁や日射遮蔽効果のあるメンテナンス用バルコニーなど，外部負荷を低減する建築的な工夫をする
・太陽光，風，雨水などの自然エネルギーを有効利用する工夫をし，環境に配慮する
⑦省エネルギー化の工夫
・エネルギーを有効に利用する省エネ型設備機器や高効率なシステムを採用する

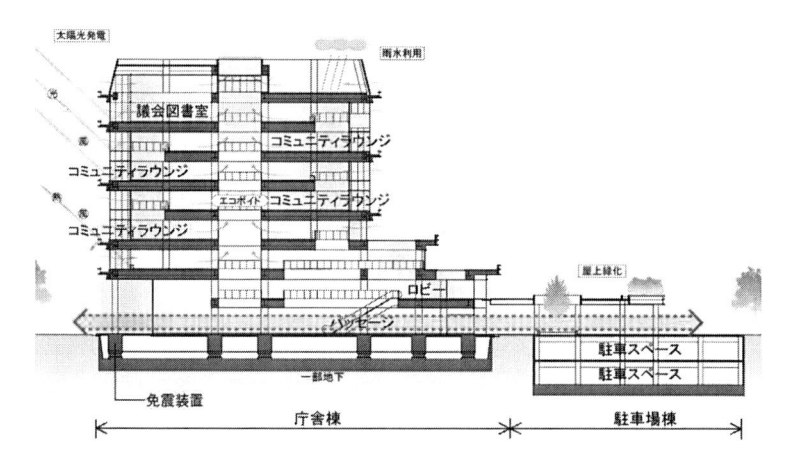

図 4.23 H 市新庁舎基本設計断面図
S 設計事務所.

　機能ワーキングを中心にバーティカルゾーニングの研究を踏まえて計画条件としてまとめられている．共通機能に関すること（ユニバーサルデザイン，環境負荷低減，IT 関連），基本機能に関すること（窓口機能，執務機能，議会機能，防災機能，市民機能，施設管理機能），周辺整備に関すること（周辺交通，高度地区，まちづくり条例）については，建築設計や供用開始時までに継続して検討されることになった．

　以上の基本計画は 2009 年 4 月にまとめられ，公募型プロポーザル方式によって特定された S 設計事務所と市が協働する形で，以後の基本設計コンセプトの策定と具現化，ゾーニングや各部設計などに反映されることになった（表 4.7, 図 4.23）．
〔山﨑俊裕〕

参考文献
1) 新庁舎建設の検討結果報告書（2006）
2) H 市役所に関する市民アンケート調査（2006）
3) H 市新庁舎建設計画懇話会報告書（2007）
4) H 市新庁舎建設基本構想（2008）
5) H 市新庁舎建設基本計画（2009）
6) H 市庁舎・国庁舎一体的整備基本設計（2010）

5 フィールドワークから設計へ展開した事例

5.1 住宅

5.1.1 社会的背景——家族を超えたつながりをつくる

 戦後60年が過ぎ，住宅の住まい手である「家族」は今，変化してきている．マイノリティであった単身者は約3人に1人と増加し，家族人数の減少が顕著である．さらに5人に1人が高齢者である．標準家族といわれた「夫婦と子どもから成る家族」はすでに現在，単独世帯とほぼ同じ割合であり，2030年には単独世帯が約4割弱と最も多い家族型になると予測されている．また「働く夫と専業主婦の妻」という役割分担も変化してきている．年齢や働き方など様々な生活スタイルの人がいるが，共通して言えることは，社会や家庭における自分なりの自己実現を誰もが求めているということであろう．

 これらの社会の状況は，家族機能の担い方を変化させ，住まいの機能や役割など，住まいのあり方そのものを問うている．従来の家族員が行ってきた家事・育児・介護などの家族機能のすべてを現在の家族員が担うことは難しい．ともに暮らす家族以外の人やサービスを利用して，いかに望む生活を実現するか．生活の拠点である居住領域で，家族を超えた多様なつながりをつくる住宅となることが，これからの住宅の課題である．

5.1.2 調査内容

a．「開かれた領域をもつ住宅」先進事例調査

 具体的設計を手がける準備段階として，近年の住宅事例の全体傾向調査，および設計意図と居住後の使われ方との整合性を把握する先進事例調査を行った．

 住宅系建築雑誌に掲載された近年の住宅をみると，居住者と家族以外の人とをつなぐことを意図した，開かれた領域（オープンコモン）を敷地内にもつ住宅事例が増加している．戸建住宅を中心として，戸建が集合した「戸建集合」や小規模集合住宅にもみられる．また，通り庭や，前庭に開かれた領域を設定する事例が多い（図5.1，5.2）．

 先進事例調査では，設計者への設計意図のヒアリング調査，居住者へのアンケ

5.1 住　　　宅

世帯数	1	2～3	4～6	7～14	15～19	20～34	35～49	50以上
住宅形態	戸建	戸建集合	小規模集合		中規模集合		大規模集合	
事例数	79	33	7	5	0	4	1	1

図5.1　全体傾向調査分析例1
オープンコモンをもつ住宅の住宅形態・規模による事例件数（1995～2004年）．

	被包含型			通り庭型		前庭型	包含型		
OC形状	A	B	C	D	E	F	G	H	I
事例件数	15	8	15	39	24	36	5	0	20

図5.2　全体傾向調査分析例2
オープンコモンの形状ごとにみる事例件数（1995～2004年）．■：開かれた領域（オープンコモン，OC）．

ート・ヒアリングによる住まい方調査などを実施した．個々の事例の調査結果から，オープンコモンは，人や時間に制限はあるが居住者どうしのみならず，地域の人と居住者とをつなぐ場ともなっていることが確認できた．親族世帯＋地域をつなぐ「浦和の家」，「町屋Project」，居住者世帯＋地域をつなぐ「屯Ⅱ」などが一例である（図5.3）．

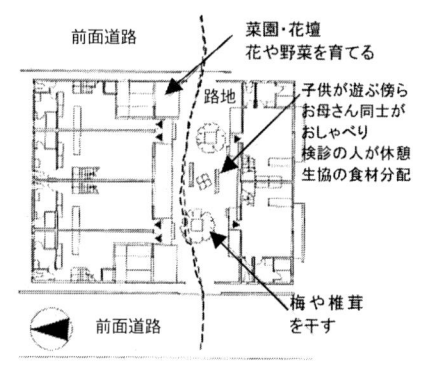

図5.3　オープンコモンの使われ方「屯Ⅱ」[1]

b．「スペラール砧」概要

世田谷区にある集合住宅「スペラール砧」の周辺には，小・中規模の集合住宅などが立ち並び，複数の小規模公園が点在する．自転車圏に砧公園があり，良好で落ち着いた住宅地である．設計コンセプトは，複数の「選択できる要素」を持ち，社会との多様なつながりを可能にすることである．住戸内の間取りの可変性，住戸の間取りのバリエーション，複数の共用空間やアクセス動線が空間特性である．

全体の配置計画は，中庭を介した南棟と北棟からなる．中庭は住戸の側面に配された通り庭（バルコニー）によって外部からの視線を引き込み，周辺の環境とつながる．通り庭に面した2つの出入り口は住戸の可変性と連動して，住戸の一部を可変的に外部に開くことを可能にした．住戸内は可動間仕切りを多用し，セ

ミオーダー nLDK（n は変数）として扱うことで多様な居住単位に適応する．共用空間にはエントランスホール，共用庭，廊下，屋上テラス，バルコニーがある．バルコニーによって，隣り合う住戸間のつながりをつくり，共用庭によって居住者全体の気配を伝え，つながりをつくる場として計画された（図5.4）．

図5.4 「スペラール砧」外観
所在地：東京都世田谷区砧，最寄駅から徒歩7分．主要用途：共同住宅・賃貸住宅，住戸数：58戸，構造：RC造，規模：地上7階，建築面積：1061.00 m^2，延床面積：4597.32 m^2，竣工年月：2003年2月，住戸：50.22〜95.04 m^2，家賃：約14万〜30万円，設計者：空間研究所．

c．調査概要

居住者を対象とした居住後調査を実施した．居住後の家族属性や生活スタイル，居住者自身による間取りの設定（表5.1）と住まい方（図5.5），さらに居住後評価や住要求について調査した（表5.2）．アンケート調査時に間取りを記入してもらい，ヒアリング調査にて具体的な生活行為や動線を確認した．また，居住者間のつきあいの状況や，敷地外へのアクセス動線調査や，共用空間の定点観察調査も実施している．

5.1.3 設計への応用

a．設計の前段階での調査

①社会状況を把握する： 居住者の生活スタイルに合った空間を提案するために，住まい手である「家族」や生活を取り巻く社会状況に関する情報収集を行う．日頃から居住者の生活スタイルを理解し，将来を予測する力を養う．

表5.1 間取り変更タイプ

変更タイプ PLANグループ	原型保持型	変更型 固定型	変更型 連接型	流動型	計
1G	3				3
2G		4			4
3G		1	2		3
4G			1		1
5G		3			3
6G	2	1			3
7G	2	3			5
計	7	12	3	0	22

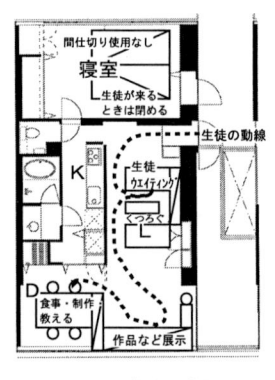

図5.5 住まい方例

表 5.2 共用空間の使い方（現状と希望（例））

回答者数＝21　　　　　　　　　　　　　　　　　　　　回答者数＝16

共用空間名	現状の使われ方		希望する使い方		
	行為	人数	行為	設置してほしいモノ	人数
エントランスホール	挨拶を交わす	10	お茶・おやつを食べる	ベンチ・テーブル・イス	3
	郵便・宅配物の受取り	3	くつろぐ	ベンチ・テーブル・イス	2
	食材の受渡し・分配	1	井戸端会議をする	ベンチ・テーブル・イス	1
	立ち話をする	1	新聞・雑誌を読む	ベンチ・テーブル・イス	1
	子供が遊ぶ	1	パーティをする	―	1
	友人と待ち合わせ	1			

②先進事例に対する調査：　最近の住宅作品の傾向を，住宅雑誌などの文献調査により把握する．現在の居住者（家族含む）が抱えている課題に対して，空間における回答とその傾向を読む．さらに，設計意図と居住後の使われ方との整合性を把握するために，居住者を対象とした居住後の使われ方や空間の観察調査を実施するのが望ましい．

b．具体的設計段階での調査

従前の住まい方調査：　具体的な居住者が明らかな場合，居住者の従前の生活スタイルと居住領域での生活を把握する．またライフステージの変化に伴う将来の住まい方変化を予測し，居住者と話し合い，新たな住居計画を行う．具体的な居住者が明らかでない場合は，立地や所有，定住か住替え用かなどを想定して，家族の形態や生活スタイル像を描いた上で設計する．

c．居住後調査

設計意図と住まい方の整合性や居住者の暮らしについて，居住後調査を実施する．生活スタイルや住意識の変化，住戸内の使い方，敷地内や前面道路などの居住者以外の人との接点となる領域での生活行動など，アンケートやヒアリング，定点観察調査などを実施する．その結果を，居住者や管理会社にフィードバックするなど，竣工後も定期的に継続した調査を実施すべきである．　　（**大橋寿美子**）

参考文献
1) 篠原聡子，大橋寿美子，小泉雅生（2002）：変わる家族と変わる住まい，彰国社．

5.2 集合住宅

5.2.1 社会的背景

少子高齢化が進む中，家族の小規模化や多様化が顕著になり，家族やコミュニティのあり方が問われている．地域コミュニティが弱体化し，家族の孤立や個々人の対人関係力の低下が懸念される現在，個人を主体とした個人－家族－社会の新しい関係性を構築していく必要がある．このような可能性を持つ新しい住まいとしてコレクティブハウジング，グループリビング，シェアードハウジングなどが注目されている．集住のメリットを生かした，安心で合理的な自分らしい暮らしをもたらす住まい方である．

コレクティブハウジングは，複数の世帯が，日常生活の一部を共同化および生活空間の一部を共用化し，主体的につくり育む住まい方である．ライフスタイルとしてコレクティブハウスの暮らしを選択し，暮らしを主体的に担う居住者，独立住戸とコモンスペース，居住者主体の住運営システムがあって成り立つ．これらは，不特定多数の居住者を対象とした一般集合住宅や従前居住者がいる団地再生等の計画においても，個人－家族－社会の関係を考慮するときの参考になるであろう．

5.2.2 調査事例（コレクティブハウス「かんかん森」）

a．事例の概要

コレクティブハウス「かんかん森」は，NPOコレクティブハウジング社（以下，CHC）のコーディネートにより居住者が設計・建設段階から参加した賃貸コレクティブハウスである．事業主は，中学校の跡地に地域開放型の医療・福祉施設を併設する多世代複合居住施設「日暮里コミュニティ」を構想し，コレクティブハウス導入を企画した（図5.6）．

コレクティブハウスは，建物の2～3階に位置し，多様な面積と間取りの独立住戸，住戸の延長に位置づけられるコモンスペース，建物の共用部分となるパブリックスペースを

図5.6 日暮里コミュニティ外観
コレクティブハウス「かんかん森」は2～3階．所在地：東京都荒川区，竣工：2003年5月，構造：SRC 地下1階付12階建，敷地面積：2814.4 m^2，延床面積：1944 m^2（2・3階），住戸数：28戸（24.55～62.06 m^2），基本設計・コーディネート：NPOコレクティブハウジング社．

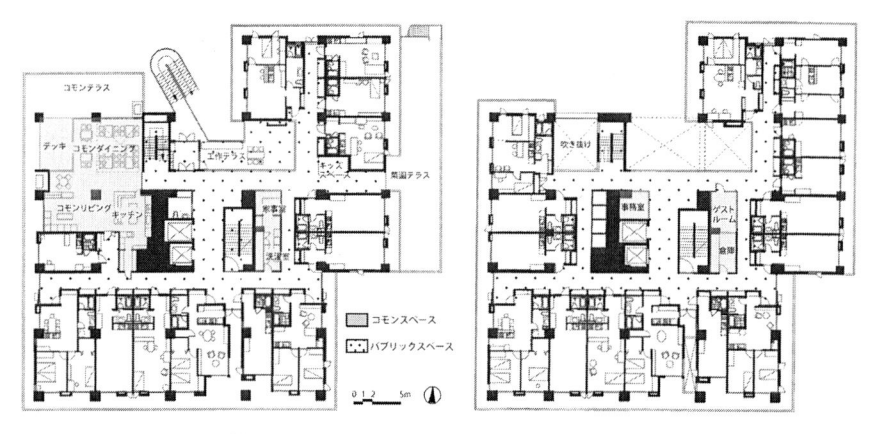

図 5.7　コレクティブハウス「かんかん森」平面図

持つ．コモンスペースの総面積は，各住戸から住戸面積の約 13% を供出した面積に当たり，居住者はその分の賃料を支払う．誰もがアクセスしやすく個人領域に影響を及ぼさない位置に，メインとなるコモンルーム（ダイニング，キッチン，サロンコーナー，リビング，テラス）がある．このほか 2 階には家事・洗濯室，車椅子対応トイレ，倉庫が，3 階には事務室，倉庫，ゲストルーム，ストックルームがある（図 5.7，5.8）．コモンスペースは，個人の暮らしを豊かにするために住戸の延長としてつくられる．住戸はコモンスペースの長所を生かしながら誰もが気持ち良く過ごせ，暮らしながら工夫できる余地を残した空間づくりを目指した．これらの設計および空間構成は，暮らしのイメージや価値を共有するワークショップを重ねて検討されたものである．

図 5.8　ダイニング
写真提供：「かんかん森」居住者組合・森の風．

b．調査の概要

「かんかん森」の企画までに国内外の先行事例調査，多様な世帯を対象とした暮らしのニーズ調査，コレクティブハウジングの認知拡大とそのニーズ発掘のためのセミナーやワークショップなどを ALCC（Alternative Living and Challenge City．CHC の前身となる一組織．既成の家族・住宅・福祉概念にとらわれない居住者主体の新しい住環境づくりを目指す研究・活動グループ）や大学（日本女子

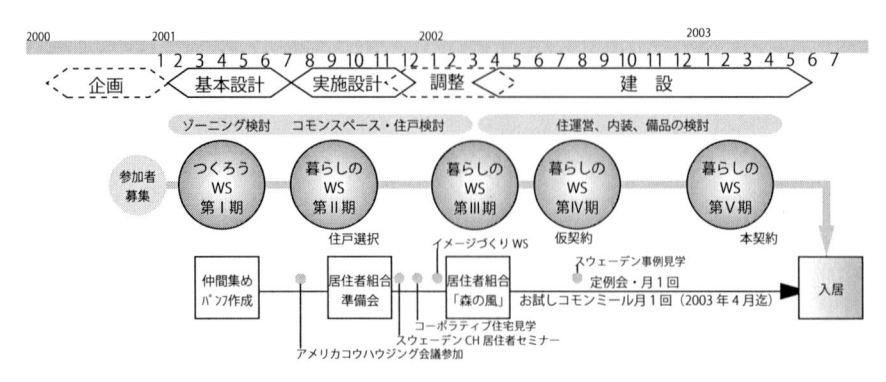

図5.9 参加のプロセス[1)]

図5.10 デザインゲーム

大学住居学科 小谷部研究室）で多数行ってきた．「かんかん森」は，これら調査研究の蓄積を踏まえて計画されている．

以上に加え，実際の設計に要した主たる調査は，CHCによる居住予定者の暮らしに対する意識を把握・育成するワークショップの中で行われた（図5.9，5.10）．居住者一人ひとりが暮らしを担う主体として育つために，人と人，人と空間，人と暮らしのしくみを実践体験できるようなプログラムがその時々の状況に応じて準備された．参加者がお互いを知り，暮らしへの思いを語り合いながら暮らしをイメージし，コモンスペースと住戸のゾーニングを行ったワークショップⅠ（WSⅠ），模型や敷地での原寸体験などを通して空間を具体的に把握し，モデル事例の学習などから暮らしのイメージを共有していったWSⅡ，賃貸であることやコモンスペースがある暮らしを考慮した住戸検討および具体的な運営内容に即したコモンスペース計画を行ったWSⅢなどがある．ワークショップ手法には，KJ法，デザインゲーム，原寸体験などが用いられた．ワークショップや居住希望者会議における発言記録や記述資料（付箋紙に記述された意見，毎回の振り返りシート，アンケート調査など）で参加者の意識や暮らしの価値が捉えられ，空間計画や運営計画にフィードバックされた．

5.2.3 設計への応用

コレクティブハウジングの計画・設計は，居住者育成－空間計画－運営計画を

相互に関連させフィードバックを重ねながら行われる．事例の設計に生かされた主な調査とワークショップとして以下の3点を挙げる．

①先行モデル事例の調査： スウェーデンの先行モデル事例における空間や運営システムの現状，それらに対する居住者評価や使い方などの調査結果が本事例の設計に大きな影響を及ぼしている．居住者自身もこの事例の直接・間接的な学習を通して暮らしの可能性を見いだしている．

②デザインゲームによる空間検討： コモンスペースの計画には，決定された壁や柱だけが書き込まれた平面図に家具や設備の紙キット，ペンを使用して自由に間取りを考えていくデザインゲームが多用された．1日の暮らしをイメージする物語づくりで住戸とコモンスペースの仮想動線づくりも行われた．

③オープンな住戸検討： 個々の住戸の検討は，居住者と設計者の1対1ではなく，全員の話合いの中で行われた．これは，住まい方と空間のあり方を考える上での相互啓発や思いの共有につながっている．　　　　　　　　　（櫻井典子）

参考文献
1) 小谷部育子ほか（2004）：コレクティブハウジングで暮らそう，丸善．

5.3 幼稚園・保育所・こども園

5.3.1 社会的背景
a. 歴史的背景

「幼稚園」は1840年にフレーベルによってドイツで始められたキンダーガルテンに由来するものである．日本では1876年，東京女子師範学校内に新設された附属幼稚園が最初とされる．満3歳以上のものは「開誘室」（保育室）で保育が行われていた．「縦覧室」は高貴な方が来園されたときに用いた部屋であり，文献を所蔵し幼児の製作品が列べられていた[1]．幼稚園は学ぶための場所であった．

保育所は1890年，小学校教師を退職した赤澤鍾美が新潟市で開いた静修学校が最初とされている．当時は経済事情のために公立の学校に通学できない子女が多く，その子らのための学習塾を開いた．自分の幼い弟妹や奉公先の幼児の世話をしながら通学する者が多く，その幼児たちを別室に集めて無料で面倒を見始めたのが，保育所の始まりである．保育所は保育に欠ける子どもの場所であった．

b. 認定こども園の誕生

以上のように幼稚園と保育所は別々の目的を持ち，それぞれの役割を担ってきた．ところが，①就労の有無や形態の変化によって施設を継続的に利用することができない，②少子化によって集団活動や異年齢交流の機会が減少した，また小規模の複数園を運営するのは効率的ではない，③幼稚園の利用人数減少に伴う余

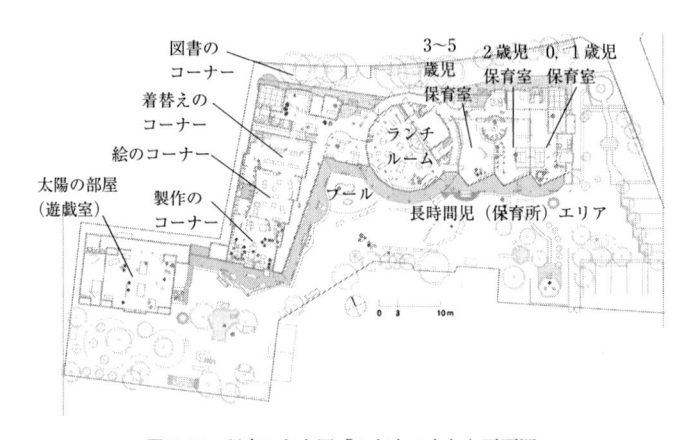

図5.11 認定こども園「こどものもり」平面図
設計：入之内瑛＋都市梱包工房，定員：165名，建築面積：1197 m^2，敷地面積：3198 m^2，延床面積：1252 m^2．

裕教室を有効利用し保育所の待機児童を解消したい，などの理由から幼稚園と保育所の一体的な運営を始める施設が増えた．2006年に認定こども園法が施行されると，秋田県の5施設をはじめとして全国各地にこども園が増え続けているのが現状である．

5.3.2 調査事例（こどものもり）

幼稚園と保育所の一体的な運営をしようと建築された事例に「こどものもり」がある（図5.11）．2008年からは，認定こども園（幼保連携型）としての運営が始まっている．

図5.12 開放的なランチルームでの食事風景

a.「こどものもり」の特徴

①保育室をクラスルーム専用室とはせず，活動の目的を定めた「コーナー」を設置し，長時間児（従来の保育園児）と短時間児（従来の幼稚園児）にかかわらず，自由に環境を選択できるコーナー保育が行われている．

②ランチルームを中心として東側には長時間児が昼食後に主に過ごす場があり，活動の規模や動静に合わせて空間の選択が行われている（図5.12）．

③3歳以上の幼児には，地域や送迎バスごとのクラス（縦割り保育）と学齢ごとの組（学齢別保育）の2つの所属があり，その日の保育の目的によって使い分けている．それに伴って一斉保育が行われる場所も日々変わるが，幼児は容易に対応している．

使われ方調査としては，例えばマッピング調査がある．これによって場の設定を分析・考察したり（図5.13），そのマッピングをもとに人数変化を分析・考察する方法（図5.14）がある．

図5.13からは，コーナーが設置された空間が広がり，子どもたちが自由に環境の選択を行って

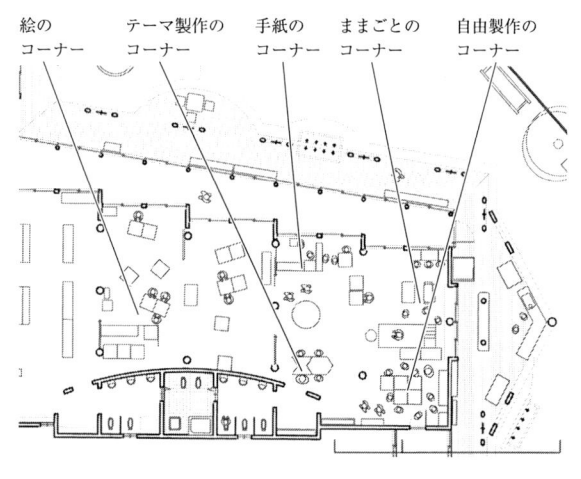

図5.13 コーナーが設けられた保育室における幼児の散在記録

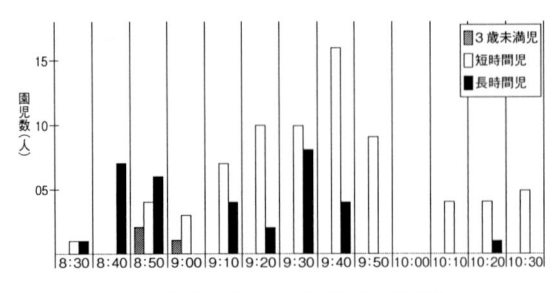

図5.14 絵のコーナーにおける人数変化

いることがわかる．設えられた場所には6〜8名がゆったりと居られる場となっている．図5.14は通園してすぐに全員が絵を描く「絵のコーナー」における幼児の滞在者数である．30席程度が設けられ，通園時間に応じて幼児たちが利用していることがわかる．同様にすべてのコーナーを記録したが，絵のコーナーの設置によって，幼児が徐々に奥の空間へと移動するのを促す様態が明らかになった．

5.3.3 設計への応用

　幼保が一体となった施設やこども園においては，収容者人数が多くなりがちである．また，親の就労にかかわらず1つの施設に子どもたちが集うことになるので，通園時間にズレが生じ，従来の幼稚園や保育所に比べて1日の人数増減差が大きくなる．特に，短時間児が一斉に降園した際には，寂しい雰囲気が漂う．換言すれば，従来の保育施設は一斉に集う場であったが，現在は，人数増減に伴う様々な集団が集える空間の提供が必要となってきたとも言える．人数変化に対応できる種々の空間など，多様なポテンシャルを含む設計を期待したい．

　利用者からみた失敗建築の数が多いのが，保育施設設計の特徴である．保育者の要望があまり届いていないのである．施主とされる，法人の理事長（ときに園長を兼ねる）には，保育現場のうわべしか知らない者がおり，私立であれば，保育を知らずにある日突然，園長になったというケースもある．現場知らずの園長であっても，ステレオタイプに対する警鐘を鳴らすことができ，また，現場に適応可能な優秀な人材もいる．保育施設は，施主との関係を見ると文教施設よりも個人住宅の設計に近い．であるがゆえに，施主と使い手にズレが生じる可能性を秘めた空間でもある．だからこそ事前のフィールドワークが必要である．

〔佐藤将之〕

参考文献
1) 倉橋惣三，新庄よしこ（1934）：日本幼稚園史，東洋圖書．

5.4 小学校

5.4.1 社会的背景
a．日本型オープンスペースの普及

1970年代後半より個性化・個別化教育の思想とともに多目的な学習空間＝オープンスペース（OS）が我が国に登場した．この新しい学習空間は，子どもたち一人ひとりの多様な学びに対応するだけでなく，教室と連続的に設けることで閉ざされた教室（学級）の壁をなくし，開かれた教育を実現するという面でも大きな意味を持った．

国による整備費の補助制度（1984年）などを契機に，その後OSを持つスタイルの学校は全国的に普及した（図5.15）．しかし1990年代に入ると，これらは学校建築の新たな定型として，多くの研究の蓄積と同時に，いくつかの問題点も指摘されるようになった．

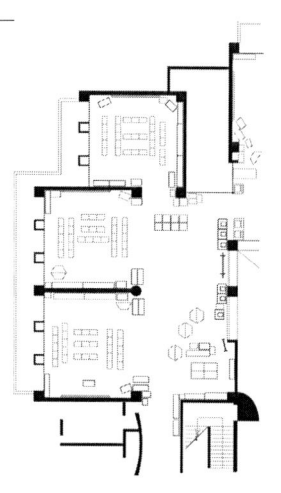

図5.15　1980年代のオープンプラン小学校

b．定型からの脱却——打瀬小学校の登場

1990年代後半に入ると，「新たな定型」から脱却しようという建築家などによる学校建築への挑戦や提案が見られるようになった．千葉市立打瀬小学校は，その代表的作品の1つといえる．ここにはこれまでの学校建築の既成概念を打破す

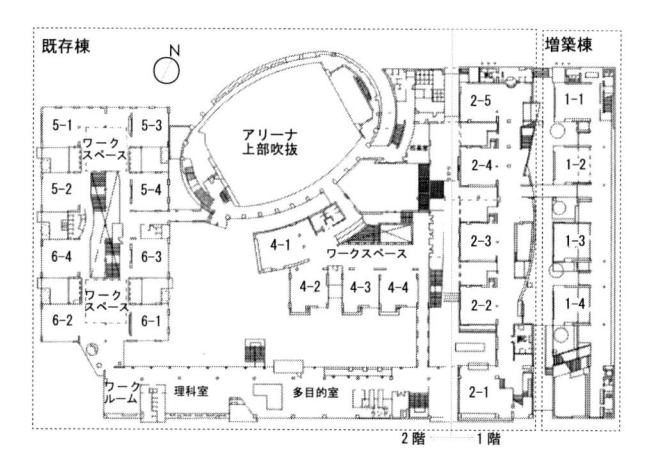

図5.16　打瀬小学校平面図

る斬新な空間提案が散りばめられていた．①教室，中庭，アルコーブ，OS，パスからなるクラスセットを南北軸に沿って配置，②低・中・高学年によって異なる空間のデザイン，③屋内外を連続的に展開した低層の校舎，④子どもたちのアクティビティが街にあふれ出す透過性のあるデザイン，といった提案と，児童の個を重んじる教育活動の実践により，打瀬小学校は建築界，教育界におけるエポックメイキングな存在となった（図5.16）．

5.4.2 調査事例（打瀬小学校）

a．使われ方調査

学年1クラス規模のニュータウンの学校として開校して以来，児童数が年々増加した打瀬小学校を対象に継続的な調査・研究[2〜4]が行われた．これらの研究では学年の規模に応じた特徴的な学習活動と空間の使い方について，①家具によるコーナーの形成とその種類，②学習の中で発生する集団規模とその展開について，いくつかのパターンが示された．これらは学習活動とそのための環境づくりにおける具体的な想定を可能とした．また，均質的な多目的空間と捉えられていたOSに，日々の学習活動の中で定常的にいくつかの，ある機能を持った場が設定

図5.17　集合の場として機能する中学年棟の階段（打瀬小学校）

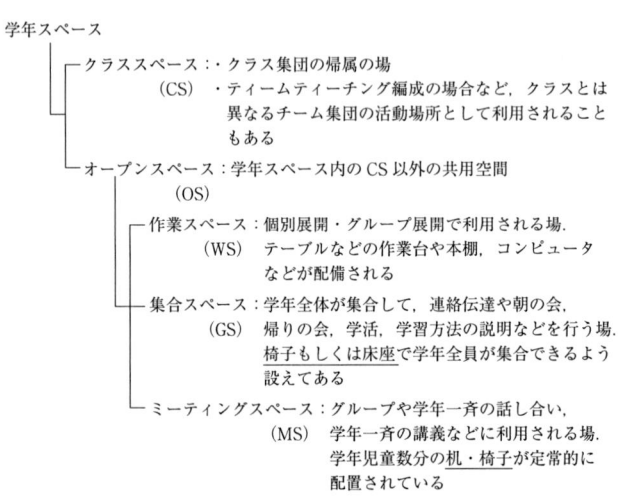

```
学年スペース
├─ クラススペース：・クラス集団の帰属の場
│     (CS)     ・ティームティーチング編成の場など，クラスとは
│               異なるチーム集団の活動場所として利用されること
│               もある
└─ オープンスペース：学年スペース内のCS以外の共用空間
         (OS)
         ├─ 作業スペース：個別展開・グループ展開で利用される場.
         │     (WS)     テーブルなどの作業台や本棚，コンピュータ
         │               などが配備される
         ├─ 集合スペース：学年全体が集合して，連絡伝達や朝の会，
         │     (GS)     帰りの会，学活，学習方法の説明などを行う場.
         │               椅子もしくは床座で学年全員が集合できるよう
         │               設えてある
         └─ ミーティングスペース：グループや学年一斉の話し合い,
               (MS)     学年一斉の講義などに利用される場.
                         学年児童数分の机・椅子が定常的に
                         配置されている
```

図5.18　打瀬小学校に見られる場の構成

されるという実態（図5.17, 5.18）は，その後の小学校OSの計画に大きな示唆を与えるものとなった．

b． 教師の評価と環境の見直し

開校後数年が経ち，学校規模が計画時に想定していた学級数もしくはそれ以上になると，次第に環境面での課題が明らかとなってきた．特にオープンな学習環境における音の問題は深刻であり，透過性のある開放的なデザインがともすれば否定されかねない状況も招きつつあった．音環境に関する実測や教師の評価を対象とした研究が行われ，学校現場における音，熱，明るさなどに関する検討がなされた．音環境については従来，誰もいない状況での実測が調査方法の主流であったが，実際の授業活動時の音を採取し，現場の状況観察とともに分析したことにより具体的な指標を得ることができた[4]．

これらの結果は，打瀬低学年棟増築計画（2005年）の際，実際に音響設計というかたちで，壁面，天井，空間のデザインに取り入れられることとなった．上野らは音環境への新たな提案が取り入れられたこの増築棟においても，竣工後の実測調査研究を行い，次なるデザインへのフィードバックを行っている．

5.4.3　設計への応用──美浜打瀬小学校への提案

その後も打瀬小学校周辺の人口は年々増加し，この地区3校目の美浜打瀬小学校が新設された．設計には打瀬小学校と同じ設計者（シーラカンスアンドアソシエイツ）が選定され，地域住民だけでなく建築関係者からも注目を浴びた．美浜打瀬小学校の設計では，打瀬小学校で蓄積されたOSの使われ方から発想された

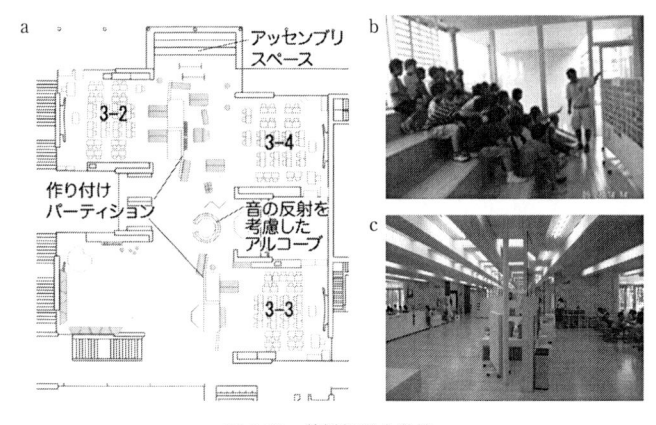

図5.19　美浜打瀬小学校
a.ユニット，b.アッセンブリスペースでの学習，c.音響設計による天井，間仕切り．

空間構成や，音環境評価・実測の成果，そして教師らの評価が，それぞれデザイン要素として以下のように取り入れられている（図5.19）．

① OSの場の設定： 均質な大空間のOSではなく，学年集合のための「アッセンブリスペース」，アルコーブ，十分な家具の設えなどにより活動を誘発する仕掛けを施した多目的学習空間とする．

② 音環境： 打瀬小学校の実測調査研究[5]を行った研究者を設計チームに加え，室内音の音響シミュレーションを行い，天井や壁の有効な箇所に十分な吸音面を設けた．さらにOS内には音の伝搬に配慮したベンチ付きパーティションを配置している．

③ 空調方式： 打瀬小学校を始め多くの学校で従来取り入れられていたFF方式（給排気を強制的に行う）の暖房器具では，空調機付近の暖気による気流で足下に冷風が吹く状況（コールドドラフト）や室内温度のムラが課題であった．美浜打瀬小学校では温風を床下に回しペリメータゾーンから吹く方式とし，空間全体を暖めることで快適な室内環境を実現した．　　　　　　　　　（倉斗綾子）

参考文献

1) 上野 淳（2008）：学校建築ルネサンス，鹿島出版会．
2) 倉斗綾子，上野 淳（2000）：学習・生活活動におけるコーナー形成・活動展開の実態からみた小学校学年スペースの空間構成に関する考察．日本建築学会計画系論文集 **531**：111-118．
3) 倉斗綾子，上野 淳（2001）：打瀬小学校の4年間—場の形成と集団編成に着目した学年スペースの構成に関する考察．日本建築学会計画系論文集 **540**：111-118．
4) 青木亜美，上野佳奈子，橘 秀樹（2002）：音環境に着目したオープンプラン小学校の実態調査に基づく研究．日本建築学会計画系論文集，**562**：1-8．
5) 中島章博，上野佳奈子，坂本慎一，橘 秀樹（2008）：オープンプラン教室配置における音響伝搬特性の検討．日本建築学会環境系論文集，**626**：415-422．

5.5　中学校・高等学校

5.5.1　社会的背景

戦後に教育の機会均等を目指して6・3・3・4制の学校教育制度がスタートしたが，近年，中高一貫教育の中等教育学校，小中一貫教育が可能になるなど，これまでの単線型の学校制度が変化してきている．また教育システムに関しても，科目選択の自由度を増した単位制高等学校や総合学科制高等学校など，特色ある学校が登場してきている．

教育内容に注目すると，時間数・教科内容などの基準は学校種別ごとの学習指導要領に定められているが，ほぼ10年ごとに改定されている．平成14年度からは，完全週5日制，授業時数の縮減，総合的な学習の時間の導入が行われている（平成23年度に是正されている）．

教科や科目に応じて教室や学習空間を利用する運営方式には様々なものがあるが，総合教室型，特別教室型，教科教室型が代表的である．教科担任制をとっている中学校・高等学校では教科教室型が採用されることもあり，また高等学校で必修の多い1年生を特別教室型，2年生以上を教科教室型とするなど運営方式を組み合わせるケースもある．

5.5.2　調査事例

（日出学園中学校・高等学校）

a．学校の概要

日出学園中学校・高等学校の移転建替えでは，それまで別々であった小学校と合築する形で，新たな敷地に新校舎を建設した．校舎は大きく小学校ゾーンと中学校・高等学校ゾーンに分けられるが，校舎は一体的につくられている．

中学生の教室と高校1年生の教室は学年ごとにユニットとしてまとめられ，ホームルームにも教科教室にも対応可能な学年教科教室型とし，廊下を挟んでホームベースを設置している．一方，高校2～3年生の教室は教科ごと（英語系，国語系，数学系，社会系）に

図5.20　日出学園中学校・高等学校エントランス

所在地：千葉県市川市，竣工年月：2008年7月，敷地面積：26000 m^2，延床面積：23333 m^2，設計監理：久米設計，計画顧問：寺田伸夫（アーキトレーブ），計画アドバイザー：柳澤要（千葉大学），施工：戸田建設，東洋熱工業，大坪電気ほか，構造：RC造・S造地上5階建，生徒数：389名（中学校）・460名（高等学校）．

ユニットをまとめる系列教科教室型とし，教室とは独立した形でホームベースを設置している．

実習教室は中高共有とし，音楽系ユニット，理科系ユニット，美術・技術・家庭科ユニットにまとめている．またそれぞれ展示・情報交換・作業・交流などに活用できるようにコモンスペースを設けている．

校庭は全校で利用するグラウンドのほかに小学校専用グラウンド，小学校校舎の屋上を活用した小学校専用テラス，中学・高校校舎屋上に中高専用テラスなどを設置するなど，小学校と中学校・高等学校それぞれの領域を確保しながら狭い校地を有効活用するための工夫をしている．

b. 調査の概要

新校舎計画の基本構想作成は千葉大学柳澤研究室が協力して，理事や小学校・中学校・高等学校校長らによって構成される建設・検討委員会などでの討議を経てまとめられたが，それに加えて，教職員に対しての全体・個別ヒアリング調査や既存施設における生徒の空間利用調査などを実施した．

授業時の空間利用の特徴，休み時間も含めた生徒の学校生活の実態を把握するために行われた生徒の空間利用調査は，具体的には，中学校・高等学校の学年ご

表5.3 教室利用実態調査シートの例

		クラス：人数	教科	学習形式	内容（備考）
311（3号棟1階）普通教室	1時間目	3年1組：29人	国語	A-2	文章読解
	2時間目	3年B1（習熟度別）：19人	数学	A-2	問題演習
	3時間目	3年1組：29人	社会	A-1	需要・供給について
312（3号棟1階）普通教室	1時間目	3年2組：30人	社会	A-1	需要・供給について
	2時間目	3年B1（習熟度別）：15人	数学	A-1	問題演習
	3時間目	3年2組：30人	国語	A-1	文章読解
321（3号棟2階）普通教室	1時間目	1年1組：32人	英語	A-1 → A-2	文法
	2時間目	1年1組：32人	社会	A-1	歴史
	3時間目	1年1組：14人	技術	A-1	木の種類について
432（4号棟3階）普通教室	1時間目	1年2組：33人	理科	A-1 → A-2	問題演習
	2時間目	1年2組：33人	英語	A-2	文法
	3時間目	1年2組：33人	理科	A-1	先生の講義

とにおおむね1人の調査員を配して，登校から下校までの授業時の場所ごとの教室利用実態（時間／クラス／学習形式／内容）を記録する形（表5.3）で行った．

これらのデータ分析により新校舎の計画に際しての様々な指針を得ることができる．例えば現状の普通教室や選択教室，また特別教室の教室利用率を分析すると，新校舎における適正な教室数算出の参考となる．

教職員へのヒアリング調査では，空間構成や必要諸室・スペースの関係をわかりやすく示すための空間ダイアグラムを研究室で作成し，主としてこれを用いて意見交換を行った．なお学校規模が大きく生徒数も多いなどの規模的・時間的制約もあり，中学校・高等学校の生徒へのヒアリング・アンケート調査は，ここでは行っていない．

5.5.3 設計への応用

基本構想や基本計画段階など，設計に反映させるために様々な調査を行うべきである．

例えば新たに計画する施設の参考とするために，類似施設などで調査を実施する．改築や改修などでは，既存施設の実態を把握するための調査を行うことが望ましい．また生徒を対象にしたアンケート・ヒアリング調査や，生徒と一緒に課題やデザインを考えるワークショップも効果的である．学校の地域開放を行う場合には，地域住民への意識調査も実施すべきである．

校舎竣工後のPOE（post occupancy evaluation：施設占有後調査）は，施設・空間利用に際しての課題・問題点を把握・分析し，それを使用者側へフィードバックすることにより，より効果的な施設利用を促す目的で行われるが，対象となる施設のみならず類似施設の基本構想や計画を練る際の参考にもなりうる（詳細は4.4節参照）．

〔柳澤　要〕

5.6 大学

5.6.1 社会的背景

我が国の大学は少子化に伴う大学全入時代に突入し，大学間競争が激化する中で大学キャンパス環境の整備と施設設備の量的・質的充実が重要な課題となっている[1]．他大学と差別化を図るための方策として，現在多くの大学では学生のキャンパス内の学習空間・居場所づくりが推進されており，図書館機能の高度化・専門化，関連施設との相互連携・複合化，留学生の積極的な受け入れと国際化・ネットワーク化への対応なども課題の1つとなっている．大学は研究・教育に関する学術情報発信機能をこれまで以上に強く求められており，最新かつ高度な情報化・電子化対応も大きな課題である．長い歴史を有する大学から近年新設された大学まで多様な大学が現存するが，どの大学においても次世代の生き残りをかけて自己点検・評価を推進し，大学施設機能・設備上の課題および教育・管理・運営上の課題を明らかにした上で，具体的な整備指針・方策を提言することが重要かつ必要不可欠なテーマとなっている（図5.21～5.23）．

5.6.2 調査事例

a．校地・校舎面積の算定

大学設置基準に従って，学部の種類に応じた収容定員に対する必要専任教員数，校地・校舎の施設および設備基準（面積，所要室機能）などが定められており，大学新設や学部の改組・増設を行う際には，これらの基準を満たすことが必要条件となる[2]．

図5.21 東京大学駒場キャンパス・コミュニケーションプラザ

図5.22 東京都市大学建築学科棟

図5.23 埼玉県立大学キャンパス

一方，我が国の旧国立大学や私立大学で保有する校地面積・校舎面積は，大学設置基準を満たしていない事例が複数存在することが実態調査報告などで指摘されている．施設各室空間・設備機能についても老朽化・狭隘化が著しく，抜本的な環境改善，リニューアル・リモデル，用途転用などの方策が必要不可欠な状況にある[3]．

b．施設機能・空間構成の方法

大学の施設機能は学部学科別の収容定員，教員数，教育課程（開講授業科目と内容，受講数，必修選択別）などに関する計画情報を総合的に検討しながら，利用率を考慮した必要教室（講義室，演習・ゼミ室，実験・実習室），研究室，共通諸室，管理諸室，図書館，福利厚生施設，体育施設などの室数，面積・形状，延床面積などを設定する．選択科目は一般に必修科目に比べて受講者の想定が難しい．標準的な大きさの教室を一定数設置することに加えて，大きさの異なる大小教室を複数用意することが重要である．なお講義形式の教室は共通教室群としてまとめて配置し，学部学科ごとに必要とされる実験実習室は個々のゾーンに配置することが考えられる．このほか，学生・教職員の日常生活に必要な図書館，福利厚生施設，体育施設などの諸機能は，キャンパス内外の日常動線近くに配置するよう心がけたい．

5.6.3. 設計への応用例——植草学園大学新棟（L 棟）の計画・設計

■大学設立の経緯とキャンパス計画の基本理念

植草学園大学は，2003 年に医療・福祉・教育の連携と統合を目指した新設大学として構想が立案された．基本構想では学内教職員，および医療・福祉・教育・建築などの学外有識者委員会が組織され，発達教育学部（発達支援教育学科）と保健医療学部（理学療法学科）の 2 学部 2 学科を有する大学として開設準備が進められた（表 5.4）．キャンパス計画では建学の精神に立脚し，社会と共存・共生する施設環境と運営を目指して，2005 年度にプロポーザルによる統合計画の策定が行われた．大学を取り巻く環境が多様化・個性化・個別化するなか，設計段階では特に交流・共同学習・学校開放・地域連携の進展に寄与しうるキャンパス環境・機能を具現化することをテーマに掲げ（図 5.24），植草学園短期大学と共存する形で 2008 年 4 月に植草学園大学キャンパスがオープンした．

■計画・設計概要

大学棟（L 棟）の構成は，将来の学部学科の再編に対応可能とするため，開設 2 学部の必要諸室，福利厚生，大学本部機能を共存配置させる計画とした．短大

表5.4 植草学園大学新棟・図書館棟の所要室計画面積 (m³)

所要室	面積	所要室	面積
共用教室	2360	会議室 2室	256
大講義室（250人×1室）	416	応接室	29
中講義室（100人×3室）	460	事務局長室	31
小講義室（40人×11室）	927	事務室 2室	191
ゼミ室（16人×14室）	557	短大主事	22
発達教育学部実習室	998	キャリア支援室	138
演習室1	144	実習相談室	32
ピアノ練習室（図書館棟）	47	相談・応接室	10
演習室2（心理）	144	同窓会室	11
音楽室	144	サーバー室	13
演習室（表現スタジオ）	320	書庫・倉庫	146
乳児演習室	200	印刷スペース	17
保健医療学部実習室	1968	守衛室	19
基礎医学実習室・準備室	326	福利厚生	1208
機能訓練室・準備室	326	食堂・ラウンジ	724
治療室	231	厨房	74
評価測定室・準備室	163	売店	61
水治室・準備室	151	学生更衣室（男）	48
日常動作訓練室・準備室	219	学生更衣室（女）	116
装具加工室	111	ラウンジ1〜4	141
更衣室	22	メディアセンター	45
木工金工陶工室・準備室	177	図書館部門	1088
織物手芸絵画室・準備室	209	書架, 閲覧室	968
陶芸釜室	33	グループ閲覧室	43
研究室	751	館長室	9
研究室（39室）	710	スタッフルーム	34
カンファレンスルーム（2室）	41	共用スペース	35
管理諸室	1097	共用スペース	3503
理事長・学長室	36	センターモール	159
学長・副学長室	58	ホワイエ＋収納	30
秘書エリア	43	廊下・階段・便所など	3314
学部長室 2室	44		

との連携性，わかりやすいアプローチ動線，新設大学としての象徴性，敷地の有効利用と将来計画などを考慮し，大学棟は短大棟東側部分に配置した（図5.25）．大学棟中心部（通称：センターリーフ）は各部門をつなぐ中心的機能であり，「植草」を表象する形態となっている．センターリーフと斜交する2つのウイングに

5.6 大　学

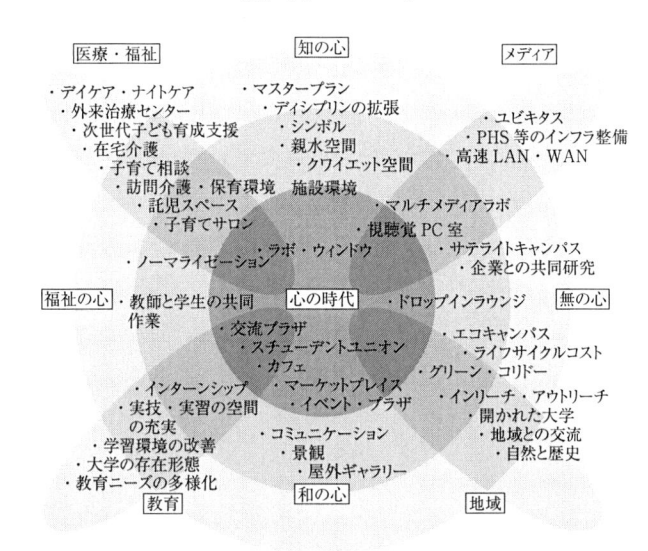

図5.24　大学を取り巻く社会状況とキャンパス計画の基本理念
KJ法を用いて課題・テーマを抽出．

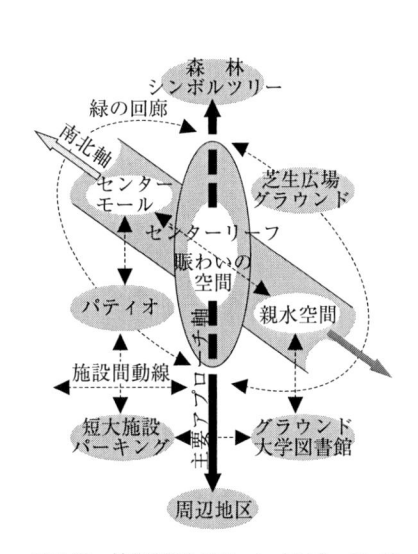

[医療・福祉]
・デイケア・ナイトケア
・外来治療センター
・次世代子ども育成支援
・在宅介護
・子育て相談
・訪問介護・保育環境
・託児スペース
・子育てサロン
・ノーマライゼーション

[知の心]
・マスタープラン
・ディシプリンの拡張
・シンボル
・親水空間
・クワイエット空間
・施設環境
・視聴覚PC室
・ラボ・ウィンドウ

[メディア]
・ユビキタス
・PHS等のインフラ整備
・高速LAN・WAN
・マルチメディアラボ
・サテライトキャンパス
・企業との共同研究

[福祉の心]
・教師と学生の共同作業

[心の時代]
・交流プラザ
・スチューデントユニオン
・カフェ
・マーケットプレイス
・イベント・プラザ
・コミュニケーション
・景観
・屋外ギャラリー

[無の心]
・ドロップインラウンジ
・エコキャンパス
・ライフサイクルコスト
・グリーン・コリドー
・インリーチ・アウトリーチ
・開かれた大学
・地域との交流
・自然と歴史

[教育]
・インターンシップ
・実技・実習の空間の充実
・学習環境の改善
・大学の存在形態
・教育ニーズの多様化

[和の心]

[地域]

図5.25　植草学園大学キャンパスゾーニング

図5.26　植草学園大学新棟（L棟）正面アプローチ
所在地：千葉県千葉市若葉区，設計：意匠院，敷地面積：37996 m², 大学新棟（L棟）建築面積：2996 m², 延床面積：10767 m², 図書館棟（M棟）建築面積：957 m², 延床面積：2207 m², 総延床面積合計：12974 m².

は講義室・演習室・実習室・研究室，大学本部機能，福利厚生機能が配置されている．大学棟への主動線は，地盤面から上下2つのスロープで1階アカデミック・コモン，2階コンコースにそれぞれアプローチし，2階からは大階段を介して3階オープンデッキ，4階研究室ゾーンにアクセスする．このメインアプローチはアカデミズムの階段，すなわち学問の高みへと登る姿勢を空間的隠喩として表現したものである（図5.26）．キャンパスの賑わい・交流，生活空間としては，センターリーフ1Fにレストラン・ショップ・カフェ，表現スタジオ，音楽スタジオ，ドロップインラウンジ，センターモール，タッチダウンコーナーなどが配置されている[4]．

（山﨑 俊裕）

参考文献

1) 高等教育情報センター（1999）：キャンパスの創造と計画．
2) 高等教育情報センター（2001）：大学・短大・大学院の改組転換・増設マニュアル．
3) 今後の国立大学等施設の整備充実に関する調査研究協力者会議 編（2002）：国立大学等施設に関する点検・評価について．文部科学省ホームページ．
4) 山﨑俊裕，寺川典秀，荒牧正俊（2009）：植草学園大学その1 大学新棟（L棟）の計画・設計，日本建築学会大会学術講演建築デザイン部門，2009年8月．

5.7 福祉施設

5.7.1 社会的背景
a. 福祉施設とは？

福祉施設と一言にいっても，様々な建物が存在する．制度上の定義としては建築基準法上の「児童福祉施設等」，児童福祉法上の「児童福祉施設」，介護老人保健法上の「介護老人保健施設」などが挙げられ，具体的には幼稚園や保育園，児童館，障害者（児）施設，特別養護老人ホームなどが挙げられる．このような名称や定義は，時代とともに変化するものでもあるため，ここでは「社会的な生活を送る際に困難を持った人々のための施設」と定義したい．

施設の利用者は，どのような人たちなのだろうか．乳幼児や病児，子ども，障害者，高齢者など様々な人たちが想定されうるが，おそらく共通していえることは，その人々が，何らかの点で調査者である「あなた」と異なっているということである．そのため福祉施設で調査を行うということは大変に難しい．しかし，「違う」からこそ，そこで「あなた」はいままでと違った，新しい視点を得ることもできる．高齢者や障害者，子どもたちの視点で見た世界は，「あなた」が忘れていた，または知りもしなかった新しい視点を与えてくれる．これが，福祉施設で調査を行うことの大きな醍醐味なのだ．

5.7.2 調査事例
a. 福祉施設で調査を行う前に

福祉施設は多くの場合，人々が長時間使用したり，ときには住んだりする場所である．そんな場所に突然調査者が入ってきたら，利用者は気持ちが良くないはずだ．「なぜ調査を行うのか」ということをきちんとまとめ，伝えることがとても大切である．そしてそれは多くの場合，「この施設は現状のままでよいのか」という問題意識であるはずだ．

b. 重度身体障害者グループホーム

ここで，重度身体障害者グループホームの調査を紹介する．制度上の障害者住宅には，施設と居宅という2種類がある．近年，施設的な環境への反省が高まるなかで，施設から地域へという動きが生じた．また自宅で生活することが難しい人たちには，グループホーム・ケアホームという生活の場が設定された（ただし，詳細は省略するが，これは基本的には知的・精神障害者を対象としたものである）．他方，地域で生活することを望む身体障害者の希望を受け，東京都は独自に

重度身体障害者グループホーム事業を開始している．そこで，すでに東京都に存在するグループホームに対し，調査を計画した（図 5.27 〜 5.30）．

c．調査目的

調査の目的は，建築的な現状を知り，必要な構成要素を特定すること，入居者の生活実態を知ること，そして重度身体障害者が「地域で暮らす」ことの意味と現状を知ることである．これが，新たに設置するグループホームの計画に必要不可欠な疑問であった．ここで問題となったのは，利用者の立場に立ったデータ収集の難しさである．私たちが対象とした施設の入居者は重度の身体障害者であり，同時に重度の知的障害者も多い．多くの場合，発話や意思伝達，または考えを組

図 5.27
A ホーム居室

図 5.28
B ホーム居間

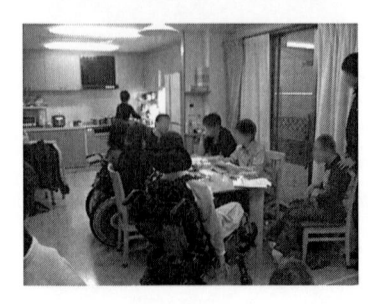

図 5.29
D ホーム居間

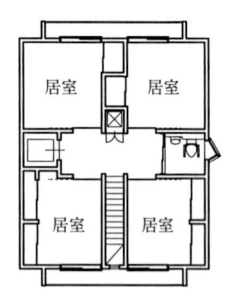

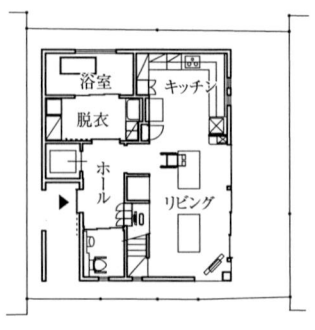

図 5.30 D ホーム平面図
　　　上：2 階，下：1 階．

み立てることに多大な困難を抱えている．そのため以下のような調査を行った．
d．調査概要

1つめは，施設の建築概要と運営に関するアンケート調査と，施設の設立と運営に深く関わった運営者に対するヒアリング調査である．ヒアリング調査は，おおむね1時間半から2時間にわたり，半構造化インタビュー（3.3.4項b「ヒアリング編」参照）の形式で行った．これを，東京都に開設済みだった12施設（調査当時）すべてについて行った．次に，入居者の身体・コミュニケーション能力に関する調査を行った．これは，入居者をよく知る職員に記入してもらった．最後に，調査を許された8施設において入居者の生活の行動観察調査を行った．私たちは，ここでは細かなコミュニケーションのあり方を知りたかったため，15秒おきに動作を，5分おきに位置を記録した．

結果として，建築的には，縦動線が発生する施設のすべてにエレベータが取り付けられ，また比較的広めの脱衣室が設けられていることがわかった．ヒアリング調査からは，重度身体障害者グループホームと一言でいっても，それが永住の場なのか，それとも一人暮らしへ向けてのステップアップの場所なのか，運営者によって捉え方が違うということが判明した．行動観察調査からは，軽度の障害者はそれぞれの生活を，重度の障害者は主に共用部分で手厚い見守りを受けるという，入居者の身体状況に合わせたそれぞれの生活が展開されていることがわかった．

5.7.3 設計への応用

設計に着手する際には，グループホームがどのような位置づけとして運営されるのか精査し，その結果に合わせた生活像を想定することが求められる．施設計画においては，入居者の障害の程度によって生活の拠点が異なるため，それぞれの生活様式を十分に考慮して設計を進める必要がある．また，特に重度の障害者が入居する場合，設備的配慮のみならず適切な脱衣スペースが確保されていることも確認しなければならない．

〔松田雄二〕

参考文献
1) 松田雄二，石上佑樹，西出和彦（2008）：重度身体障害者グループホームに関する研究——東京都における事例研究．日本建築学会計画系論文集，2008年2月．

5.8 高齢者居住施設

5.8.1 社会的背景

高齢化社会が進行するなか，介護の必要な高齢者のための介護・居住の場をどのように確保するかは大きな課題である．2000年に介護保険が導入され，それまでの措置による入所から，利用者と施設との直接契約へと，利用の仕組みが大きく変化した．福祉施設も利用者に選ばれる時代となり，時代のニーズに対応した施設づくりが求められている．

中でも最も重度の高齢者を対象とする特別養護老人ホーム（特養）では，従来50～100人規模の病院に近い環境の中，プライバシーや個別性は尊重されず，スケジュールをこなすための流れ作業的なケアが行われていた．1990年代より，集団ケアから個別処遇を目指す小規模ケアへと，介護方針転換の必要性が問われ，特養の環境は大きく変化する．生活の継続性と個人の尊厳が重視された個室型施設が登場し，2002年からは10人程度の小規模な生活単位を重視したユニット型施設が制度化された．2006年からは地域密着型サービスとして，29人以下の小規模特養も登場している．

5.8.2 調査事例（特別養護老人ホーム「風の村」）

a．施設概要

2000年に開設された風の村は，全室個室，ユニットケアを実践する施設の先駆けとして建設された（図5.31）．

図5.31 特別養護老人ホーム「風の村」
所在地：千葉県八街市，設計：双立デザイン建築事務所，設計指導：外山義，延床面積：3648 m²，構造：RC造3階建て，竣工：2000年，定員：入所50人，ショートステイ7人，併設：デイサービスセンター，在宅介護支援センター，ケアプランセンター．

従来の施設が廊下に居室と食堂を直線的に配置するような空間構成であるのに対し，「風の村」は，プライベート＝個室，セミプライベート＝ユニットリビング，セミパブリック＝各フロア共用の食堂，パブリック＝喫茶・デイサービス，という4段階の領域を明確に構成する設計であり，2002年に導入された小規模生活単位型施設のモデルとなった．50人の定員を6～8人の小グループに分けて生活単位を構成し，各ユニットには家庭的なキッチンを備えたリビングが設けられている．従来型の施設と異なり，グ

	従来型施設	風の村
空間構成	居室—居室—居室—居室—食堂	Semi-Private / Private / ユニット / 個・半共・個 / 全体共用空間 Semi-Public / Public
入居者の生活展開	居室 ⇄ 食堂	パブリック / セミパブリック / ユニットリビング / 居室

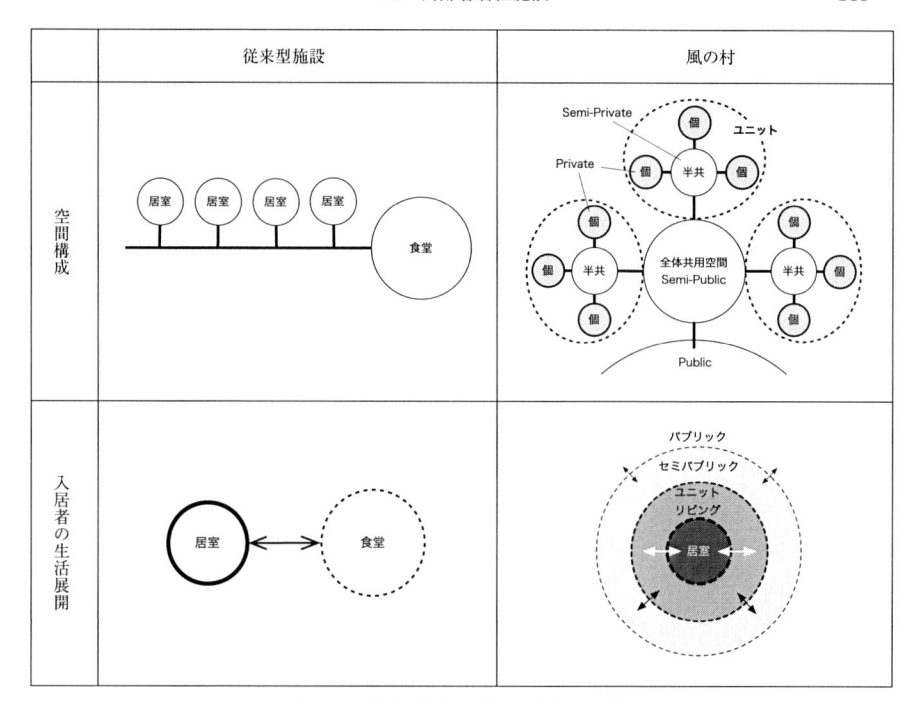

図 5.32 従来型施設と「風の村」の比較 1
空間構成および生活展開のモデル化.

ループごとにリビングに集まって少人数で食事をとるため，施設全体のプログラムに縛られることなく，ユニットごとに生活の流れを柔軟に運営することが可能となる．いつも決まった小規模の集まりで顔を合わせるため，入居者どうしも顔馴染みになりやすいよう意図されている．

b．調査概要

施設開設時より複数回にわたり，全入居者を対象とした生活調査を実施した．入居者全員を把握した上で，およその起床から就寝にあたる時間帯を一定の時間間隔で観察し，入居者一人ひとりの居場所，行為，交流の様子などを記録していった．併せて，スタッフを追跡して介護行為を逐一記録する調査を行った．

この調査の目的は，新しい物理的環境の効果を評価し，ユニットケアの実践が入居者の生活の質の向上に寄与しうるのかどうかを実証することにある．一人ひとりの入居者の生活展開の様子や，生活場面のプロセス・構成について，得られたデータからモデル化を試みた．従来型施設との比較を行うことで，ユニット型

施設の特徴が浮かび上がってくる．

　まず一人ひとりの入居者の生活の様子に注目する．従来型施設の生活は基本的に居室と食堂の往復であり，食事や入浴などのプログラムによって強く規定され，みな同じようにパターン化した生活となっている．一方，「風の村」では，ユニットリビングを中心として生活を組み立てつつ，自室を充実させたり共有空間を主体的に利用したりしながら，人それぞれ様々な生活が展開されている．施設の段階的な空間構成が，一人ひとりの多様な生活の広がりを支えており，設計段階の空間構成の意図とそこで展開される生活の様子が対応していることがわかる（図5.32）．

　また，施設の生活の場面は，空間の違いのみならず，全体の運営方針やスタッフによる介護のしかたによって，まったく異なる意味を帯びてくる．食事プロセスをモデル化することによって，従来型での一方的に進行する流れ作業的な食事場面と，ユニット型でのスタッフ・入居者相互の参加が創り出す豊かな食事場面の差異が明確になるだろう（図5.33）．それは，施設生活における入居者の存在

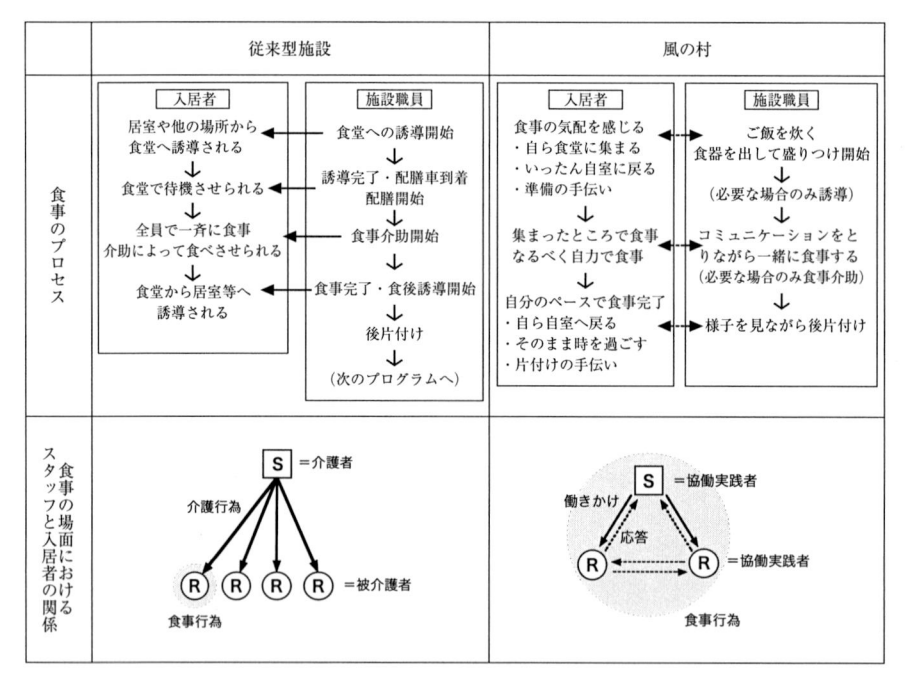

図5.33　従来型施設と「風の村」の比較2
食事のプロセスと食事場面構成のモデル化．

意義そのものを大きく左右しているように思われる．そして，このプロセスを支えようとするのが個室ユニットという施設空間なのである．入居者の生活の質には，ハード（空間）とソフト（施設ケア）との整合性が重要であることが認識できる．

5.8.3 設計への応用

高齢者の居住施設の設計にあたっては，そこが一人ひとりの生活の場であることに留意すべきである．性格も考え方も生活歴も異なる大勢の入居者がおり，その一人ひとりにとって，収容の場ではなく生活の場とならなければならない．特に福祉施設の場合，制度主導で空間が造られていく傾向が強い．そのとき大きな課題となるのは，新しい空間にふさわしいソフト（施設の介護方針やスタッフの対応・意識）が実践されうるかどうかである．施設として，どのような介護を行おうとするのか，一人ひとりの入居者の生活をどのように組み立てようと考えているのか，時間をかけて対話を重ねながら目標像を明確化し，その実現にふさわしい空間を計画していく必要がある．施設空間のみならず，そこで実践される介護やその結果形成される生活をモデル化することは，達成すべき目標像を捉え，意識を共有する上で1つの有効な手法だろう．　　　　　　　　　（橘　弘志）

5.9 認知症高齢者のための施設

5.9.1 社会的背景

認知症は，認知機能が障害を受ける病である．馴染みのない環境や状況，わかりにくい環境や状況は認知症の人を混乱させ，症状を悪化・進行させる．

在宅で暮らせなくなった認知症の人は，大規模な医療施設や高齢者施設に入所して集団処遇の中で医療・介護を受けるのが一般的だった．その状況を大きく変えたのが認知症高齢者グループホームである．1980年代の北欧での実践と普及，その後の日本における実践と成果もあり，認知症ケアの切り札として期待されて1997年に制度化された．以来，高齢者介護の中で大きな役割を担うようになる．現在，全国に約1万カ所整備されている．家庭的で小規模な生活環境のもとで，生活リハビリを主眼に置きながら，一人ひとりを個別的に支える現在の高齢者介護理念の基本となったものである．

5.9.2 調査事例（こもれびの家）

a. 施設概要

「こもれびの家」（宮城県名取市）は1997年に宮城県で最初につくられたグループホームである（図5.34）．外山義（当時，東北大学助教授）と東北設計計画研究所が設計し，北欧などにおけるグループホーム計画の知見を踏まえた上で，日本的なグループホームの提案を行うことを目指した．木造平屋建て，定員9名のグループホームは，屋内外の環境によって認知症の人を癒し，認知症の人が持っている力を最大限引き出す環境づくりを行っている．個性的でかつ質の高い生活を実現するための空間の可能性を探りながら意欲的に計画された先進的な事例である．

空間的な特徴としては，認知症の人どうし，互いに適度な距離を保ちながら関わることができるように，様々な共用空間が分散配置されている．また，キッチン脇の小上がりでは，リビングでの様子を眺めることができたり，居室前のベンチは，休憩や廊下・中庭を通して間接的，視覚的に他者と交流できるように配慮されている．調理

図5.34 認知症高齢者グループホーム「こもれびの家」
所在地：宮城県名取市，設計指導：外山義，設計監理：東北設計計画研究所，施工：遠藤工務店，定員：9名，敷地面積：1475 m²，延床面積：427.91 m²，構造階数：木造平屋建，竣工：1997年3月．

に参加しない人もキッチンの様子が眺められ，生活への意欲をかき立てる空間構成なども特徴的だ．居室では廊下側に面して障子窓を設けるなど，自分でコントロールできる空間や設えを積極的に設けている（図 5.35）．

b．調査概要

計画された空間の実際の利用様態，生活様態，生活におけるグループホームの空間が果たす役割などを把握するべく調査は行われた．

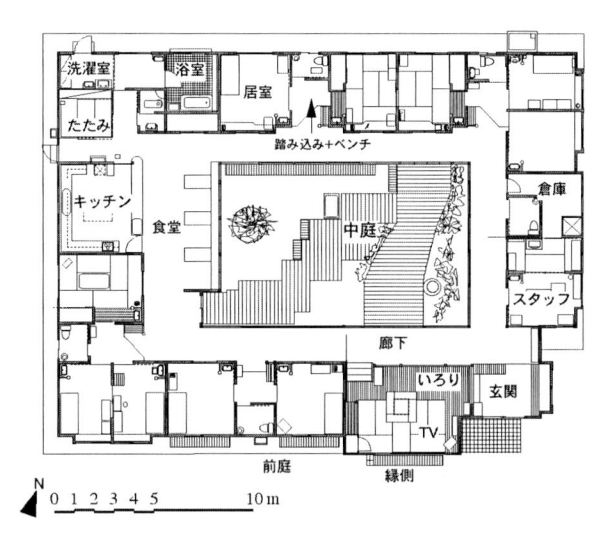

図 5.35　調査施設「こもれびの家」の平面図
個人の生活と，集団（グループ）での生活とを緩やかにつなぐ豊かな共用空間によって構成されている．豊かな空間づくりとその空間構成が，一人ひとりの生活展開にも幅を与え，一人ひとりの個性を引き出すことを示した認知症高齢者グループホームの事例．

認知症は認知機能が障害を受ける病気であり，当事者へのインタビュー調査は難しい．生活や空間の利用状況を客観的に把握し，認知症の人々の思いや欲求を読み解く必要がある．

調査はタイムスタディ調査が基本となる．利用者の生活を朝から夜まで追跡し，一定間隔（本調査では 10 分）おきに利用者それぞれの状況を平面図上に記録していく．誰と関わり合いながら，どの場所で何をしているのか，どのような表情でいるのかなど，観察から読み取れる情報を詳細に図面に落としていく．

場面ごとでは見えてこなくても，連続して観察し，その結果を時間軸でつなげていくことにより一人ひとりの生活様態や，空間利用の実態と特徴が見えてくる（図 5.36）．さらにはグループホーム全体での動きや，空間利用の特徴，会話の分析などから入居者間の関係，さらには介護スタッフの関わり方や介護の状況や質までもが浮き彫りになってくる（図 5.37）．

5.9.3　設計への応用

このような調査を定期的にまた継続的に行うことで，空間利用や生活の様態をより客観的に捉え，様々な変化を経時的に捉えられるようになる．同様の調査を

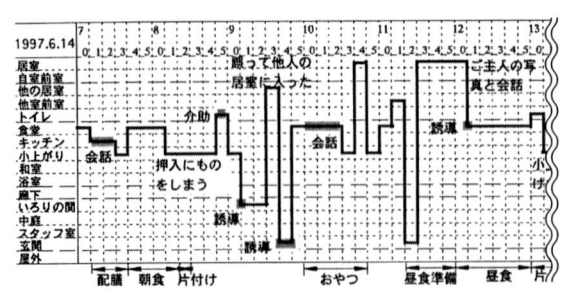

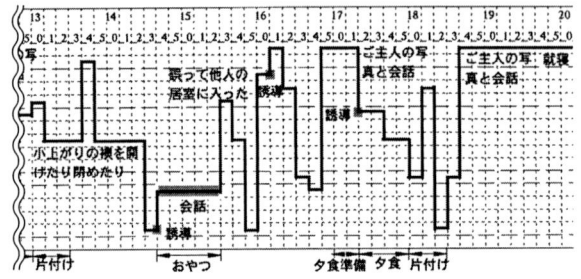

図5.36 ある利用者（入居直後）の1日の空間利用
10分ごとに記録したデータを連続的にみることで生活と空間利用の関わりを分析する．居場所を頻繁に変えるなど落ち着かない空間利用の様態がわかる．職員との関わりの多くも空間誘導によるものである．

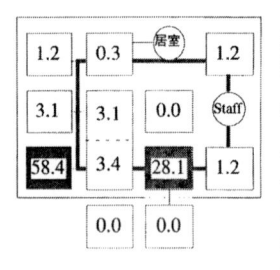

図5.37 ある利用者の空間別に見た利用割合とその状況

他の施設で行い比較考察することで，空間と生活との関わりをより明確に示すことが可能となる．施設スタッフへのインタビュー調査を重ねて行えば，施設の運営や介護と生活・空間利用との関わりについても，より詳細につかみ取ることができる．

タイムスタディ調査の価値は，観察した結果を，空間利用の頻度や割合などに数値化できるだけではなく，その状況を空間を介して記述可能にする点にある．つまり，「生活」という具体性に欠け，つかみ所のないものを，空間利用や他者との関わり，そのときの様子や状況を交えた客観的な記述が可能なものとする．

　この結果は，空間を計画する上での大きな拠り所（空間計画における客観的根拠）となるものでもあるし，与えられる情報は設計者のインスピレーションをかき立て，イメージをふくらませる助けにもなる．　　　　　　　　　　（石井　敏）

5.10 病院

5.10.1 社会的背景

医療機器の高度化などに対応して，病院は常に成長と変化を繰り返しており，このことに配慮した計画が求められる．そのような病院建築の特徴を，Jhon Weeksは「無限定建築」と呼び「成長と変化」に対応する設計手法を提示した．ホスピタルストリートとオープンエンド（エクステンション）であり，これに（非構造部材による）自由な間仕切りが加わって，定着している．

病院の建替えでは，医療機能を中断することはできないので，駐車場の空地を使う，あるいは付属施設を取り壊した跡地などに新たな建物を建設し，順次ビルド＆スクラップするという手順を踏み，「成長と変化」に対応した建築計画を進めていく．

5.10.2 調査事例（名古屋大学医学部附属病院）

a．病院概要

敷地は，四方を道路で囲まれ，西側にJR中央線，東側に地下鉄鶴舞線が，また北側には都市高速道路が走る交通至便の地であり，名古屋市の中心部に位置するため，圏内受療率は90%弱と高い．医学部などの建物とともに設けられており，敷地面積は89137 m^2 で，施設全体の延床面積は166341 m^2 である（建坪率33.9%，容積率186.7%）．このうち病院の面積は85882 m^2 である．特定病院として認定されている附属病院の診療科の数は22で，病床数は1014床，1日平均外来患者数は1928人となっている（図5.38, 2001年3月末現在）．

b．調査概要

基本計画の策定は，附属病院の医療従事者と大学施設部，それに筆者（当時：名古屋大学医学部医系施設整備推進室）によって進められた．この計画を策定するに当たり，まず，各部門の現状の機能（患者数やネット面積など）や将来像（各部門の要望や周辺地域の医療機能との関係，および地域からの要請など）を把握した．この作業には，およそ2年間ほどを費やすことになる．

本計画が他と比較して特徴的なのは，機能設定や条件整理と平行して，継続して計

図5.38　名古屋大学医学部附属病院

画案を同時に作成したことであろう．一般的には，機能設定や条件が整理されてから計画案の策定に移行するので，医療従事者には，いわばレトリックや数値と建築との関わりが理解できず，設計者選定後のプロセスで問題が発生しやすい．一方，他の建物種別の場合と異なる点は，医療施設の場合，様々な統計データが日常的に収録されている点であろう．したがって多くの場合は，それらの再集計によって情報を得ることができ，新たに行わなければならない調査は多くはなく，患者の移動に関わる事柄が中心である（図5.39, 5.40）．

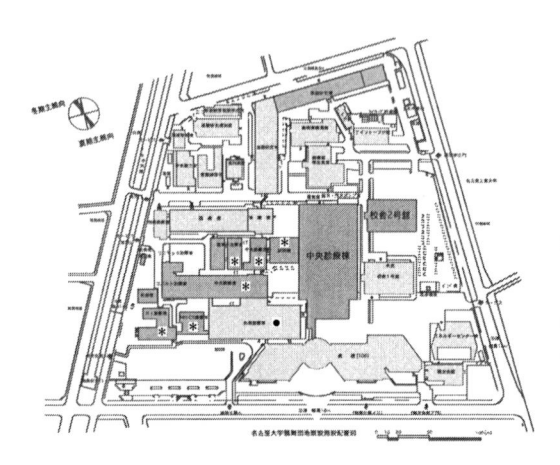

図5.39　外来棟竣工時の配置図
現状の建て詰まりを，まず病棟を建設することで，旧い病棟を撤去し，そこにできる空地に中央診療棟を建設する．その後，同様に新外来棟（●）を建設し旧外来棟など（*）を撤去するというプロセスを経る．そして最後に，残る支障建物を撤去した後，駐車場や増築余地を確保して外構を整え，一応の完成形を作る．

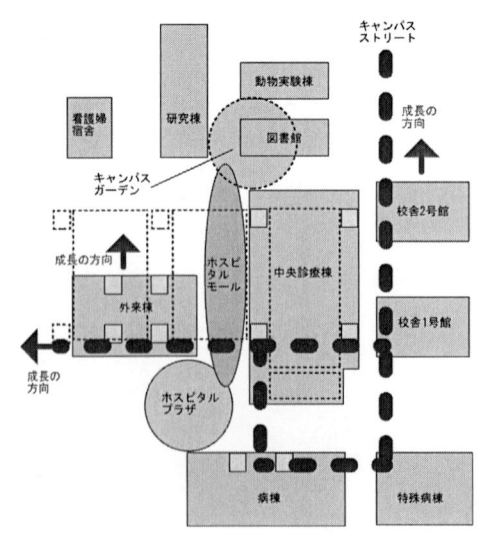

図5.40　各棟の配置とつながり
中央診療棟は，人・物・インフラの動線上の中心に位置づけ，病院は研究・教育・実践の中心となる．これを配置・動線計画としてまとめ上げる．破線で囲んだ箇所は1993年時のマスタープラン．

5.10.3 設計への応用

プロポーザルコンペで設計者を選定する場合，作成した試案と対比的に優劣を評価してはならないことは論を待たず，設計者の能力そのものを評価して選定することになる．したがって，試案に近い形で設計が進むか否かは，選定された設計者の提案によるが，いずれにせよ，設計者が選定された後，1つ1つの条件は再度精査されて，実現に向けた設計案に反映されることになる．すなわち，設計者・施設利用者が，これらの種々の課題を再度，最終的に確認することになるが，病院設計ではこれが非常に重要なプロセスとなる．当初検討した必要機能は本当に必要なのか，あるいは部門面積も要求通りに必要なものなのか，部門間のつながりは…，などを再考するきっかけとなるからである．また一方，設計者が提案しようとした内容，すなわち空間的な提案は，果たして医療機能を阻害してまで提案すべき内容であるのか，あるいは設計者が理解している医療機能の重要性の順位付けは正しいのか…，などが確認されるのである． 〔山下哲郎〕

5.11 図書館

5.11.1 社会的背景

我が国の図書館の施設機能と利用実態は，時代のニーズとともに変化しながら現在に至っている．すなわち，受験生の勉強部屋的利用が主だった時代，続いて日野市から全国に広がった貸出中心の地域図書館整備の時代，そして近年では子育て支援・交流活動，社会人の長時間滞在学習・執務・起業活動など，図書館利用活動は多様な広がりをみせている．

図書館の運営面の課題としてはレファレンスサービスの充実，情報発信機能の強化，図書資料の電子化，紙媒体と電子媒体を組み合わせたハイブリッド図書館機能の付与，図書館ネットワークのさらなる整備充実，図書の宅配サービスなどが挙げられている[1]．施設面の課題としては利用者のニーズに対応した施設機能（書庫，閲覧室，学習室，その他）の見直し・再検討が必要とされており，図書情報の電子化への対応としてICタグ導入による図書分類・管理方法と新しい図書配架・閲覧方法などが試行・模索されつつある．情報化・電子化の進展に伴って図書館の計画論は今後大きなパラダイムシフトを迎えると考えられる．

大学図書館は次世代の図書館像を示す建築事例の1つと考えられ，図書機能の高度化・専門化，関連施設との相互連携・複合化などが課題に挙げられている．また学術情報発信機能がいっそう求められ，電子ジャーナル導入による図書収蔵や規模計画の考え方も見直しが必要な状況にある．このような背景から，ここでは特に大学図書館を中心に調査事例[2]と設計への応用例[3]を紹介する．

5.11.2 調査事例

a. 大学図書館の蔵書数・学生数・延床面積，電子化の対応状況

図5.41，5.42に，全国私立大学連盟加盟図書館の実態調査結果（123校387施設/2004年）を示す．学生1人当りの蔵書数は約74冊/人（図5.41），単位面積当りの蔵書数は約78冊/m^2（図5.42）である．図5.43に調査対象図書館における1997〜2004年度までの受入れ雑誌数，全所蔵雑誌数，電子ジャーナル数，大学数（100タイトル以上）を示す．電子ジャーナルは1998年以降急増し，100タイトル以上導入する大学は123例中59例（2004年）で，加盟大学の約半数である．

b. 部門別面積構成割合の推移

図5.44に調査対象大学図書館の部門別面積構成割合を開設年度別に示す．1960

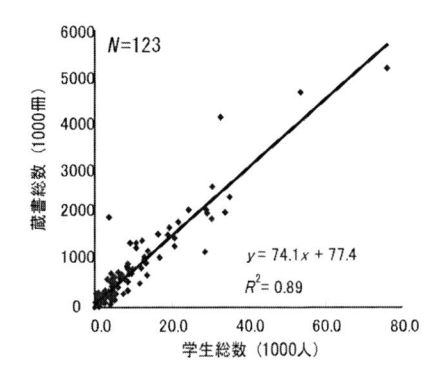

図 5.41　私立大学の学生数と蔵書数（2004年度）

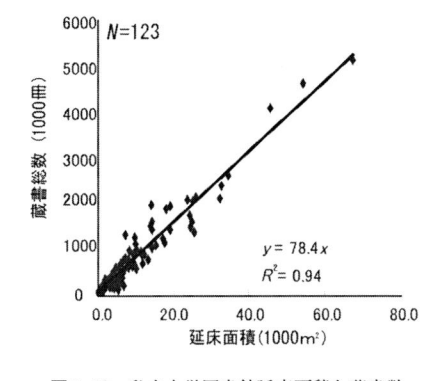

図 5.42　私立大学図書館延床面積と蔵書数（2004年度）

年以降，閲覧スペースは徐々に増加し，特に 2000 年以降に開設された図書館の閲覧スペースは 46% を超えている．一方，書庫面積の割合は閲覧スペースの増加と反対に減少する傾向にあり，2000 年以降開設の図書館では約 22% である．この理由としては書庫の閉架から開架方式への移行，集密書庫や機械式書庫の導入による書庫面積の減少などが考えられる．

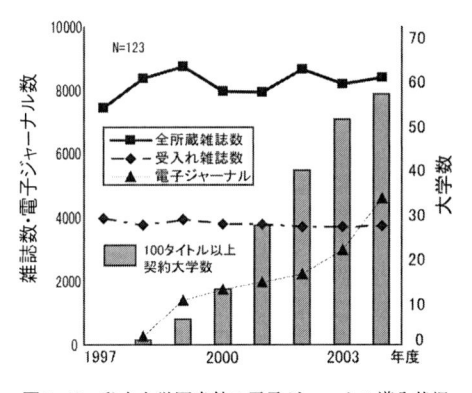

図 5.43　私立大学図書館の電子ジャーナル導入状況

c．施設機能と利用現況

表 5.5 は私立大学図書館 83 施設で保有する施設機能と利用状況を示した．スペース不足が指摘される施設機能は一般閲覧，一般開架書架，視聴覚資料，一般閉架書庫・保存書庫，一般事務室などである．特に一般閲覧では座席数の不足，利用者の騒音などが利用上の課題に挙げられている．新規整備要望の高い施設機能としては講義室，喫茶，携帯使用可能エリアのほか，インフォメーション，情報コンセントのある閲覧，身障者閲覧，グループ閲覧，情報メディアスペース，研究個室，身障者トイレ，保存書庫などが挙げられている．

5.11.3　設計への応用例——植草学園大学図書館（M 棟）の計画・設計

a．図書館の計画・設計理念

植草学園大学は学生定員 720 名，教職員 138 名の比較的小規模な大学である．

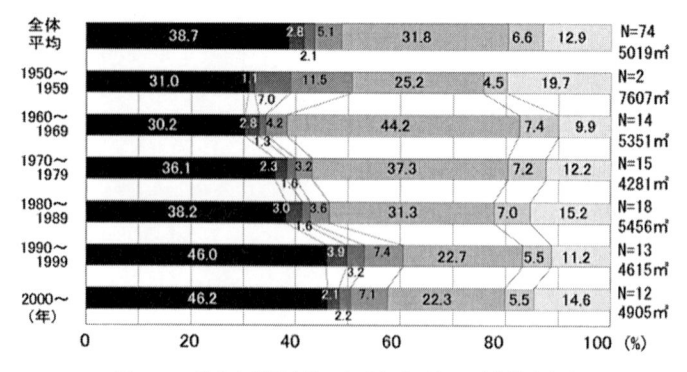

図5.44 私立大学図書館の開設年度別部門面積構成割合
右端に平均延床面積を記す．■閲覧スペース，■視聴覚スペース，■情報管理スペース，■サービススペース，■書庫，■事務スペース，　その他．

表5.5 私立大学図書館の施設機能と利用状況

施設機能・保有割合	利用状況			施設機能・保有割合	利用状況		
	スペース不足	座席数不足	機器不足	利用者の騒音	スペース不足	座席数不足	機器不足	利用者の騒音

施設機能・保有割合	スペース不足	座席数不足	機器不足	利用者の騒音	施設機能・保有割合	スペース不足	座席数不足	機器不足	利用者の騒音
インフォメーション*	◎	△		△	複写	●	△	△	△
コントロールデスク	●	△	△	△	講義室*	○	△	△	
レファレンス	☆	△	△	△	情報メディア*	◎	△	△	△
目録（紙）	○	△			常設展示	◎		△	
OPAC 端末	●	△	△	△	研究個室*	○			
一般閲覧	●	○	○	○	一般閉架書庫	☆	◎	△	
情報コンセント閲覧*	☆	△	△	△	保存書庫*	◎	○	△	
個人閲覧	◎	△	△	△	貴重書庫	◎			
指定図書閲覧	◎	△			視聴覚資料庫	○	△		
一般開架書架	●	◎	△	△	リフト・搬送機	☆	○	△	△
ブラウジング	☆	△	△		一般事務室	●	○	△	
新聞・雑誌	●	△		△	製本室	○	△		
マイクロリーダ	☆	△	△	△	館長・応接室	☆	△		
視聴覚資料	●	△	△	△	情報管理・電算室	◎	△		
特殊資料	◎	△			休憩スペース	◎	△		
身障者閲覧*	○	△	△	△	喫茶*	◎	△		
点字ブース	△	△	△		喫煙	△	△		
グループ閲覧*	☆	△	△	△	携帯電話エリア*	○	△		
和室閲覧	△				身障者トイレ*	◎	△	△	△
マンガ閲覧	△				エレベータ	◎	△	△	△

● 100〜80%，☆ 80〜60%，◎ 60〜40%，○ 40〜20%，△ 20〜0%．
*新規整備要望の高い施設機能．

大学図書館（M 棟）は大学教育の中心的機能として重要な役割を有するため，①キャンパス内の既存施設からアクセスしやすく，かつ学生や地域の住民を含む多くの人々が利用できる「ユニバーサルアクセス」環境が実現されること，②学生の日常生活の中で「知の拠点」として図書館の存在を自然に認識できること，③図書館内での個人・グループ学習・研究・交流など，「知の探求」活動が相互に確認・刺激し合える空間構成であることなどを意図して，キャンパス主要動線に面する正門近くに配置されている（図5.45, 5.46）.

図5.45 植草学園大学図書館正面入口部分
設計：意匠院，撮影：ミヤガワ．

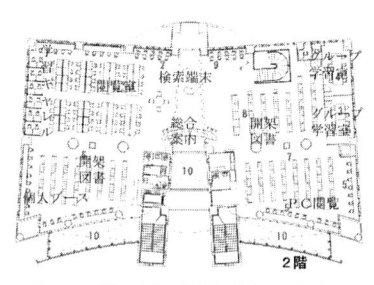

図5.46 植草学園大学図書館2階平面図

b． 図書館の計画・設計条件——規模・機能・空間構成

　図書館収蔵計画では，学生定員に応じた蔵書数を実態調査結果などを参考にしながら5万5000冊（開架書庫および保存書庫）に設定し，将来的な蔵書増に対してはM棟西側に増築スペースを想定し2階レベルで接続できる計画とした．1階にはインフォメーションディスプレイ，蔵書検索端末コーナー，図書ラウンジ，管理諸室などが配置されている．また2階には総合案内カウンター，開架書庫と閲覧席を平面的に近接させながら学習キャレル・個人ブース・グループ学習室などを配置しており，特にグループ学習室（PC・AV対応）は知識や情報を共有する場「ラーニングコモンズ」として運用されている．　　　　　　　　（山﨑俊裕）

参考文献
1) これからの図書館の在り方検討協力者会議（2006）：これからの図書館像——地域を支える情報拠点をめざして．文部科学省ホームページ．
2) 花岡雄太，山﨑俊裕（2008）：私立大学図書館の施設面積・機能と運営実態について，日本建築学会関東支部研究報告，2008年3月．
3) 寺川典秀，山﨑俊裕，荒牧正俊（2009）：植草学園大学　その2大学図書館棟（M棟）の計画・設計，日本建築学会大会学術講演建築デザイン部門，2009年8月．

5.12 劇場・ホール

5.12.1 社会的背景

1965年頃に建設された公共建築は築後40～50年を迎え，建替えやリニューアルの時期を迎えている．劇場・ホールも例外ではない．舞台設備（機構，音響，照明）を持つという特殊な事情もある．これら舞台設備は，10～20年くらいで更新する必要がある．他にも，客席や舞台床なども定期的な更新が必要だし，通常の建物と同様に一般設備や防水，汚れなどの改修・更新・修繕も必要になる．本来は計画的な改修が必要だが，予算面で計画的な改修が難しいという事情もある．

一方，取り壊される，あるいは取壊しの危機に瀕した劇場・ホールもある．取り壊されるのにはいろいろな理由があるが，「使いにくい」，「現在の利用実態に合わない」など建築計画上の問題のために取り壊されるケースもある．

今後，劇場・ホールも含め多くの建物について，建物を延命させるか，取り壊すかを判断する場面が出現する．例えば1961年に建設された東京文化会館は，ある程度定期的に改修を行ってきた．人気のあるホールであることもあり，竣工後40年を機に数十億円をかけて大改修を行った．この改修にあたっては綿密な調査を行っており，建物を延命させるための改修調査は非常に重要である．

5.12.2 調査事例

あるホール（開館9年目）から改修計画立案のための改修調査の依頼を受けた．ホール職員全員の全面的協力が得られること，調査期間が6ヵ月と余裕があったことが，本調査の特徴である．

a. 観察調査

①平常時の観察調査：観察調査を行い，ホールの問題点，改善点を指摘した．
②公演時の利用状況観察調査：ホール主催公演の際に，仕込みから撤去までの舞台周辺（楽屋周辺を含む）の観察調査および開演前から終演後までの客席，ロビー周辺の観察調査を行い，ホールの問題点，改善点を指摘した．その際に舞台監督に対してはヒアリングを行った．調査を行ったのは，ジャンルの異なる5公演（和楽器，ミュージカル，演劇，コンサート，ダンス）である．

b. 施設関係者に対するヒアリング，アンケート

①施設運営者に対する調査：施設運営者に対して，建築計画，劇場計画，舞台技術（機構，音響，照明設備），管理運営について，各スペースや部屋ごとに問題点の有無，具体的問題点，改修箇所を把握するために，ヒアリング，アンケ

5.11 劇場・ホール

表5.6 客室・スペース別「改修・問題点」リスト（一部）

棟	室名	階	問題点
ホール棟	ホールロビー（共通ロビー）	2	・非常口に段差がないため雨水が侵入し，床が変色し傷む ・ロビー内にトイレが必要である ・共通ロビーのため，休憩時に受付の外に出なくてはならない．カードを渡す主催者もある ・喫煙者の煙が排気できない ・ガラス面が多いため，暑くて冷房が効かない．どんなに冷房をかけても30度までしか下がらない ・大人数の場合に終演時に非常口を開けるが，雨天時には開けられない．開けてしまうとインフォメーションを通過せず帰ってしまうので，チケットの売り上げに影響する ・ロビーから直に舞台裏に行くことができない
	大ホールエントランス部分	2	・雨漏りのため，床板が腐食する ・大小ホールの各利用者が別ホワイエに入り未利用箇所が汚されるので，仕切りが必要である
	小ホールエントランス部分	2	・全体的に暗い

ートを行った．指摘のあった改修箇所や問題点は，施設運営者に何度かフィードバックして確認・修正した．

この結果として各室・スペース別「改修・問題点」リスト（表5.6）および重点改修項目リストを作成した．

② ホール運営者に対するホールの長所アンケート： ホール全運営者に対して，このホールの長所を自由記述により挙げてもらった．改修計画を立案するためには，ホールの問題点ばかりを明らかにするのではなく，ホールの長所も把握し，その長所を生かすことが必要であると考えたからである．また，このホールの長所アンケートは改修計画のコンセプト作りにも非常に参考となった．

③ 舞台技術者に対する舞台設備改修調査： 舞台技術者全員に対して機構，音響，照明設備の問題の有無，具体的問題点を把握するためのアンケートを行った．

この結果として「舞台設備問題点リスト」および「改修の緊急性評価リスト」を作成し，「改修の緊急性評価リスト」をもとに，舞台設備改修の緊急性総合評価を行った．

④ 舞台技術メンテナンス会社に対するヒアリング： 舞台技術メンテナンス会社（機構，音響，照明設備）に対して，定期点検時における舞台設備の具体的問題点を把握するためのヒアリングを行った．

c．友の会に対するアンケート

観客の立場からの要望を聞くために，ホール友の会の会員に対して，アンケー

トを行った．観客の立場からの要望であるので，ホール表方（客席空間，ロビー・ホワイエ，駐車場，客動線など）を対象とした．調査項目は，「施設・設備についての不便・不満な点」，自由意見である．「施設・設備についての不便・不満な点」の調査項目は「平常時の観察調査」，「公演時の利用状況観察調査」，「ホール運営者に対する調査」の中から選定した．調査対象者として，会員約 1500 名の中から無作為に 300 名を選出し，月 1 回発行の会員誌にアンケートを同封した．

d. 調査の考察

今回の調査を通じて，かなり網羅的に改修項目を挙げることができた．特に有効な調査はホール関係者に対するヒアリング，アンケート調査，つまり「ホール運営者に対する調査」と「舞台技術者に対する舞台設備改修調査」であった．

建築面については，「ホール運営者に対する調査」が有効であった．特に建築面だけに絞って記入を依頼したわけではなかったが，結果として建築面での指摘がほとんどであった．

舞台技術の改修については「舞台技術者に対する舞台設備改修調査」が有効であった．普段，自らが使用しているものであるので，かなり積極的な提案があった．今回は自分の担当以外の設備についても問題点を挙げてもらった．これは改修箇所の相互チェックという役割を持ち，課題点抽出の見地からも有効である．

友の会に対するアンケートに関しては，調査員あるいはホール職員側で問題点・課題と思っている点と，友の会会員が問題点・課題と指摘している点が一致しない部分もあり，興味深かった．

結果として，観察調査のみでは，改修箇所を指摘するのは難しいと感じた．この観察調査では表面上の指摘に限られてしまい，指摘項目の背景まではわからない．しかしこの調査によって「ホール運営者に対する調査」で指摘された箇所を観察者自らが確認および理解することができ，またホール職員と共通認識を持てたことは有意義であった．

5.12.3 設計への応用

劇場・ホールは観客，出演者，管理者など様々な人たちが使用しており，施設に対する要求は個々に違う場合がある．既存の設備に対して感じている問題も多岐にわたる．その問題点を明らかにすることは，改修や新築のための設計条件を整理する意味で，非常に重要である．

〔勝又英明〕

5.13 展示施設

5.13.1 社会的背景

展示施設にはギャラリーのような小規模のものからコンベンションセンターといった大規模のものまで，運営主体・展示内容・規模も多種多様である．これらの中でもリノベーション，産業遺産の再生，地域性の活用，市街地の再生など新しい試みの美術館・博物館建築には目を見張るものがある．最近の代表的な事例を挙げると，国内では青森県立美術館，十和田市現代美術館，金沢21世紀美術館（図5.47），国立新美術館，横須賀美術館，犬島アートプロジェクト，国外ではグッゲンハイム・ビルバオ，テートモダン，MOMAエクステンションや，ブランドの歴史や生産の仕組みなどを見せるメルセデスベンツミュージアム，BMWミュージアム，ポルシェ博物館など数多くの施設が開館している．また，テートモダンエクステンションやルーヴル美術館ランス別館など，興味深いプロジェクトも進んでいる．ここでは美術館・博物館建築における調査方法，計画の際の留意点などについて述べる．

図5.47　金沢21世紀美術館
エントランス（左）と展示スペース（右）．

5.13.2 美術館・博物館建築における調査方法

a. 施設機能について

美術館・博物館建築の機能については，公立博物館の設置及び運営に関する基準（文部省告示第百六十四号）において，①資料保管（収蔵庫，荷解き室など），②資料展示（展示室など），③資料に関する集会その他の教育活動（集会室など），④資料に関する調査及び研究（図書室など），⑤利用者の休憩及び安全（休憩室，救護室など），⑥事務の管理サービス部門の6つの部門が示されており，ある程度

の規模になってくれば，これに準じて計画されるといってもよいだろう．展示空間を含めた公開部分での利用者動線は一筆書きが原則となっており，逆戻りや交錯することなく構成されるのが望ましい．また，近年ワークショップなどの開催によって，展示空間以外の場に一般の人々が立ち入る機会も多くなってきている．それらの動線も考慮した上で，公開部分の空間構成を考えるべきであろう．

5.13.3 調査概要

来館者がどのように空間構成を把握しているのかを探るため，筆者らは，日本国内の美術館・博物館のパブリックスペース（エントランスから展示室を経て，またエントランスに戻ってくるまで）を対象に，栃木県立美術館（図5.48），千葉県立美術館，石水館，直島コンテンポラリーアートミュージアム，東京都江戸東京博物館，大佛次郎記念館，笠間日動美術館の7つの美術館・博物館を対象に調査を行っている．調査方法は，イメージマップなどの認知マップ実験などを検討していたが，被験者によっては描画能力に左右されるため，パズルマップ（[空間のまとまり]ごとにパズルのピース状にしたもの）を，被験者に組み立ててもらうことにした（図5.49）．この調査方法はもともと総合病院における「わかりやすさ」を調査するために開発した新しい手法である．まず被験者に一般公開されている部門を順路に従って30分間歩いてもらい，さらに30分間自由に調査対象部分を歩いてもらう．その後，別室で記憶をもとに被験者が歩いた空間をA3判用紙上に組み立ててもらう．組み立てた後に，記憶に残ったものや色などを記入してもらうエレメント想起法を併せて行い，さらに順路も記入してもらう．被験者が作成したパズルマップと正解パズルを比較することによって，どの空間がわかりやすいのか，またエレメント想起法を併用することで，その存在がわかりやすさに及ぼす影響についても明らかにできる．さらに，この結果を数値に置き換えることで，わかりやすさの点数化も可能である．

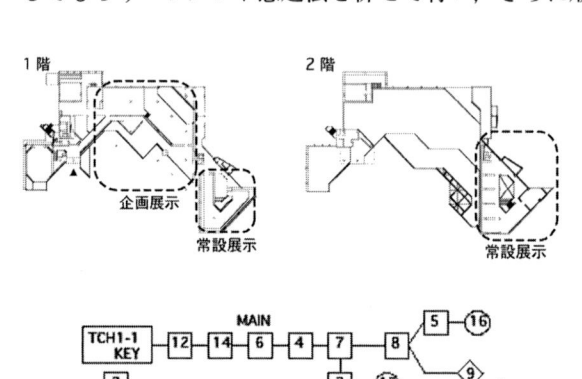

図5.48 栃木県立美術館
平面図と樹形図．

5.13.4 設計への適用

　ここで紹介したパズルマップは，計画の初期段階において活用可能な調査ツールの1つである．各空間の規模やつながりをスタディしていくプロセスを，スチレンボードによって作られたパズルを組み立てていくという手法に置き換えたものと考えればよい．例えばワークショップなどで一般の人々に組み立ててもらうことによって，彼らがどのような建築空間を望んでいるかを把握できるし，また運営者側との共通のコミュニケーションツールとしても利用することが可能であろう．さらには，前述のように点数化することで，それらの空間構成がどの程度わかりやすいのか，数量的な解析を行うこともできる．

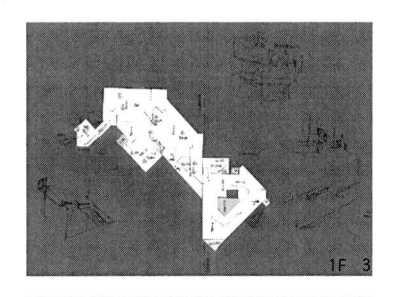

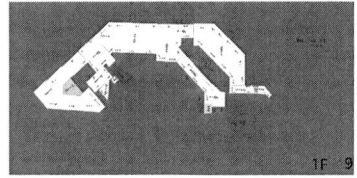

図5.49　パズルマップ

　SANAAが手掛けた金沢21世紀美術館やトレド美術館ガラスセンターのプレゼンテーションで，パズルピースのような空間によって全体の構成が表現されているのを目にしたことがある読者もいるであろう．

　展示施設における設計・計画段階では，運営方式，規模算定，収蔵，設備など，管理側の検討すべき重要なファクターが数多く存在するが，一般公開される部分（主に展示空間）の計画では，展示物に集中させることを第一の目的に考え，その行為をできるだけ妨げないよう，空間をシームレスにつなげていくことが大切である．そのためにも，数多くの類似事例を見ることが大切である．規模・展示内容などの違いを比較し，その空間を実際に体験することで，美術館・博物館建築に求められるものが見えてくると言えよう．

〔髙橋大輔〕

参考文献
1) 建築思潮研究所 編（2009）：美術館3　多様化する芸術表現，変容する展示空間．建築設計資料 **102**，2005年9月．
2) エーアンドユー 編（2009）：美術館12題　Recent Museums，2009年7月号．

5.14 事務所

5.14.1 社会的背景

事務所（オフィス）は，それを利用する各種企業や組織にとっての活動のベースであり，価値創造のための場である．それゆえ，組織ごとに特徴があり，建築設計を行う場合には，その本質的な特徴を理解することがユーザーにとって使いやすいオフィスづくりとなるか否かの鍵となる．

ここでは，企業や組織の活動内容に合ったオフィスを設計することを意図し，自社ビルとしてオフィスを建築する場合，またはテナントとしてテナントビルへ入居する場合のオフィスづくり（インテリア計画）のためのフィールドワーク（現状調査）について説明する．

オフィス建築やオフィスづくりのための調査は，設計のための要求条件整理（プログラミング）の一部として捉えることができる．オフィスづくりでは，ゴール（目的，目標，ありたい姿）を確立し，それを達成することがプロジェクトの成功となる．ゴール達成のアイデアを導き出すためには，現状を十分に把握して問題点を抽出し，ゴールとのギャップをしっかりと分析することが必要である．

また，近年のオフィス建築やオフィスづくりでは，ワークスタイルに合った価値創造や知識創造のための場づくりが求められるようになっており，現状のワークスタイルや各機能の使い方の把握が重要となっている（ワークスタイル自体の変革をオフィスづくりのプロジェクトで行うことも多くなっている）．

よって，オフィスづくりにおいてのフィールドワークでは，現状の問題点を把握し，その企業や組織の特有な条件に関して，より深い分析を行い，解決すべき本質的な課題に迫る必要がある（詳細は，文献1）参照）．

5.14.2 設計への応用

a．設計の前段階の調査

■調査の種類

オフィスの現状調査は以下の3点が代表的な内容である．

① 現状オフィス調査・分析： 建築状況調査・分析（敷地条件，建築計画や仕様，建築構造，電気（特に電源容量）・空調・衛生・セキュリティ・ICT など），レイアウト調査（オフィスの各種機能とそのレイアウト），特殊機器，家具・什器調査，座席数調査（執務エリア，会議室，食堂など），ファイル量調査，各エリアの面積分析（内法面積，1人当り面積など）

②ユーザーアンケート調査： ワークスタイルに関するアンケート（各種企業や組織のワークスタイルの特徴を抽出），オフィス機能に関するアンケート（会議室，プロジェクトルームなど，オフィス内容の機能を抽出），PreOE（Pre Occupancy Evaluation：オフィス機能に関する入居前のユーザー意識調査）
③インフラ／ユーザーインタビュー調査： 施設，ICT，人事担当者にオフィス全体の課題と要求条件を，ユーザーに対し各部署の課題と要求条件を調査

■調査準備

①調査目的の明確化： 現状調査を行う場合には，調査の目的を明確化することが必須である．ワークスタイルを確認する調査と，レイアウトを物理的に測定する調査とでは，目的のみならず方法が大きく違ってくる．調査目的は，プロジェクトのゴールと照らし合わせ，調査によって得られるアウトプットの内容や質を検討することで設定する．例えば，「オフィスでのコミュニケーション活動を促進する」というゴールがある場合は，その現状を確認・分析するため，現状の打合せや会議の状況調査の結果が必要となる．よって，「現状のコミュニケーションの状況を明らかにする」ことが調査目的となる．

②調査前準備： 現状調査の実施までには対象施設の図面を把握し，各種オフィス機能をおおまかに理解しておくことを勧める．また，準備すべきツールは図面，メジャー，カメラ，筆記用具，調査員腕章などで，短時間で問題点などのポイントを見つけ記録するスキルを身に付けるとよい．調査では対象オフィスの各部門に立ち入るため，対象組織の付添いを依頼するとともに，調査目的と内容を事前に対象エリアのユーザーに知らせておくなどの準備が重要である．

アンケート調査やインタビュー調査では，調査目的に合った質問項目の設定が重要である．特に，ユーザーが誤解せずに「答えやすい」質問となるよう工夫しなければならない．

■現場調査

現場での調査は，調査目的に合わせポイントを整理しておき，効率良く確認する．確認チェックシートの活用も有効である．定量調査とともに，定性的な内容（そのような状況となっていることの理由）も調査し，記録する．

例えば，廊下にファイルが散乱している場合，その部署の活動から「なぜそのような状態になっているのか」を観察する．場合によっては，その場でユーザーに質問したり，後のインタビュー調査で確認したりする必要がある．要するに，レイアウトの状況を純粋に把握するとともに，その状況が生じた原因を発見する

ことが大切である．原因を追求することで，問題の本質に迫ることができる．
■調査後の処理

調査後は速やかに分析を行い，現状オフィスの問題点を整理する．現場での調査とともに，アンケートやインタビュー調査の結果を総合的に整理・分析する．プロジェクトのゴールに対して，「現状がどのようになっているのか」，「どのような問題があり，その理由は何であるのか」を分析し，ゴールとのギャップを明らかにすることがポイントである．

ここで得られた現状の調査・分析結果をもとに，ゴール達成のアイデアが練られ，設計のための要求条件が整理される．要求条件（プログラム）には，プロジェクトのゴール，各種方針，必要機能と面積，機能間の関係性，最も重要な課題などが整理され示されることが理想である．

b. 施設利用開始後の調査

施設の利用開始から3～6カ月後にPOE（Post Occupancy Evaluation：入居後施設調査）を行う．近年ではビジネス環境の変化が激しいため，当初設定していたワークスタイルやオフィス環境への要求が変化していくことが当然となっている．最近のオフィスづくりでは，「100％のものを完璧に作り込むよりも，使いながら常にウォッチし，作り続けていくオフィス」という考え方が多くなっている．このため入居後の調査はますます重要視されており，継続的な改善の要となるものである．入居後調査では，入居前に行ったPreOEと同様のアンケート調査とともに，ユーザーの観察調査を行うことが有効である（図5.50）． 　　（溝上裕二）

参考文献

1) ウイリアム・ペーニァ，スティーブン・パーシャル（溝上裕二 訳）（2003）：プロブレム・シーキング　建築課題の発見・実践手法，彰国社．

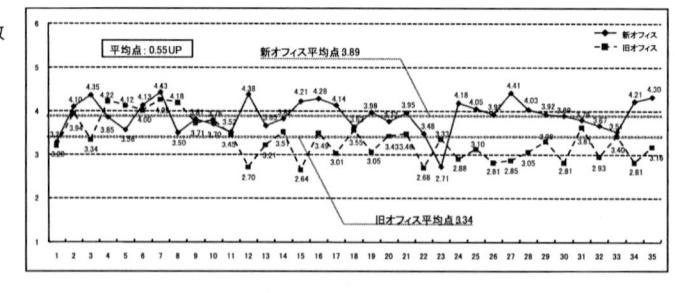

図5.50　PreOEとPOEの事例

5.15 葬祭施設

5.15.1 火葬場の計画

葬送を行う火葬場は，誰にも避けることのできない死に関わり生活に密着した施設であるが，恒常的に使用するものではないこともあり，心行くまでのお別れができないなど遺族の不満があっても施設の問題が現れにくい．火葬場の経営は都道府県知事の許可が必要で，施設の許認可は都道府県知事の裁量に任され，設計基準や構造指針がない．世間一般では火葬場はすべて同じであるように思われているようだが，実際はサービス内容や施設の水準を含め，設置者が独自に決めている．

サービス内容を含め火葬場の建築をどうするか考えることは難しい．深い悲しみ持った人に対してその場で評価を聞くことはできないこともあり，利用者の声が反映されにくい．地域の習慣が葬儀の流れに影響し，故人との関係によっても悲嘆の状況が変わる．火葬場では，会葬者による柩との最後のお別れとなる告別行為，柩が火葬炉に入るのを見送る見送り行為，火葬が終わるまでの待合行為，火葬が終了した後に焼骨の確認と拾骨が行われる．遺族の心情を察しながら観察調査することが必要で，葬儀との関連を含めた火葬状況の分析が必要となる（図5.51）．

必要な火葬炉数は，将来の死亡者数の予測，火葬の集中状況などをもとに，1日当りに扱う火葬数をもとに導き出される．扱える火葬数には，火葬炉数と火葬場内での葬送行為が大きく影響する．導き出された火葬炉数と同時受付数に対応させ，決定された運営プログラムに基づいた告別・見送り・拾骨スペースを設ける．地域により会葬者数が異なるため人数を把握した上で，各スペースの大きさを決め平面計画を行う（図5.52）．

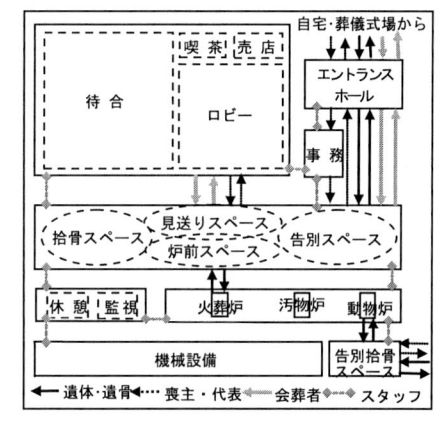

図5.51 火葬場の機能図
設置者や設計者の考えにより，それぞれの行為をどこの場所でどのように行うか，炉前ホールを基準に，告別室，拾骨室，見送りホールを組み合わせることにより，いくつかの平面構成が考えられた．平面構成の基本形態は「一体型」，「告別分離型」，「拾骨分離型」，「告別・拾骨分離型」，「見送り分離型」の5種類に分けられる．

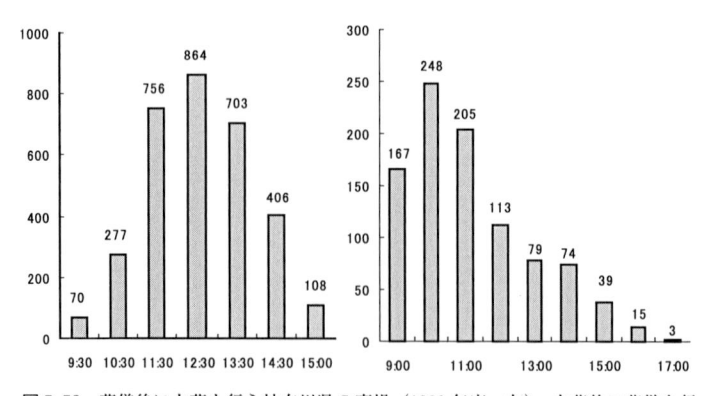

図 5.52 葬儀後に火葬を行う神奈川県 S 斎場（1999 年度，左），火葬後に葬儀を行う長野県 H 斎場（2002 年度，右）の予約時間別火葬件数

葬儀の流れは全国同一ではなく，地域ごとの習慣によって大きく異なる．葬儀場所からの移動時間など距離的影響は多少見られるが，火葬場を利用したい時間帯は同じとなる．火葬場によっては予約時間を設けずに到着順で火葬を行うところもあるが，予約時間を設けて会葬者を待たせないようにするところでは，葬儀時間と調整しながら火葬の予約を行う．神奈川県 S 斎場は葬儀の後に火葬を行う地域で，長野県 H 斎場は火葬の後に葬儀を行う地域である．予約時間を設けた場合，葬儀の流れに合わせた時間帯を中心に予約が分散している．

5.15.2 火葬状況の調査

　火葬場の規模は，建物面積ではなく主に火葬炉数で表現される．建設に当っては都市計画決定を原則としている．その内容は敷地面積であるが，算出の根拠にもなっている処理能力として火葬炉数が示されている．処理能力（扱える火葬数）は火葬炉数と火葬炉の回転数がもとになり，火葬場内での葬送行為の進行が火葬炉の回転数にも影響を与える．

　将来の死亡者数の予測により算出した火葬取扱い数をもとに，火葬炉の運転間隔や受入れ時間の間隔を設定し炉数算定を行う．希望の時間にどれくらい火葬を行うのかについては，特定の時間帯にどれだけ火葬が行われているかを把握し，想定した火葬件数をもとに運営方針を決める必要がある．葬儀の流れが大きく影響するため，当該地域の葬儀の流れを把握する必要がある．火葬の状況を把握するために，次のデータ分析を行う．①火葬記録を日別・受付時間別に整理を行う，②火葬の集中日や集中時間を把握する，③火葬の分布を求め，分布する要素を整理する．

　火葬炉数算出のため，得られたデータをもとに，予測した火葬件数を対応させ，1 日当りの最大火葬数と集中する時間帯の火葬数の算出を行う．

調査日は友引など休日明けの火葬が集中する日を設定する．職員数や予約状況を確認し，当日の火葬数に応じて，調査要員を確保する．

深い悲しみの中でお別れに来ている遺族も多く，些細なことでも感情を害することにつながる可能性がある．言動には十分な配慮が求められる．目立たないように観察し，服装にも注意しなければならない．

図5.53 長野県H斎場の炉前ホールでのお別れ風景
建物構造：鉄筋コンクリート造，延床面積：409.82 m²（斎場棟243.09 m²，待合室棟：147.69 m²，渡廊下 19.04 m²），主な内訳：炉前ホール54.9 m²，拾骨室：20.3 m²，骨分室：20.3 m²，事務室：20.0 m²，作業室：53.3 m²，連絡通路：19.0 m²，待合部分：93.2 m²，供用開始：1973年10月，炉設備：火葬炉3炉（ロストル式），汚物炉1炉，再燃炉1基の4炉1系列による強制排気．

5.15.3 調査事例（長野県H斎場）

この地域はほとんどが火葬を行ってから葬儀を行う，いわゆる骨葬地域である（図5.53）．午前中にH斎場で火葬を行い，午後に葬儀を行うのが一般的である．火葬を10時に行い，13時から葬儀を行うのが最も多く，次いで11時に火葬し14時から葬儀，12時に火葬し15時から葬儀を行うが続いている．火葬から葬儀までは3時間を想定し予定が組まれている．午前中に葬儀を行うケースは少ない．通常，友引には葬儀は行われないが，葬儀スケジュールの都合上，友引にも火葬が行われることがある．友引の場合は午後の火葬の割合が高い．

①告別の形態：　炉前室に柩を安置し，職員が柩の窓を開ける．会葬者は柩を取り囲み，それぞれ顔を確認してお別れする．写真や遺影を葬儀業者が拾骨室の祭壇に飾る．柩が炉に納まるのを全員で見送る．見送り終了後，祭壇で遺影を前に全員が焼香する．

②待合の形態：　全員が火葬終了まで待合室で待つ．飲食の準備や片付けは葬儀業者が行う．

③拾骨の形態：　火葬終了後，火葬炉の後から骨受皿が出され，拾骨室に運ばれる．遺影と位牌は葬儀業者によって祭壇に飾られる．焼骨は職員の説明の後，会葬者が骨受皿から拾いトレーに移す．すべて拾い上げると，トレーから木箱に箸渡しで納める．拾骨終了後，祭壇で全員が焼香を行う．

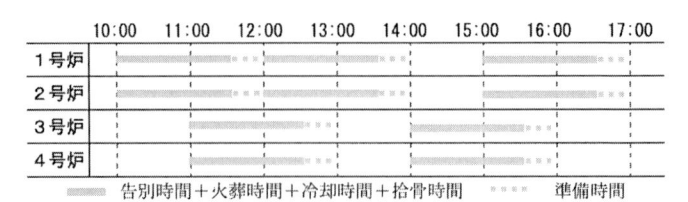

図5.54 火葬炉数の算定事例
10～15時の受付で対応.

5.15.4 設計への応用

■火葬炉数の算定式

〈火葬炉運転間隔〉
　Oi＝告別時間＋火葬時間＋冷却時間＋拾骨時間＋準備時間
〈同時受入れ数〉　Tr＝Cr÷{(Rt−Bt)÷Ri＋1}
〈必要火葬炉数〉　Nc＝(Oi÷Ri)×Tr

Cr：火葬受入れ数, Rt：受入れ時間帯, Bt：受入れ休止時間, Ri：受入れ時間間隔. 受入れ時間間隔が1時間の場合, 火葬炉運転間隔は時間単位に切上げる.

1日の受入れ火葬数を10件とした場合の火葬炉数の算定例を示す. 受入れ時間帯は10～15時で, 受入れ時間の間隔は1時間とする. 途中1時間の受入れ休止時間を設ける. 火葬炉の運転間隔は2時間とした.

〈同時受入れ数〉　Tr＝10÷{(5−1)÷1＋1}＝2.0（件）
〈必要火葬炉数〉　Nc＝(2÷1)×2.0＝4.0（基）

同時受入れ数は2件で, 必要火葬炉数は4基となった. 運転スケジュールは図5.54の通りである. 導き出された火葬炉数と同時受入れ数に対応させるとともに, 決定された運営プログラムに基づき, 同時2組に対応する数の告別, 見送り, 拾骨スペースを設けて平面計画を行う. 運転スケジュールから, 各スペースを独立させなくとも, 炉前ホール2つに分け火葬炉2炉で1室を構成すれば, 計画通りの火葬が可能となる.

〔武田　至〕

参考文献
1) 武田　至（2005）：火葬場の葬送行為と運営方針を加味した必要火葬炉数算定方法の開発. 日本建築学会技術報告集, **22**：415～418.

6 文献紹介

本書に関連する文献を内容別に，基礎理論，調査手法，事例紹介，設計へのフィードバック事例，データ整理，その他の順に紹介する．ぜひ一読してほしい．

基礎理論（建築計画）

都市のイメージ
ケヴィン・リンチ（丹下健三，富田玲子 訳），岩波書店，1968年9月（A5判，286頁）

都市の視覚的形態に取り組む新たな方法を示し，都市デザインの原則を論証した書．著者はまず，都市のわかりやすさ，要素と構成に着目し，「イメージアビリティ」という独自の概念を提唱する．次に，ボストン，ジャージーシティ，ロサンゼルスの3都市を実証的に分析する．その際，訓練を受けた観察者の主観的評価と，住民への面接調査の2つのフィールドワークを実践している．その成果を「都市の視覚的形態」という図解で示した．図は，都市のイメージを構成する5つの要素（パス，エッジ，ディストリクト，ノード，ランドマーク）で構成される．各都市の比較により，アメリカの都市形態の特徴を浮き彫りにする．また，これら5要素の定義づけを行い，都市のデザイン原理の提唱を展開する．フィールドワークを通じた都市景観の評価からデザイン原理を導き出す各プロセスは，いずれをとっても時代の先駆をいくものであり，その後の調査・分析に大きな影響を及ぼした． （伊藤泰彦）

街並みの美学／続・街並みの美学
芦原義信，岩波書店，1979年2月，1983年7月（文庫，314，312頁）

著者は，本書を「建築と都市の中間に存在する街並みのありかたに関する実体論的段階の本」と記している．スペイン，イタリア，パリ，ニューヨーク，ロッテルダム，イラン，ブラジルなど，自身が探訪した世界各地の街並みを情緒豊かに伝えており，異文化に対する新鮮な感動を追体験できる．そして，建築家の眼で空間の構成を論考した．美しい街並のための具体的で創造的な手法を記した先駆の1つである．続編では壁の建築と床の建築，内からの視点・外からの視点，水辺・緑化の美学，D/H・W/D，都市の色など独自の視座で景観の演出手法を提言している．エッフェル塔と東京タワー，ミラノのガレリアと浅草仲見世など日欧を比較し，人間的な街並みの魅力とその特性を解説した． （伊藤泰彦）

見えがくれする都市　江戸から東京へ
槇 文彦ほか，鹿島出版会，1980年1月（四六判，230頁）

槇文彦の「奥の思想」を軸にした都市デザイン論．槇文彦・若月幸敏・大野秀敏・高谷時彦の共著であり，1966～1967年に実施された研究「望ましき住環境」に基づいている．その名の通り，住環境すなわち生活の場としての都市がテーマである．当時中心的だった都市問題への対症療法という論点から距離を置くため，江戸からの歴史に立脚して論じている．また，ある種のロマンティシズムを回避するという断りを入れ，道の折れ曲がり，わずかな自然や地形の特徴，植生，家屋の表層などへの注意深い観察に取り組む．さらに東京，ひいては日本独自の特性を鮮明にするために，西欧など他の都市との比較を随所で行っている．国内外の先駆的な調査とその図解を紹介しながら，自らのフィールドワークの成果を写真と図で示している．最終章の「奥の思想」には，空間のひだ，住宅の型の中の「奥」，包み込む領域形成などのタイトルが並び，建築家槇文彦の設計論に触れる内容である． （伊藤泰彦）

建築設計演習 基礎編 建築デザインの製図法から簡単な設計まで
武者英二, 永瀬克己, 彰国社, 1982年10月 (A4変形判, 114頁)

入学したばかりの学生を想定した建築設計の入門書. テーマは, ①理屈ぬきに建築が好きになること, ②夢中になれること, ③考えていることを何らかのかたちで表現することである. 説明資料としてスケッチやイラスト, 写真がふんだんに使われているのが特徴で, 初学者にたいへんわかりやすい内容となっている. 学習プログラムが組まれ, 次の演習課題が用意される.
1. 点と線による平面構成, 2.「おこし絵」をつくる, 3. 図面をコピーする, 4. 見学レポート,
5. 東西の古建築の立面をコピーする, 6. 街に出て, 気に入った建物や風景をスケッチする,
7. 透視図をおこす, 8. 作品研究, 9. シェルターをつくる. 建築設計・製図だけにとどまらず, 建築には常に人間が介在しているといった本質的な問題が意識されるような工夫がなされている.
(大崎淳史)

パタン・ランゲージ 環境設計の手引き 町・建物・施工
C.アレグザンダーほか (平田翰那 訳), 鹿島出版会, 1984年11月 (A5判, 626頁)

住まいや町の環境を見つめると, 固有の型が浮かび上がる. 著者はその型を「パタン」と呼び, 253のパタンで網の目状の「空間言語」を組み上げた. その言語は, 人々が自ら住まいや街路や町を考えるためのものである. 本書では町・建物・施工の3項目に分類した各パタンを問題提起・検討・解答で解説している. また著者は本書を, 建物やまちづくりの方法論を論じた前著『時を超えた建設の道』の資料編と位置づけ, 対を成すものと紹介している.

ここでのパタンは, 単なる物理的な型ではない. フィールドワークで読み取った街の表象である (フィンガー状の都市と田園, モザイク状のサブカルチャー, 中心を外れた核, 店先学校, 見え隠れの庭, カスケード状の屋根, 天井高の変化, 厚い縁取りの枠など).
(伊藤泰彦)

東京の空間人類学
陣内秀信, 筑摩書房, 1985年4月 (文庫, 332頁)

ヴェネチア建築大学留学に始まりイタリアを中心とした都市史・都市論に詳しい著者が, 独自の視点で東京の文脈を探訪する. 著者の研究的視点は, 史実とフィールドワークにある. 著者とともに東京の様々な場所を訪ね歩く錯覚に陥る魅力があり, 古地図を手にした町歩きのガイドブックといえよう. 本書では, 山の手と水系の2つの地形的基盤と, 江戸・東京の歴史軸により, 有機的な巨大都市東京の体系を浮彫りにする. 水上フィールドワークによる水都ヴェネチアとの比較も, 東京を読み解く鍵となる. 都市のスケール感・スカイラインなど近代都市としての再評価を踏まえ, 東京を新旧の諸要素が巧みに混淆する, 世界にも類例のないユニークな都市と位置づける. 幅広い読者層に支持されサントリー学芸賞を受賞.
(伊藤泰彦)

まちづくりの新しい理論
C.アレグザンダーほか (難波和彦 監訳), 鹿島出版会, 1989年7月 (B6判, 252頁)

『パタン・ランゲージ』で知られる著者の, 建築・都市デザインの理論と実験が集約された, アレグザンダー的まちづくりの手引き書である. 第1部は, 概念と方法についての理論編. 成長する都市の概念と, そのための最優先のルール・7つの中間的ルール・サブルールを提言している. 第2部は, 理論を検証する実験編. サンフランシスコのウォーターフロントの1地区を対象に, 前述の都市の概念と各ルールを用いて5年間という想定で約90の建設プロジェクトをシミュレーションしている. プロジェクトには, ホテルや劇場, 家やアパート, 噴水やベンチなど大小様々なものがある. これらは一種の実験として大学で行われ, 参加者が直接・間接的に関わり都市全体が成長するというプロセスが提示されている.
(伊藤泰彦)

建築理論の創造　環境デザインにおける行動科学の役割
ジョン・ラング（高橋鷹志 監訳／今井ゆりか 訳），鹿島出版会，1992年8月（A5判，365頁）

　1960年代後半から始まり1980年代には国際的な研究団体を組織するに至った環境行動研究，あるいは環境デザイン研究に基礎を置く著者が，膨大な関連文献を渉猟することで，デザインされた環境が人間に与える影響と意味を論じ，それによって新たなデザイン理論の体系を提示したものが本書である．本書の狙いは，おそらくこれまで経験的・暗黙的に了解されてきた「デザイン理論」を，特に「機能主義」に批判的な立場から捉え直し，行動科学の手法で分析し，説明可能な体系にまとめ上げようとすることにある．そのため，包含する分野は，設計のプロセス，建築美学，構築環境から人間の知覚のありかたまで，広範かつ膨大である．建築を理論化する試みの基本的な書物であるとともに，辞書的な使用も可能である． (松田雄二)

集住のなわばり学
小林秀樹，彰国社，1992年8月（B6判・260頁）

　人は，なぜ集まって住むのか．その集住を豊かなものにするためには，どのような住まいづくりが求められるのか．生活領域・行動圏を意味する「なわばり」をキーワードに，空間の占有と共有のあり方を，人間関係を通して解明し，都市における集住のあり方や，これからの住宅づくり，都市づくりにおいて，どのような環境デザインが必要かを提示する．領域表示物を，収納の場が不十分なことに起因する「あふれ出し」と，住み手が積極的に個性を伝える「表出」に分別するなど，綿密な実態調査に基づく提案は説得力に満ちている． (谷口久美子)

人間——環境系のデザイン
日本建築学会 編，彰国社，1997年5月（B6判，282頁）

　建築的環境の評価と改善を，「環境と共にいる人間」という視点，つまり環境と人間が相互に関係し，かつ時間的に変化するという立場から捉え直し，様々な実証的研究より人間の生活を豊かにするデザインプロセスのあり方を例示した書．統一的な理論を創造するというよりは，様々な事例を横断的に見ることによって，構築環境の作られ方のプロセスと，そこでの人間の行動の多種多様なあり方を明らかにし，設計者や研究者に多様な視点を提供する．集合住宅1つをとっても，実際の住民の生活の作り上げ方から設計者のコンセプトのあり方まで，幅広い視点で分析されている．また高齢者施設やフリーアドレスオフィス，経路探索にワークショップなど，取り上げられる話題も様々である．加えて，それぞれの話題は1つの研究，または1つの設計プロセスからなり，極めて具体的でわかりやすい． (松田雄二)

基礎理論（その他）

かくれた次元
エドワード・ホール（日高敏隆，佐藤信行 訳），みすず書房，1970年10月（B6判，284頁）

　著者は，コミュニケーション論『沈黙の言葉』(1959) でも知られるアメリカの文化人類学者．人類学，社会学，言語学，動物学など超学問分野的アプローチにより，proxemicsという概念を用いながら，かくれた空間・文化の次元を捉え，建築・都市計画のあり方について言及した．人間の空間感覚は，視覚，聴覚，臭覚，筋覚，温覚といった多数の感覚的入力の総合であり，各感覚のはたらきが文化によって型どられることを示した．さらに，コンピュータを脳の一部分の延長，電話を声の延長，車を肢の延長などと捉え，人々が感覚を置き去りにして急速に体のextension（延長物）を創り続けていることに警鐘を鳴らす．特に自然環境を整形し，それを置き換えてゆくような延長物（建築・都市計画など）に関しては，常に感覚的な見方をフィードバックさせる必要があるとしている． (大崎淳史)

人間の空間　デザインの行動的研究
　　ロバート・ソマー（穐山貞登 訳），鹿島出版会，1972年9月（B6判，296頁）

　心理学者であり，「環境と行動」を主な研究対象とする著者が，行動科学の側面から建築設計のプロセスとその評価に関し，批判的な分析と，今後のあり方について述べた書．機能主義が不必要な装飾を建物からぬぐい去ったことを評価する一方で，「機能主義」という概念が「機能」より「形態」に焦点を当てるのは奇妙なことだと述べた著者は，様々なデザイン的試みがなされるなかで，クライアントは設計者に適切な問いを発しているのか，利用者が望むデザインとなっているのか，疑問だと追求する．また，環境と行動を見つめるためのいくつかの物差し（プライバシーやテリトリー，集団の構成など）を分析し，自身が関わったいくつかのプロジェクト（精神病院や大学寮，ホテルなど）において分析結果を基にデザインのあり方を提案する．
　　　　　　　　　　　　　　　　　　　　　　　　　　　　　　　　　　　（松田雄二）

日本の風景・西欧の景観　そして造景の時代
　　オギュスタン・ベルク（篠田勝英 訳），講談社，1990年6月（新書，190頁）

　風景に対する認識過程を縦軸に，日本と西欧の対比を横軸にとり，風景論を構造的に紐解く書．野生空間・田園・都市という風景に関わる観念を歴史的に論考し，近代景観論を主体‐客体の二元論で解体する手順を踏む．日欧の対比では安易な日本人論に陥らないよう，人類学的共通基盤や文化と知覚に対する考察の手続きを経る．西欧的な遠近法と日本的なシークエンシャルな視点の対比を絵画・庭園・街並で詳述し，著者独自の視点で日本固有の空間性が示される．ポストモダン的な修景手法を「造景」として論じた最終章「風景の彼方へ──造景の時代」は，フィールドワークで得た情報からデザインを導く上でも参考になる．　　（伊藤泰彦）

平面 空間 身体
　　　　　　　　　　　矢萩喜従郎，誠文堂新光社，2000年10月（B5判，315頁）

　グラフィック，サイン，写真，アート，建築，評論，出版を手がける著者が，専門領域の枠を超えて創作の場を広げるきっかけにしてほしいという思いで綴った書．様々なグラフィック，サイン，写真（＝平面）や建築内部・外部（＝空間）を題材にし，平面作品にみる平面的世界・空間的世界・宇宙的世界，また建築内部，外部空間における感覚の世界について様々な角度から論考する．自分の経験から得られた様々な発見や契機に関するエッセイと，そこで不思議に思えたことを問題にした論考・分析などを紹介．あえてエッセイを各所に入れることで，著者に様々な出会いがあったときの状況，雰囲気，空気を伝え，どのように驚いたかという息づかいを示すだけでなく，時を経て著者がそれらの問題をどのように考えていったかに触れられるようにしている．
　　　　　　　　　　　　　　　　　　　　　　　　　　　　　　　　　　　（大崎淳史）

環境心理学　環境デザインへのパースペクティブ
　　　　　　　　　　　　　槙究，春風社，2004年5月（B6判・281頁）

　1960年代後半に生まれた環境心理学の体系と成果を，膨大な文献を渉猟することによって整理し分析した書．このような書籍は他にも散見されるが，おそらく現時点では建築の専門家によって書かれた唯一の入門書だと思われる．章ごとに環境心理学のそれぞれの分野が概観できるように分けられているが，内容自体は個別の研究の紹介と解説が主であり，極めて具体的で応用可能性に富んでいる．取り上げられる分析手法も，認知地図やサーベイマップなどの質的なものから，因子分析やＳＤ法など数量的なものまで多彩であり，調査手法に関する様々な知見を得ることができる．人間と環境の関わり方に関しての，発見的なまなざしに基づいてまとめられた本書は，基礎的な知識だけでなく多くの示唆を与えてくれる．　　（松田雄二）

調査手法（建築計画）

建築・都市計画のための調査・分析方法
日本建築学会 編，井上書院，1987年4月（B5判，244頁）

建築・都市計画における様々な調査・分析方法を解説した書．建築・都市計画研究に携わる大学院生や学部の卒論生，あるいは実務上，研究的作業に携わる設計事務所のスタッフを念頭に編まれている．いろいろな調査・分析方法について，それぞれ具体例を示しながら適用のしかたが解説されており，とてもわかりやすい．「Ⅰ．調査の方法」では，まず課題設定の妥当性の十分な検討が調査方法を考える上でいかに重要であるかを説き，目的に応じた観察調査，意識調査，心理実験，資料調査など基本的な技法が紹介される．「Ⅱ．分析の方法」では，調査によって得られた質的データ，量的データの基本的な取り扱い方，各種多変量解析を応用した様々な分析方法について，目的・方法との関連を示しながら解説される． （大崎淳史）

建築・都市計画のための空間計画学
日本建築学会 編，井上書院，2002年5月（A4判，186頁）

「使われ方研究」に端を発する一連の建築計画学的研究から発展的に発生した，「客観的な物理的空間」とそれを感じる人間の「心理的空間」の関係に関する論文14編を，より人間の視点に近づけてまとめた書．取り上げられる論文は，その対象こそ街路空間や空間の把握，視覚障害者の移動や群衆行動など多種多様であるが，打ち出される態度は一貫して「心理的評価の数量化」につきる．建築計画の立場から，具体個別的な環境を誰もが把握できる抽象的な言語で表現することを目指したと思われる．そのためいくぶん専門的にすぎる部分があり，十分な統計的知識がないと理解が難しい．一方で，様々な事例が様々な手法で示されるため，ある程度の知識を持つ読者には，極めて示唆深い．各分野の最先端を走る研究者が執筆したものであり，建築計画学の到達点を示すものとしても非常に読み応えがある． （松田雄二）

民家のみかた調べかた
太田博太郎ほか 編，文化庁 監修，第一法規出版，1967年10月（B6判，201頁）

民家調査の基本文献であり，建築物調査の古典でもある．序文に「学生でも，だれでも，すぐわかる手びきをという目的で編集された．」とあり，調査法について丁寧に解説される．ただ残念ながら本書は一般書店では手に入らない．古書店か図書館で手に取ってほしい．類書に『建物の見方・調べかた　近代産業遺産』，ぎょうせい，1998年7月刊もある． （勝又英明）

まちの見方・調べ方　地域づくりのための調査法入門
西村幸夫，野澤康 編，朝倉書店，2010年10月（B5判，148頁）

「地域づくり」を行うための実践的地域調査法入門書．第Ⅰ部「事実を知る」では，現地調査に入る前にあらかじめ知っておくべきこととして，歴史，地形，空間，生活，計画・事業の履歴について述べられる．第Ⅱ部「現場に立つ・考える」では，現地へ赴いた際，どのように調査を進めるのかという態度・技法，見る歩くにはじまり，聞く，ワークショップをひらく，地域資源・課題の抽出について紹介される．第Ⅲ部「現象を解釈する」では，現地で容易に把握できないことをその後のデスクワークで分析する方法，統計分析のための手法と道具，住環境・景観の分析，地域の価値の分析，GISを用いた分析について解説される．

調査法，分析法を既存の枠に当てはめて適用するのではなく，地域づくりの現場を常に意識し，実際の地域づくりに生かしていく"生きた"調査・分析法としてコントロールしながら活用する．本書はたいへん実践的で説得力に富む．ぜひ読んでもらいたい． （大崎淳史）

建築計画学〈12〉 施設規模
岡田光正,丸善,1970年(B5判,273頁)

多人数が利用する劇場や事務所などの各種都市施設について,利用人数の集中と変動の調査結果から法則性を導き,予想される変動の型と大きさに対して施設全体や各室の規模,設備個数を適正に求めるための規模計画の方法についての研究成果がまとめられている.具体的な調査結果から法則性を抽出し,その法則性から施設規模を導くまでの考え方がとても丁寧に述べられている.マニュアル化した知識として本書の成果を利用するのではなく,調査結果を読み解き,有効な計画情報として活用するまでの思考過程を参考にしてほしい. (木下芳郎)

オフィスの室内環境評価法
室内環境フォーラム 編,建設省建築研究所 監修,ケイブン出版,1994年5月(A5判,270頁)

POE(Post Occupancy Evaluation)は,居住後の室内環境性状を客観的に把握することを目的としている.室内環境の測定は,音や熱,空気,光などの物理測定と,ヒアリング,行動・作業調査などの心理測定に分けられる.得られたデータは,短期(効果の確認や問題点の発見),中期(組織の改革や経営の戦略),長期(データベースや基準,指針)の目的として利用できる.POEのうち,オフィス室内にしぼった手法を「POEM-O」とし,測定法,アンケート,評価法の流れで詳細に説明している.室内環境の快適性,「POEM-O」のあらまし,実施プロセス,室内環境測定の進め方,アンケートの進め方,評価のまとめ方,「POEM-O」の実施例について記述される.特に,室内環境の測定とアンケートについては,具体的な記録シートや集計用紙が用意されており,理解しやすい. (和田浩一)

/調査手法(その他)/
野外科学の方法 思考と探検
川喜田二郎,中央公論新社,1973年8月(新書,210頁)

著者は文化人類学者で,『発想法』,『続・発想法』でも知られる.当時,分析的研究を主とする書斎科学や実験科学が主流を占めていた時代に,現場の科学ともいうべき野外科学を提唱した.概念間の推論ないし論理演算を扱う書斎科学,仮説の検証過程を扱う実験科学に対し,野外科学は,曖昧な概念からより鮮明な概念を生み出す仮説の発生過程を扱う立場をとる.自らの学術調査における豊富な体験と思索の成果を収録,野外科学の方法論に関する諸問題を具体的に論じた.『発想法』,『続・発想法』では調査から得たデータを構造化していく技法が主に紹介されるが,本書では,調査に入るまでの準備や調査時の記録の取り方,実際の調査事例など,データを統合化する前までの調査手法,データ整理のしかたが中心となる. (大崎淳史)

社会調査の基礎(放送大学教材)
岩永雅也ほか,放送大学教育振興会,2001年9月(A5判,285頁)

社会調査についての書籍は数多く出版されている.建築計画・都市計画などの分野で調査を行う場合,本書のような社会調査の基礎について丁寧に解説してあるものを予め読んでおきたい.本書は初学者に向けての解説本であり,非常に読みやすい.調査手法の理解,アンケートの調査票作り,サンプリング,検定,データ解析など丁寧に解説されている.特にヒアリング(自由面接),参与観察の箇所は建築・都市のフィールドワークでも非常に参考になる.調査に慣れている人でも,調査についての理論が整理できる. (勝又英明)

眼を養い 手を練れ
宮脇塾講師室 編著,彰国社,2003年3月(B5判,147頁)

住宅設計の基礎をわかりやすく解説した"住宅設計の入門書".宮脇檀から講師として呼ばれ

た8人の実務者が中心となって執筆している．敷地調査から住宅設計，照明設計，街並み計画まで住宅設計に関わる様々な事項が，スケッチを使ってわかりやすく説明されている．宮脇壇は「現場に出ること，日常の事象を観察すること，手を動かすこと，それらを自分の実感として理解すること」を大切にしており，そうした理念が本テキストの根底に流れている．建築設計の基本である「住宅設計」へのアプローチ法を学ぶことは建築家に近づく確実な一歩と言えよう．
(亀井靖子)

いえとまちのなかで老い衰える　これからの高齢者居住そのシステムと器のかたち
井上由起子，中央法規出版，2006年5月（A5判，165頁）

　特別養護老人ホームの個室化をテーマに研究生活をはじめた著者が，いつとなく感じ始めていた「地域」ということばの曖昧さを，長期間にわたり実際にある地域で行った調査を通じて考え直し，建築の今後のあり方について考察した書．まず実際にまちで暮らす1人の老人に焦点を当てる．そこを通じて見えてきた「地域」のあり方を，次に「ケア」や「世帯」という，拡大した視点から見つめ直すことによって明らかにする．最終的に，これまで建築計画が捉えてきた「地域」や「居住」に大きな誤り，または見過ごしがあったのではないかと問いかける．実際に居住者，高齢者の目でその生活環境をじっくりと見つめ直すこと，実はそこに，建築計画・設計の専門家として大きくフィードバックできることがあると，静かな調子の中で力強く論じている．
(松田雄二)

空間に生きる　空間認知の発達的研究
空間認知の発達研究会 編，北大路書房，1995年5月（A5判，334頁）

　空間認知の発達研究という心理学の立場から，人間の発達の諸段階における空間との関わりや，人間と空間の関わり一般について，様々な視点からの議論をまとめた書．著者のほとんどは心理学者であるが，全編を通じ人間と空間の関わりが議論され，建築計画や設計者の立場にとっても示唆深い1冊である．例えば「さがす」では乳幼児の探索行動が，「うごく」では人間が空間をどのように認知・把握しているかが示され，また「あそぶ」では，子どもの遊び行動の分類と数量化，そして空間との結びつきが議論されるなど，学校計画や都市計画，公共施設デザインなどにも応用可能な知見が紹介されている．
(松田雄二)

質的心理学　創造的に活用するコツ
無藤隆ほか 編著，新曜社，2004年9月（四六判，176頁）

　建築と人間に関わる事柄を調べ，何かを明らかにしようとする場合，多くは観察調査やインタビュー調査，アンケート調査が用いられる．観察調査やアンケート調査は数量的に分析可能であるが，インタビュー調査や個別的な観察調査は数量的な分析が難しい．その意味で，本書は「質的調査」を行う上で，この上なく便利な調査理論とツールを提供する．ただし，「量的調査」に対する優位性を訴えるものではない．両者の長所と短所，利用可能な範囲などを議論し，その組み合わせの必要性を筆者は強調する．その上で，質的調査を行う場合の証明可能な範囲や手法など，多分に理論的な事柄から，現場への入り方やノートの取り方，データのまとめ方など，実際的で具体的な事柄についても丁寧に説明されている．最終章「論文にまとめる」では，結果をどのように他者に伝えるかという，本質的な議論が行われる．
(松田雄二)

フィールドワーク 増訂版　書を持って街へ出よう
佐藤郁哉，新曜社，2006年12月（B6判，313頁）

　フィールドワークについて基本的なエッセンスをまとめた入門書．質問票やインタビューによる非参与観察型を「サーベイ」（＝定量的調査），現場の社会生活に密着して調査を進める参

与観察型を「フィールドワーク」(=定性的調査)と位置づけ，フィールドワークとは何か，なぜフィールドワークなのか(=ある種の問題や社会現象に関してフィールドワークが最適の調査法なのか)，どのようにフィールドワークを行えばよいかを解説する．本書は，いくつものトピックを設け，1つにつき数頁で解説している．それぞれのトピックで，サーベイとフィールドワークの本質的な違いを明確にしており，たいへんわかりやすい．

(大崎淳史)

/事例紹介/
日本のすまい Ⅰ/Ⅱ/Ⅲ
西山夘三，勁草書房，1975年8月～1980年10月 (B5判，407～490頁)

日本の住宅の全貌をその階級的構造とともに描ききるという壮大な構想を実現している．対象とする住まいは，町家，長屋，大邸宅からドヤ，飯場まで，文字通り日本のあらゆる住まいに及び，そのほとんどすべてに実際の住まい方調査を実施し，自らスケッチし，図面を起こし，図や表を作成している．文章も詳細に記されていて，現在では見ることのできない当時の生活を感じることができる．一般書店では入手困難となっているが，図書館には常備しているはずなので，ぜひ一度手にとって見てほしい．

(谷口久美子)

日本の住まい 内と外
E.S.モース(上田篤ほか 訳)，鹿島出版会，1979年7月 (四六判，350頁)

アメリカ人生物学者モースによる，明治初期の日本の住まいの精緻な観察記録．江戸末期に完成された日本の伝統的な住宅，当時の繊細で洗練された住まい方，また日米文化の比較などを知る上で貴重な資料，興味ある読み物である．明治初期の住宅について，モースの手描きによる詳しく正確な挿し絵と外国人から見た日本住宅の魅力が次から次へと描かれている．桧皮葺の屋根の造り方から，畳の並べ方，手ぬぐい掛けのしくみまで，日本人の繊細さ，センスのよさなど，当時の住まい方がよくわかる．

(谷口久美子)

「いえ」と「まち」 住居集合の論理
鈴木成文ほか，鹿島出版会，1984年6月 (B6判，239頁)

住宅のあり方を住み手の視点から明らかにすることで，設計・計画における指針の創出を目指した書．ここでの「住居」とは，タイトルに示されるとおり単体で完結したものではなく，あくまでその住み手が生活する範囲を含んだものである．住居内部の使い方や玄関周囲の「表出」や「あふれ出し」など小スケールの事柄から，隣近所のつきあいの範囲や地域での顔見知りの分布など大スケールの事柄まで，様々な視点が詳細な研究成果とともに示される．本書は住居およびその集合をいかに計画すべきかという問題に対し，3つの視点で考察する．1.時間的変化の中での生活と住居の把握，2.一般性の中における個別性の重要視，3.計画のなかでの個と集合の関係づけとその一般化である．これらの視点は現在の住居計画やそのための調査分析に，未だ大きな重要性をもつと思われる．

(松田雄二)

空間作法のフィールドノート 都市風景が教えるもの
片山和俊，神明健 編著，彰国社，1989年11月 (B6判，235頁)

風土に根差した空間的特徴を「空間作法」と称し，海外の街並みを調査した記録．土地の暮らしと空間を捉えた豊富なスケッチが，読者を旅に誘う(中国福建省・江蘇省・イラク・ジブラルタル・イギリス・オランダ・西ドイツ(当時)・北欧)．街路の雑踏，際の空間，領域化された空間，融合空間，連続的な地形，壁建築，秩序的空間，量塊の風土・建築と，それぞれの空間の特徴を評している．各章は，風土や街並の観察，最も興味を引かれた都市や町の分析，都市・建築群の空間作法の抽出という3項目で構成される．執筆者に，両編著者のほか，松永

栄・岸本章・横溝真が名を連ねている．「ディテール」誌に連載された「風景と街並みのディテール・サーベイ」に，インドを加えて出版された．中国については，東京藝術大学建築科・中国民居研究グループ（主査・茂木計一郎）との関わりもある．　　　　　　　　　　（伊藤泰彦）

クリッパンの老人たち　スウェーデンの高齢者ケア
　　　　　　　　　　　外山　義，ドメス出版，1990年9月（A5判，232頁）
　福祉先進国スウェーデンの在宅中心のケアの実態としくみを紹介した書．現地で7年間にわたり調査研究した著者の詳細な記録が収録されている．一人ひとりの老人の生活に住まいとケアが深く関わる姿を描き，スウェーデンにおける住まいとケアサービスの多様なあり方の全体像を明示している．Ⅰ クリッパンの老人たち，Ⅱ 昨日の老人・明日の老人／老後―もう一つの人生／ケア・サービスの担い手，Ⅲ スウェーデンの老人ケアの全体像／在宅から施設まで―老人ケアのディテール／住宅＋サービス，ケア．　　　　　　　　　　　（谷口久美子）

建築と庭　西澤文隆「実測図」集
　西澤文隆「実測図」集刊行委員会，建築資料研究社，1997年6月（A4判，124頁）
　庭と建物とが一体になった日本の古建築文化財を，高度に洗練された建築家の視点で実測した西澤文隆の「幻の実測図」集．建築と庭が一体となった細かなテクスチャーが鉛筆で描かれ，建築と庭の相互関係，空間のつながり・流れが実感できる．図面の美しさにも圧倒されるが，西澤のコートハウスの原点が感じられる．日本建築，庭園の理解上も貴重なこれらの資料は，建築家・造園家にとって必見の書といえよう．厳島神社，大宮仙洞御所，京都御所，桂離宮，修学院離宮，鹿苑寺，西芳寺，大覚寺，妙心寺，二条城などを掲載．　　　　（谷口久美子）

集落の教え100
　　　　　　　　　　　　原　広司，彰国社，1998年3月（B6判，259頁）
　建築家である著者が，世界の集落調査で得た100の教えを紹介する．集落について「人間が費やしたエネルギーの総体のかなりの部分を占めた出来事」と指摘しつつ，「またたく間に姿を消してゆくであろう」と警鐘を鳴らす．とはいえ感傷的な内容ではない．独自の空間デザイン論が基底にあり，創造性に溢れた知見を与えてくれる．ヴァナキュラーな空間言語の辞典として，著者自身の建築論理解の導入口として，フィールドワークと空間デザインを橋渡しする書．調査履歴には，1972年の地中海から1997年のイエメンまでが掲載されている．100フレーズの教えは，1987年4月号の「建築文化」誌が初出である．論考・補注と，集落の写真・図版を加え本書が出版された．　　　　　　　　　　　　　　　　　　　　　（伊藤泰彦）

住宅巡礼
　　　　　　　　　　　中村好文，新潮社，2000年2月（B5判，159頁）
　住宅建築家である著者が，ル・コルビジエ，フランク・ロイド・ライトなど20世紀を代表する建築家の名作住宅を世界各地に訪ね，写真とスケッチで記録したフィールドノート．カラー写真，イラスト，案内図が満載され，読んでいるだけで一緒に見に行ったような気持ちになれる．続編には安藤忠雄「住吉の長屋」，イームズ夫妻自邸，軽井沢の吉村山荘などが掲載され，こちらも好評であったが，残念ながら現在は入手困難である．部分的に『住宅読本』，『意中の建築』などに収録されているので，そちらも参照されたい．　　　　　　　（谷口久美子）

見る測る建築
　　　　　　　　　　　遠藤勝勧，井上書院，1987年4月（B5判，256頁）
　事務所設立当初から菊竹清訓の建築を支えてきた建築家・遠藤勝勧が書き溜めた，著名建築や宿泊したホテルの実測スケッチをまとめた書．スケッチの他に，実測という行為の奥深さを

語る本人へのインタビュー（聞き手・萩原剛）が収録されている．「そのスケッチブックを見て，私はその恐るべき量と密度に驚嘆し，建築をつくることへの真の熱中のあり方を鮮やかに見て感動した」という香山壽夫の言葉と「40年間休むことなく菊竹清訓の建築を支え続けた建築家の熱中人生」というキャッチコピーが，この本の魅力を言い表している．様々な試練を乗り越え，ホテルの便箋にまで描かれた詳細な実測図を見ると，自分の手で建築に触れ，ものを測り，自分の手で描くことの大切さが実感できる． (谷口久美子)

世界照明探偵団　光の事件を探せ！
面出　薫　編著，鹿島出版会，2004年8月（A5判，212頁）

　照明デザイナーとして活躍する著者は，1990年に「照明探偵団」という研究会を立ち上げ，都市の光を観察・調査するフィールドワークを重ねている．東京を拠点とした活動記録を『照明探偵団：SD別冊』で1993年に発表し，そののち活動の場を世界各都市へと拡げて本書を刊行した．第1章は，世界19都市（パリ，リヨン，ロンドン，モスクワ，上海，東京ほか）の夜景フィールドワークの報告である．各都市の夜景写真が美しく，不思議な魅力に溢れている．第2章では，6カ国の住宅のあかり（コペンハーゲンほか）を題材に，各国の生活文化を考察する．第3章では，夜景フィールドワークの心得が記されている．また，原広司・島田雅彦・小池一子・淺川敏・原研哉のコラムが掲載されており，華を添えている． (伊藤泰彦)

集合住宅をユニットから考える
渡辺真理，木下庸子，新建築社，2006年4月（A5判，183頁）

　設計資料や事例集からでは学びにくい社会の変化や家族像の変化についてインタビューを中心にまとめた書．章ごとにテーマを絞りインタビューを行っている．インタビューで出てきた建築には図面と写真が付いており，その建築を知らない人でも楽に読み進められる．集合住宅の設計にあたり，どんなことに目を向け，どんなアプローチをしたらいいのかを知るのに役立つ内容となっている．同著者による『弧の集合体』（住まいの図書館出版局，1998年）も，本書同様インタビューや建物訪問から得られたことをまとめた書となっている． (亀井靖子)

湖上の家，土中の家　世界の住まい環境を測る
益子義弘，東京藝術大学益子研究室，農山漁村文化協会，2006年10月（B5判，158頁）

　私たちの住む地球上には，各地域の気候風土と同様に，驚くほど多様な住居と人々がいる．例えば高温乾燥地域イランの，外からはうかがい知れないオアシスのような開放的な中庭と地下深い夏の居室．高地ペルー・チチカカ湖に浮かぶ葦草の島と小さな葦草の家．スペイン・アンダルシア地方の数百年にわたって住み続けられてきた洞窟住居．高温多湿のベトナムで先祖を守るようにして建つ閉鎖性の強い住居．それらの住まいは風土の特質のなかで，居住の快適さを生む知恵や工夫をはたしてどの程度もっているのだろうか．気候の異なる世界4地域の住居を，気候計測と空間実測の両面から調査した体感的フィールドワークの書． (谷口久美子)

日本人の住まい　生きる場のかたちとその変遷
宮本常一，農山漁村文化協会，2007年4月（B5判，170頁）

　「旅する民俗学者」と言われ日本の隅々まで巡り歩いた宮本常一の民家論．民家の原点，土間住まいと床住まいがどう結びついたか，納戸，寝室の起源，便所と風呂など過去から現在に至る変遷が，生活者の視点から，書きつづられている．宮本常一の没後，田村善次郎によってまとめられた．第1部「日本人の住まいはどのように変わってきたか」は共同通信社の依頼で執筆された原稿の再録．第2部「暮らしの形と住まいの形」は未完だが，双書〈日本民衆史〉『すまいの歴史』の原稿と推察されている． (谷口久美子)

宮脇檀　旅の手帳
　　　　　　　　　　　宮脇 彩 編，彰国社，2008年2月（A5判，199頁）

　「眼で知り，頭で知り，身体で知り，手で知り，足で知る．…」．宮脇壇が旅に持参していた手帳のうち，3冊分に描かれたスケッチで構成されており，ところどころにそのスケッチに関連する文章が載せられている．「旅に出て宿に着いたらまず実測」という宮脇壇の旅のスタイルにふさわしく，スケッチの多くがホテルの実測図であるが，車窓風景や家具・柱などの詳細図もあり，とにかく，目についたもの，面白いと思ったもの，気になったものを片っ端からスケッチした様子がうかがえる．中に出てくる文章は宮脇が生前に雑誌や本などにつづったものから抜粋しており，スケッチの大切さや面白さが独特の口調で語られている．本書は何度読んでも，楽しい，新たな発見のある本である．
　　　　　　　　　　　　　　　　　　　　　　　　　　　　　　　（亀井 靖子）

設計へのフィードバック事例

建築設計演習 応用編　プロセスで学ぶ独立住居と集合住居の設計
　　　　　　　　　　　武者英二ほか，彰国社，1982年10月（A4変形判，148頁）

　建築設計演習のための教科書．P.210の『建築設計演習　基礎編』の姉妹編．①考える力をつける，②ものを観察し理解する力をつける，③想像力を鍛えることがテーマとなっている．建築設計が，思考より先にパソコンのオペレーション結果に依存してはならないという思いから，コンピュータ時代だからこそ求められる基本的な学習方法を紹介する．「基礎編」と同様，説明資料としてスケッチやイラスト，写真がふんだんに使われている．学習プログラムが考案され，演習課題「独立住居を設計する」，「集合住居を設計する」が用意される．（大崎 淳史）

アクティビティを設計せよ！　学校空間を軸にしたスタディ
　　　　　　　　　　　　小嶋一浩，彰国社，2000年6月（A4変形判，148頁）

　著者にとって「建築」とは，その場所の「空気」を設計することである．「空間」だと少し固すぎる．あくまで「空気」の設計と，著者は強調する．「アクティビティ」とは，「活動の気配」である．建築設計において「アクティビティ」をどのように展開できるか，自身の実作を用いてわかりやすく解説している．本書の大きな特徴は，見開きで示された大きな写真群である．学校で実際に使われている場面を写したものだが，様々な補助線やガイドライン，キャプションがつけられ，設計の意図とそれが実際どのように機能しているのかをわかりやすく示している．また要所に図面や模型写真，ダイアグラム，絵画などが差し挟まれ，様々な視点から建築設計の手法が分析・解説される．建築設計の課題に取り組む学生のワークブックとなることを目的としてつくられた本書は，一方で様々な行動を様々な手法で描き出し，ディテールの寸法まで示されているため，建築の専門家にも極めて示唆深く有用である．　　（松田 雄二）

建築のアイディアをどうまとめていくか　もうひとつのテーマは「都市への戦略」
　　　　　　　　　　　大野秀敏 編著，彰国社，2000年9月（A4変形判，160頁）

　設計の最初のアイデアを，どう発展させて建築のデザインにまでもっていくのか．これまで誰も教えてくれなかったアイデア開発のプロセスが，茨城県営松代アパートの共同設計と，東京大学での課題設計の経験を通して実践的に語られる．これらの事例は同時に，建築が現代都市に有効にかかわるための具体的戦略としても読めるように編まれている．もちろん，その他の集合住宅の設計なども含め，二重三重にデザインが仕組まれた本書は，建築系学生のみならず，教育者や実務に就く建築家・都市計画家にとっても，多くの示唆を含む．（松田 雄二）

これが建築なのだ 大竹康市番外地講座
OJ会 編, TOTO出版, 1995年9月 (A5判, 334頁)

象設計集団の中核的メンバーであり, 1983年にサッカーの試合中に亡くなった大竹康市の足跡を, 当時講師を務めていた早稲田大学産業技術専修学校での講義録や多くの資料よりまとめたもの. 極めて情熱的, 感情的な言葉が多く示される一方で, 冷静で分析的な視線を持ち合わせて伝えている. 本書の特徴は, 頭の中の, 言葉にはしがたいデザイン的発想が, 1つ1つ大竹の活き活きとした言葉で語られることにある. 例えば名護市庁舎設計協議の提案では, 「連続する地域環境」, 「市民に開放された市庁舎」, 「2つの表情を持つ市庁舎」, 「光と風と太陽と緑」など, わかりやすく示されたアイディアが大胆にデザインに変換されてゆく課程が読み取れる. また, 例えば生駒山宇宙科学館の設計を巡るプロセスなどには, 大竹の敷地に対する読み取りの深さと, 解釈の独自性, そして設計への変換作業が事細かに記録され, 設計者, 研究者ともに示唆深いものがある. 加えて本書の至る所に配された力強い大竹のスケッチは, 本書の圧巻とも言える部分である. (松田雄二)

けんちく世界をめぐる10の冒険
伊東豊雄建築塾 編著, 彰国社, 2006年1月 (B6変形判, 266頁)

大学では教えられない個人的な想いを伝えるために伊東豊雄が開校した建築塾のテキスト. 伊東事務所の新入所員5人が, 各プロジェクトができるまでの過程を10個のテーマに合わせて図版や写真をメインに読者に分かりやすく説明・解説している. 内容は, 建築の形が生まれた経緯から構造・施工方法の選び方にまで至る. わかりにくい言葉や定義が出てきたときのディスカッションも記録されており, 設計を始めたばかりの学生にも読みやすい. (亀井靖子)

/データ整理/

SPSSのススメ〈1〉 2要因の分散分析をすべてカバー
竹原卓真, 北大路書房, 2007年4月 (A4判, 264頁)

建築計画や設計に関わる様々なデータを, 統計ソフトSPSSを用いてどのように統計処理を行うことができるのか. 具体的なデータに基づきわかりやすく解説した書. マンションの専有床面積と廊下面積のパーセンテージや, 医療施設における1看護単位の病床数と患者満足度など, 極めて具体的かつ建築計画研究で多用されるデータを基に解説されていることが大きな特徴である. また, 統計の知識をほとんど持たない初学者でも, 示された手順に従えば簡単に統計処理が行えるよう配慮されている. 統計処理を行ってみたいものの「はじめの一歩」を踏み出せずにいる統計初心者には, 最適の入門書といえる. (松田雄二)

建築デザイン・福祉心理のためのSPSSによる統計処理
盧志和, 石村貞夫, 東京図書, 2005年9月 (B5変形判, 256頁)

『SPSSのススメ』がSPSSを使った統計への入口だとすれば, 本書はSPSSを用いた統計の意味にまで, より深く踏み込んで解説した書と言える. 帰無仮説や対立仮説, 有意水準など統計的検定の基礎からはじまり, 独立変数や従属変数, 要因と水準, 尺度レベルなど, 統計手法の決定に関わる重要な事柄が丁寧に説明されたのち, 差の検定や独立性の検定など, 具体的な統計手法それぞれについて, 丁寧な解説が述べられる. また, 名義尺度や順序尺度に用いられる手法についての解説も充実し, 加えてノンパラメトリックな手法についても, 基本的な内容とSPSSの操作方法が述べられ, 自信を持って統計手法を選び出せるようになる. 前掲書で統計処理のある程度の感覚を掴んだ研究者が, 次のステップへ進む (それぞれの統計手法の適応範囲や意味を知る) ための, 大きな助けとなる1冊である. (松田雄二)

らくらく図解　アンケート分析教室
　　　　　　　　　　　菅 民郎，オーム社，2007年9月（B5変形判，400頁）

　一般的な調査手法の1つに，アンケート調査がある．しかし，調査を実施したはよいものの結果がどのような意味を持つのか，悩ましく思うことは往々にしてある．それは多くの場合，事後の統計処理の方法を考えずにアンケートを作成してしまったためであり，せっかくの努力が報われない結果ともなってしまう．本書は，具体的なアンケート結果を例示し，アンケートに使用される手法を網羅的に取り上げ，それぞれの具体的な統計処理手順を解説しながら，データから何が読み取れるか，わかりやすく説明している．それぞれの手法について，「どのような手法か」，「どのようなデータに適用できるか」，「出力結果と結果の解釈」という構成で説明され，非常に見通しよく構成されている．　　　　　　　　　　　　　　　　（松田雄二）

ゼロからのサイエンス　多変量解析がわかった
　　　　　　　　　　　涌井良幸，日本実業出版社，2009年4月（A5判，176頁）

　差の検定や回帰分析は，基本的に多くの変数を扱うものではないが，実際にデータを収集し統計処理しようと思うと，どうしても多くの変数間での関係が知りたくなる．本書は，そのような多くの変数を扱う統計手法，つまり多変量解析について，それぞれの手法の意味と計算の仕組みをわかりやすく解説する．前掲の3つの書はいずれも具体的な処理手続きに注目し，数学的な解説をほとんど省略しているのに対し，本書では（エクセルでの計算が前提だが）数式が多く示される．いくぶん敷居は高いかもしれないが，そのような数学的記述は理解を妨げるものではなく，むしろそれぞれの手法の意味を際立たせる．また，文章と図版の表現が直感的でわかりやすい．主成分分析と因子分析など，なかなか直感的に使い分けの難しい手法も，他の解説書にはない特徴的な例と言葉で表現され，感覚的に理解しやすい．　　（松田雄二）

その他

発想法／続・発想法
　　　　　　　　　川喜田二郎，中央公論社，1967年6月，1970年2月（新書，220, 316頁）

　現場の科学ともいうべき野外科学を提唱し，調査から得たデータを「KJ法」（＝著者の名前の頭文字）を用い統合化していく技法をまとめたもの．『発想法』ではKJ法についてやや理論寄りに書かれ，続編では実習が中心に論じられる．KJ法は，まずカードによって現場でデータを集め，それを机や床に広げるところから始まる．そしてグループ編成，A型図解，B型文章化へと操作を進める．どの工程においても，手を動かして作業しているとふと貴重なアイデアが思い浮かぶ．どんなに小さく見えようとも，それらを大切にし検討を蓄積していくと，ついには非常に大きな実りをもたらす．それがKJ法の最も重要なねらいである．つまり，データを統合化していく作法（＝手で考えること）が，発想を促すと解釈できる．　　（大崎淳史）

建築家なしの建築
　　　　　バーナード・ルドフスキー（渡辺武信 訳），鹿島出版会，1976年3月（B6判，177頁）

　1964年9月から翌年2月にかけて，ニューヨーク近代美術館（MoMA）で著作名と同名の展覧会が開催された．著者は，MoMAの建築・デザイン部の顧問として総指揮を務め，世界各地の「建築史の正系から外れていた建築世界」を紹介した．本書はこの展覧会の図録であり，55のタイトルと156の図版を用いてパノラミックに建築芸術の新たな地平を提示している．序文に記されたvernacular／anonymous／spontaneous／indigenous／ruralの言葉が，本書を象徴している．タイトルには，死者の家／穴居生活／引き算による建築／原始的な形態／ロジア／杭上住居／象徴的風土性／民芸の妙技などが並ぶ．　　　　　　　　　　（伊藤泰彦）

考現学入門
今 和次郎，藤森照信 編，筑摩書房，1987年1月（文庫，432頁）

「考現学とは何か」をわかりやすく綴ったもので，面白く，資料性も高い調査報告を中心に，膨大な今和次郎の業績をバランスよく収めている．図版もしっかりと収載されており，関東大震災以降の大衆の姿態，慣習を視覚的に把握できる．師である柳田国男とは異なる感性から日本を見出そうとする彼の作業は魅力にあふれている．ここから〈生活学〉,〈風俗学〉,〈路上観察学〉が次々と生まれていった．本書を端緒として，現代ではその観察自体が稀少な資料となっている今和次郎の「住居論」や「民家論」にも興味をもってもらいたい． （谷口久美子）

アーバン・ファサード　都市は巨大な着せかえ人形だ
元倉眞琴，住まいの図書館出版局，1996年9月（B6判，239頁）

建築家である著者は若きころ，松山巌，井出建らと「コンペイトウ」を結成し，路上観察を始める．1970年代初頭，「都市住宅」誌に修士設計とその後のフィールドワークの発表の場を得る．大仰に東京を縦断するのではなく，あくまで「私の街」の延長としてフィールドワークを展開した．上野（アメ横・広小路），桜田門，赤羽団地などをフィールドに，商店街の看板，駅前広場の選挙ポスター，ペイントされたガソリンスタンドの壁，路地に置かれた植木鉢へと目を向ける．60年代後半の激動的な変貌期にある東京で，日常の小さな風景を切り出し記録を重ね，誌面上に再構築した．建築家の若き姿を思い描きながら，その観察眼に触れることができる．冒頭に松山巌の「解説─ブリコラージュの街」がある．60年代から70年代にかけて時代を風靡したデザインサーベイを振り返る上でも欠かせない書といえよう． （伊藤泰彦）

アーバン・フロッタージュ
真壁智治，住まいの図書館出版局，1996年9月（B6判，175頁）

都市のデザインサーベイが盛んな時代，その傍らで，著者はただひとり都市と向き合う「作業」に没頭する．松岡正剛が「街にへばりついてその痕跡をとっている」と評する作業は，道の凹凸・マンホールの蓋・コンクリートに残された足跡・壁・電柱に画用紙をあて鉛筆で擦るというものだ．その単純明快な作業の痕跡（本書前半）に思わず引き込まれる．著者は，作品制作を目的の第一義とせず，作業自体の魅力と，成果を通して都市を読み取る魅力を指摘する．
著者は，1967年に大学時代の友人らと「遺留品研究所」を設立した後，都市のイコロジーへと興味を移す．本書後半に，これらの活動や都市のフロッタージュの方法論の解説がある．アーバン・フロッタージュは，自律的で自在で自由でリラックスできる場面を感じ取る一種の「行」という．机上の都市論で体が硬直する前に，画用紙と鉛筆を抱えて街に出るよう読者を駆り立てる． （伊藤泰彦）

アーバン・テクスチュア
大竹 誠，住まいの図書館出版局，1996年9月（B6判，239頁）

都市に向き合う著者の手段は，歩行である．そのフィールドは，1960年代以降の東京が中心である．匂い・色味・音・人の顔立ちから街の雰囲気を読み取り，独特の嗅覚で気になる事象を写真に記録する．本書は，路上集積物／リベット／非常階段／斜線ビル／豆タイル／ブリキなど83のタイトルで構成された都市の手触りのサンプル帳といえよう．1988年以降に執筆した連載記事を再構成し，29年間の活動を取りまとめた．
著者は武蔵野美術大学卒業後，中村大助・真壁智治・村田憲亮らと「遺留品研究所」を設立した．東京下町の防災計画プロジェクトの一環として，京島地区の実体調査として，東京周辺の街の連載記事のガイド役として，現代の都市と向き合う実績を持つ． （伊藤泰彦）

メイドイントーキョー
貝島桃代ほか，オーム社，2007年9月（A5判，191頁）

　東京の名もない奇妙な建築をガイドブック形式で記録した書．著者らが愛情を込めて呼ぶ「ダメ建築」類の70におよぶ建築写真で，東京の都市空間の特質を明らかにしている．外国人旅行者の東京案内にもなるように英語と日本語で併記されている．とにかく見ているだけで面白く，それでいていろいろ考えさせられる．また，本書を作成するための調査とデータ作成方法は，建築設計をするための調査の参考になるであろう．前半で，調査方法とデータ作成方法を示し，さらに「メイドイントーキョー」を考えるための10のキーワードに従って70の建物について解説している．後半では，前半で取り上げた建物を見開きで紹介している．左ページがアイソメトリックのドローイング・地図・ニックネーム・文字情報（機能・場所・コメント），右ページが一面写真という構成になっており，非常に分かりやすい．巻末地図には紹介した建物の場所を掲載している．
（亀井靖子）

環境行動のデータファイル　空間デザインのための道具箱
高橋鷹志，チームEBS編著，彰国社，2003年9月（A4判，169頁）

　身の回り（0m）から10m，100m，1000m，10000mへと，スケールに合わせた様々な視点と，そこから見えてくる具体的な事物を，詳細なイラストと写真で示した書．「道具箱」と銘打つだけのことはあり，数々の調査手法や調査結果のアウトプットが多彩な視点でまとめられ，身の回りの「あたりまえ」に思える物事に，見事に新たな視点と価値を与えてくれる．基本的にはどこを読んでも独立して理解できる．通読すれば様々な理論や論文，研究結果などを網羅的に理解できる．取り上げられる事例は実に幅広い．例えば「所有する」という節では都築響一の『TOKYO STYLE』が引用され，また「模造する」という節では富山県小矢部市の有名建築を模した公共建築群が例示される．一方で「指す」という節では指示代名詞による領域感が，また「出会う」という節では南千住の今はない街並での人々との出会いの調査が例示されるなど，決してキッチュで終わることのない，骨太の「道具箱」でもある．
（松田雄二）

超合法建築図鑑
吉村靖孝 編著，彰国社，2006年5月（A5判，172頁）

　建築設計事務所を主宰する著者が，街の至る所に見られる不思議な形態がいかなる法規上の制約から成り立っているか，わかりやすく図解した書．見開きの右側に写真を，左側に同じ写真を線画で表現し，そこに法規的な規制を書き込んでいる．一見すると，設計者の法規制に対するいじましい努力を描き出した，そこはかとなく悲しい雰囲気を伝えるものに感じられるが，著者が収集した事例を次々と見せつけられるうちに，ここにはそれ以外のなにか，都市を形づくる大きな力があるのでは，と考えさせられる．紹介される事例のいくつかは，法規制を決してネガティブに捉えるのではなく，逆に力強く利用しながら，ある部分「抜け道」的でもあるものの設計者の力をぞんぶんに見せつけている．その結果現れた不自然な形態の羅列は，現状の法規制に対する痛烈な批判とも読める．
（松田雄二）

団地の見究
大山 顕，東京書籍，2008年3月（B5判，112頁）

　「ジャンクション」，「高架下建築」など普通には見過ごしてしまう，しかしよく見ると不思議に思えてしかたない街の風景を撮り続ける著者が，1970年代前後を中心に建てられた48の団地を撮り下ろした写真集．しかし，ただの写真集ではない．見開きの右側には詳細な団地のイラストと紹介が，左側には4×5という大判フィルムで撮影された団地のファサードが並べら

れ，日常的なはずなのに，非日常的な世界を感じさせる．著者が主宰するウェブサイト「住宅都市整理公団」に集められた団地を，建築計画学的にはなかなか発想しがたいジャンルで分類する．おそらく設計者がまったく意図していない側面を切り出す本書は，当たり前に見える風景が見方によってまったく違う世界になるということを，説得力をもって教えてくれる．目次や扉などにも意匠が凝らされ，デザインを眺めるだけでも刺激的である． (松田雄二)

建築デザイン発想法　21のアイデアツール
平尾和洋，立命館大学平尾研究室，学芸出版社，2009年9月（四六判，255頁）

「建築・都市・プロダクト分野」のデザイナーや学生諸氏に向けて書かれた「発想法」の書．デザインの思考過程には，ペンやスケッチブックといった道具に加え，［思考の道具］が必要であるが，ただ紙やパソコンの前に座っていても面白いアイデアは浮かんでこない．オリジナルなアイデアを引き出すためには，ひらめくための道具が必要である．本書は，そうしたひらめきを生むための数々の道具を紹介している．第1部では，「発想すること」，「アイデアやヒラメキ」のもつ意味を確認するなど，発想のための基礎知識を14のエッセンスでまとめている．第2部では，数ある発想法の中から，デザイン思考にも活用可能な21の技法を，研究室独自のリファインを加えて紹介している． (大崎淳史)

おわりに

　本書は，2008年4月に『フィールドワークのススメ』として企画が始まり，建築の計画や設計の経験を持つ執筆者らが培ってきたフィールドワークを誰にどのように伝えるかが話し合われてきた．編集会議は毎月10名程度が集まり，建築分野におけるフィールドワークや研究についての根本的な議論を行う場となった．

　その議論では，建築設計にはエビデンスが必要であること，研究や活動をもとにした設計が少なすぎることなど，建築デザインの変革に関する多くの話題が扱われた．そして筆者自身も，フィールドワークを活用したデザインプロセスの重要性を再確認することができた．フィールドワークを行う中で固有のデザインが創出されるのである．また，それと同時に設計経験の多い執筆者らと議論する中で，フィールドワークの手法は設計者たちにはあまり知られておらず，建築の研究は設計プロセスに活用できることも確認することができた．ボトムアップされた建築設計が求められる社会において，今までの建築設計や建築計画のテキストでは手が届かない場所（かゆい背中）に手が届いた，筆者は本書をそんな気持ちで書くことができた．過去の記録や書物だけでは計画できない建築設計のフィールドには人々が活きる空間が広がっており，その空間は設計者の創造によって変化しうる多様な可能性を含んでいる．本書を手にした読者には，設計の過程でフィールドに足を運び，フィールドでの様々な環境と向き合ってほしい．

　本書は，執筆者が書ける場所を分担して完成させるのではなく，各自が原稿を持ち寄って議論し，価値観を共有しながら原稿を完成させたことに特徴がある．完成間際までオープンエンドな議論が続いた．建築設計においてもオープンエンドなフィールドワークと議論をしてほしい．

　以上のように，オープンエンドな3年にも及ぶ編纂，そして刊行へたどり着けたことは，編集委員ならびに執筆者の方々のご尽力，朝倉書店編集部の熱心な取組みと調整の賜物であり，ここに謝意を表したい．

2011年6月

佐藤将之

編集委員略歴

和田 浩一
職業能力開発総合大学校基盤ものづくり系
教授，博士（工学）
1963年　山形市生まれ
1986年　職業訓練大学校卒業
2001年　新潟大学大学院自然科学研究科環境
　　　　管理科学専攻博士課程修了
新潟職業訓練短期大学校専任講師，高度職業
能力開発促進センター助教授などを経て現職．
主な著書：『建築系学生のための卒業設計の進
め方（井上書院，2007，共著）』，『環境とデ
ザイン（朝倉書店，2008，共著）』など．

佐藤 将之
早稲田大学人間科学学術院 准教授，
博士（工学）
1975年　秋田市生まれ
1999年　新潟大学工学部建設学科卒業
2004年　東京大学大学院工学系研究科建築学
　　　　専攻博士課程修了
江戸東京博物館委嘱居場所づくりコーディネ
ーター，日本大学非常勤講師，湘北短期大学
非常勤講師などを経て現職．
主な著書：『まちの居場所―まちの居場所をみ
つける／つくる（東洋書店，2010，共著）』
など．

勝又 英明
東京都市大学工学部 教授，博士（工学）
1955年　東京都生まれ
1980年　武蔵工業大学工学部建築学科卒業
1982年　武蔵工業大学大学院工学研究科建築
　　　　学専攻修士課程修了
RIAを経て1993年に武蔵工業大学大学院博
士課程修了．同大学助手，専任講師，助教
授，University of East London客員研究員
を経て現職．専門は建築計画．
主な著書：『新・設計基礎（計画・製図・模
型・写真）（市ヶ谷出版社，2005，共著）』，
『建築設計教室新訂二版（彰国社，2001，共
著）』など．

山﨑 俊裕
東海大学工学部 教授，博士（工学）
1958年　京都府舞鶴市生まれ
1980年　福井大学工学部建築学科卒業
1985年　東京都立大学大学院博士課程満期単
　　　　位取得退学
東京都立大学移転準備室・同大学非常勤講師，
専門学校東京テクニカルカレッジ専任講師，
職業能力開発総合大学校専任講師，東海大学
助教授を経て現職．
主な著書：『新学校教育全集25　学校施設・
設備（ぎょうせい，1995，共著）』，『ニュー
スクールデザイン事典（産業調査会，1997，
共著）』，
主な作品：『植草学園大学新棟計画・設計指
導』など．

伊藤泰彦

武蔵野大学環境学部 准教授
1969年　神奈川県生まれ
1993年　東京工業大学工学部建築学科卒業
1996年　東京工業大学理工学研究科建築学専攻修士課程修了

北川原温建築都市研究所勤務を経て，2001年に伊藤泰彦建築研究室設立．東京芸術大学非常勤講師，明治大学非常勤講師を経て現職．
主な著書：『楽々建築・楽々都市―"すまい・まち・地球"自分との関係を見つけるワークショップ（技報堂出版，2011，共著）』，
主な作品：【海上の森・望楼（東京芸術大学北川原温研究室と協働，愛知万博，イタリアIA賞）】など．

連 健夫

連健夫建築研究室 代表，登録建築家，
AA. Grad. Hons. Dipl
1956年　京都府生まれ
1982年　東京都立大学大学院修了の後，建設会社に勤務
1991年　AAスクール留学，学位取得の後，同校助手，東ロンドン大学非常勤講師，在英日本大使館嘱託を経て，1996年に帰国，連健夫建築研究室を設立し現在に至る．

主な著書：『心と対話する建築・家（技報堂出版，2006）』，『イギリス色の街（技報堂出版，1996）』，『対話による建築・まち育て（学芸出版社，2003，共著）』，
主な作品：【はくおう幼稚園おもちゃライブラリー（栃木県建築景観賞）】，【ルーテル学院大学新校舎（1996年度日本建築家協会優秀建築選）】など．

柳澤 要

千葉大学大学院工学研究科 教授，
博士（工学）
1964年　愛知県生まれ
1987年　横浜国立大学工学部建築学科卒業
1992年　東京大学大学院工学系研究科建築学専攻修了

竹中工務店東京本店設計部，テキサスA＆M大学建築学部客員研究員などを経て現職．
主な著書：『アメリカの学校建築（ボイックス，2004，共著）』など，
主な作品：【ぐんま国際アカデミー（2006年度日本建築学会作品選奨受賞）】，【幕張インターナショナルスクール（2010年度日本建築学会作品選奨受賞）】など．

大崎淳史

東京電機大学情報環境学部 助教，
博士（工学）
1975年　大阪府生まれ
1997年　千葉工業大学工学部工業デザイン学科卒業
2005年　東京大学大学院工学系研究科建築学専攻修了

東京電機大学非常勤助手などを経て現職．秀明大学非常勤講師．講義科目として建築計画演習，CAD，CGアニメーションなどを担当．現在，障がい者の地域居住，特別支援児童の学習環境などについて研究している．

索　引

欧　文

5W1H　33, 83
educational planner　138
educational specification　138
GIS　65
GPS　14, 15, 31
ICタグ　82, 86, 192
ICレコーダ　114
ISO　28
JAS　26
JIS　26, 28
JPEG　29
KJ法　86, 116, 119, 144, 162
OD表　106
PFI　149
POE　145, 173, 204
PreOE　203, 204
RC壁式構造　23
TPO　12

ア　行

アイデアマップ　73
アイデンティティ　1
青道　53
赤道　53
遊び場マップ　74
アドバイザー　142
アンケート　31, 73, 92, 108, 109, 110, 142, 149, 156, 173, 181, 197, 203

意識調査　86
遺跡地図　54
居場所　104
イメージマップ　74, 200
依頼文書　33
医療情報のデジタル化　81
印刷サイズ　29
インタビュー　8, 73, 188, 203
インテリジェントビル　148
インフラ　64, 76, 79

内法　23
運営者　10
運営方式　171

エレメント想起法　200
黄金比　90
音環境　63, 169
オフィス　202
オープンコモン　156
オープンスペース　167
音響シミュレーション　170
温度・湿度計　15, 50

カ　行

開口部　25
改修　196
改修調査　196
階数　25
改築　20
カウンター　15
家具レイアウト　141
火葬場　205
課題解決型フィールドワーク　120
課題発見型フィールドワーク　120
活動　101, 104
壁式構造　23
環境基本法　21
環境負荷低減　155
眼高　19
観察調査　7, 8, 196, 198, 204, 205
管理者　10

機械式書庫　193
企画　10
気候　63, 68
気候風土　68
気象図　68
既存施設　10
気体採取器　20
規模計画　90
基本計画　125, 153, 137
基本構想　150, 172, 137
基本設計　35, 128
協働空間　151
居住後調査　158
切絵図　70

近代建築5原則　93
空間構成　200
空間ダイアグラム　173
空間の質　83
空間利用・調査　172, 188
空気質測定器　20
空気の汚れ　64
躯体　23
クライテリア　2
グリーン庁舎　147
グループディスカッション　118, 144
グループホーム　179, 186
グループワーク　116
クレーム　32

景観　62
経済　70
形態規制　51
劇場　196
ゲシュタルト心理学　96
ケーススタディ　145
原寸体験　162
建築関連法規　77
建築基準法　25, 26, 127, 129
建築機能　81
　──の長寿命化　83
建築計画研究　10
建築系の家具　28
建築材料　26
『建築十書』　93
建築状況調査　202
建築スケール　88
建築ボリューム　77
現地情報　37

公共建築　147
航空写真　68
公図　53
構成要素　180
構造化インタビュー　113
構造化サンプリング　113
交通の流れ　65
高等学校　171
行動観察調査　84, 140, 181

索　引

行動プロット図　142
公募型プロポーザル方式　152
五感　40
個人情報保護法　35
古地図　56, 70
国庫補助基準面積　91
コーディネーター　142
こども園　164
コミュニティ　79
固有性　5
コラージュ　117, 133, 134
コレクティブハウス　160
コンセプトメーク　119
コンセプト模型　134
コンセプトモデル　118
コンバージョン　9
コンベックス　13, 15, 17
懇話会　149

サ　行

在来軸組工法　24
撮影画素数　29
撮影許可　40
撮影のマナー　32
撮影モード　29
三角スケール　14, 15
参加のデザイン　2, 118, 132
産業　70
サンプリング手法　113

敷地　10, 74, 77, 125, 128
敷地境界　53
敷地図　75
自己相似性　90
施設機能　192, 193
施設占有／使用後の評価　145, 173
実施コンペ　9
実施設計　128
実測調査　7, 170
設え　84
児童養護施設　132
市民参加　1
事務所　202
尺　25
尺杖　16
写真撮影　7
集合住宅　156
修士・卒業設計　11
住宅設計　124

住宅地図　15
周辺施設へのアクセス　65
周辺道路　59
周辺への影響　66
集密書庫　193
住民構成　65
竣工後　10
浄化槽法　127
小学校　167
照度計　15, 21, 50
新営一般庁舎面積算定基準　91
人口　70
人体系の家具　28
振動　64
親密感　132
心理学的評価　92

スケッチ　7, 20, 42, 75
スケルトン＋インフィル型　81
ストップウォッチ　15
ストーリー　8
スノーボールサンプリング　113
スパン　23
住まい方調査　157
図面　14, 44
スラブ厚さ　23

生活調査　183
生活様態　187
施工　129, 130
施主　127, 128
設計課題　11, 35
設計コンペ　9
設計ヒアリング　112
先行事例調査　161
全体計画　10
騒音計　15, 21
ソシオフーガル　90
ソシオペタル　90
卒業設計　35

タ　行

ダイアグラム　143
大学　174
大学設置基準　174
大学図書館　192
体験調査　7
耐震性　147

タイムスタディ調査　187
滞留　108
卓越風　63, 68
建替え　20, 34, 132, 196
　　病院の——　189
建物の高さ　25
建物名称　42
単位空間　89
断面寸法　89
断面調査　84
断面通行量　106

治安　65
地縁　47
地形　59, 75
地形図　54, 68
地図　14, 19
地番　53, 75
地方起債事業算定基準　151
地方債査定基準法　91
地目　53
中学校　171
調査依頼状　110
調査員　40
調査協力者の選び方　113
調査計画　37
調査のマナー　31
庁舎　147

追跡調査　85, 106
使い方ガイドブック　146
使われ方　84
使われ方調査　165, 168
ツーバイフォー住宅　24

ディスカッション　117, 134
デザイン　127, 129, 130
　　参加の——　2, 118, 132
デザインキーワード　134
デザインゲーム　162
デザインコンピューティング　122
デジタルカメラ　12, 28
データの分析方法　111
鉄筋コンクリート造　23
鉄筋鉄骨コンクリート造　24
鉄骨造　24
テープメジャー　15
電子カルテ　81
電子ジャーナル　192

伝統工法　26

登記簿　53, 57
動植物　62
動線　176
道路　53, 75
道路台帳　53
特別養護老人ホーム　182
都市計画図　52
都市計画道路　55, 70
都市の心象　73
図書館ネットワーク　192
図書情報の電子化　82, 192
土地区画整理法76条　129, 130
土地利用の将来構想　70
トップダウン　1, 118

　　　　ナ　行

流れ　79
　　——のかたち　108
　　——の属性　106
　　——の変化　107
　　——の量　106
　　交通の——　65
　　人とものの——　106
七つ道具　12

匂い　64
ニーズ調査　161
2段階供給形式　81
認知症　186
認知マップ　73, 200

　　　　ハ　行

ハウスメーカー　124
はかる　12
博物館　199
ハザードマップ　55, 59
柱の間隔, 径　22
パズルマップ　200
発想のジャンプ　119
場面　96
パラダイムシフト　1, 81, 96
バリアフリー　147
梁成　23
梁の径　22
半構造化インタビュー　113
ハンディキャップ　132
ヒアリング　7, 37, 40, 61, 74, 86,

109, 112, 113, 114, 134, 135,
142, 157, 172, 173, 181, 197
光環境　64
微気候　79
美術館　199
ピッチ　25
人とものの流れ　106
1人当り面積　89
ヒューマンスケール　19
病院　189
　　——の建替え　189
評価グリッド法　82
評価軸　2
ビル管理法　21
指極　19

ファイルサイズ　29
ファイル量調査　202
ファシリテーター　118
風速計　50
フォトコラージュ　72
フォルダ　30
俯瞰的な視界　71
服装　12
付箋　116
物流　70
物流管理システム　86
部門別面積構成割合　192
フリートーキング　113
プレグナンツの法則　96
ブレーンストーミング　41, 86,
117, 144
プログラミング　202
プログラム　101, 104, 204
フロッタージュ　69
プロット調査　98
プロポーザル　9, 35, 95, 175,
191
文化　69
文化財指定　57

平面計画　205
平面寸法　89
保育園　42, 66
保育所　164
ボイスレコーダー　12, 15, 16
防災拠点　154
防災計画　70
防災・災害復旧拠点機能　151

法務局　53
ポストモダニズム　1
保存樹木　54
ボトムアップ　1, 2, 118
歩幅　19
ボーリング　14, 61, 77
ホール　196

　　　　マ　行

埋設物　75
埋蔵文化財　54
マインドマップ　119
巻尺　18
待ち行列型　108
マッピング調査　98, 165

密度　89
密度感　92
見積り　130

目地　25
面積構成割合　91
面積の積上げ　92
面積分析　202

木造　24
持ち物　12
モデュラープランニング　83
モデュロール　90
モデルプラン作成　92

　　　　ヤ　行

野帳　13

床の厚さ　22
ユニット　171
ユニバーサルアクセス　195
ユニバーサルスペース　93
ユニバーサルデザイン　147,
155

幼稚園　42, 66, 164
用途転用　147, 175
予算　130
余裕寸法　89

　　　　ラ　行

ライフサイクルコスト　154
ラーメン構造　23

理科年表　56
リニューアル　175, 196
リノベーション　9, 20, 199
リモデル　175
利用実態　173
利用者動線　200
利用様態　187
緑地　79
隣地　75

類似施設　10

レイアウト調査　202
歴史　69
歴史的建造物　9
レーザー距離計　15, 18, 58
レタッチ　30
レファレンス　192

ワ 行

ワーキング　153
枠組壁工法　24
ワークショップ　1, 8, 116, 118, 132, 135, 143, 161, 173, 201
ワークスタイル　202
ワークプレイス　82
ワンストップ行政サービス　151

フィールドワークの実践
——建築デザインの変革をめざして——

2011年8月25日 初版第1刷
2013年3月10日 第2刷

編集者 和　田　浩　一
　　　 佐　藤　将　之

発行者 朝　倉　邦　造

発行所 株式会社　朝　倉　書　店
東京都新宿区新小川町6-29
郵便番号　162-8707
電　話　03(3260)0141
FAX　03(3260)0180
http://www.asakura.co.jp

〈検印省略〉

定価はカバーに表示

© 2011〈無断複写・転載を禁ず〉　　　　新日本印刷・渡辺製本

ISBN 978-4-254-26160-8　C 3051　　　Printed in Japan

|JCOPY|〈(社)出版者著作権管理機構 委託出版物〉
本書の無断複写は著作権法上での例外を除き禁じられています．複写される場合は，そのつど事前に，(社)出版者著作権管理機構(電話 03-3513-6969, FAX 03-3513-6979, e-mail: info@jcopy.or.jp)の許諾を得てください．